宁波文化研究工程·特色文化研究　TS22.201604

宁波商会组织发展变迁史研究

胡新建　著

ZHEJIANG UNIVERSITY PRESS
浙江大学出版社

目　　录

导　　论

一、本书的选题背景、研究目标、基本思路与方法

（一）选题背景及研究目标

宁波帮作为中国近代以来较成功的商帮之一，何以能取得如此成就？除了经世致用等精神品质外，善于联络、注重利用社团力量亦是其中一个重要因素。有宁波帮的地方，百年来必有宁波商会等社团组织。成立于1905年的宁波总商会与中国近代成立最早、影响最大的上海总商会在设立时间上相差不远。即使在上海总商会中，宁波商人的身影也处处可见。从首任会长严信厚，再到后来的虞洽卿等人，宁波人牢牢把握着上海总商会的最高实权。难怪有学者指出，宁波商人才是上海总商会的真正创立者。因此，可以说宁波及宁波商人在中国商会组织的发展变迁中作用突出。然而，当人们谈到商会时，近代必谈上海，当代必谈温州，却很少提及宁波。这不得不引起我们宁波学者的深思，何以如此？基于以上背景，我们萌发了对宁波商会组织发展变迁史加以梳理的想法，以理清历史、检视现实、开启未来。

关于宁波商会组织发展变迁史的研究，目前国内外均比较欠缺。学界在研究近代商会时，关注比较多的是上海总商会，其中偶有提及宁波，但笔墨不多。在当代商会研究中，则几乎同时将目光投向温州商会，关于宁波商会的研究则亦不多见。

本书的研究目标为：(1)理清宁波商会组织发展变迁的历史脉络；(2)引起学界对宁波及宁波商人在中国商会组织发展变迁中作用的关注；(3)反思宁波商会组织发展变迁中的成败得失。

（二）基本思路及研究方法

本书在研究思路上立足于还原历史和摸清现实的研究立场，通过史料勘察和实证调研，理清宁波商会组织的发展脉络。在研究中注重把宁波商会组织放在更大范围内加以考察，注重将宁波商会组织和不同时期较具典型性的商会组织加以比较，以明晰宁波在整个中国商会组织发展变迁中的地位，反思宁波商会组织在发展中的成败得失。本书的主要观点是：宁波在中国商会发展史上，近代地位显赫、现代值得反思、未来值得期待。

本书在研究方法上综合采用历史研究法、比较研究法、实证研究法等多种方法。本书既注重运用历史研究法加强对相关史料的查证，又注重通过实证调查法强化对有关问题的理解，同时又特别强调运用比较分析法，将宁波商会组织在不同时期的发展变迁与同时期的典型代表相比较，如在考察宁波古代传统行会时专门将其与西方行会相比较，在论及改革开放以来宁波商会组织的发展时，将其与温州商会的发展相比较等。通过对上述各种方法的综合运用，不仅使人们能清晰地了解宁波商会组织发展的纵向脉络，而且对宁波商会组织的发展有一个横向的认识；不仅了解到宁波商会组织过去的变迁，而且能看到宁波商会组织现在的发展，同时又能憧憬宁波商会组织美好的未来。

二、与本书相关概念的界定与梳理

在进入有关宁波商会组织发展变迁的研究之前，我们有必要先对"行会""会馆""公所""商会"以及"宁波传统行会""宁波商会组织"等概念进行一定的梳理和界定，并以此作为本书研究的起点与基础，同时也方便读者更好地理解我们所考察的宁波商会组织的范围。

（一）行会与商会

1. 行会

我们之所以在此谈到行会，是因为通说认为中国近代商会和西方一样都来源于古代的传统行会。从一定意义上讲，古代传统行会是近代商会产生与发展的源头。正是基于此，本书在研究宁波商会组织的发展变迁史时，把传统行会作为考察的逻辑起点和开始，以便更加清晰地勾勒出宁波商会组织发展变迁的全貌。

那么，什么是行会呢？通常认为，行会是封建社会产生和发展起来的一种同行业的手工业者或商人的联合组织。作为行帮组织，它是以行业或地

域性的传统相联系,并以行规和习惯势力为凭借的封建团体。① 关于行会的起源,全汉升学者列举了其多种说法②:

第一,宗教团体说。摩尔兹(Morse)最早开始把宗教团体列为中国行会的一种。③ 主张此说者认为行会最初不过是崇拜手工业商业等想象上的创始者(如药材行之于药王菩萨)的人的结合,至于它的种种经济的机能是后来才发达的。

第二,同乡团体说。道格斯(Doughas)主之④,其意为居住于同一地方的人赴他乡时候,因语言、风俗、习惯及其他种种的不同,且又人地生疏,每被所在地(他们心目中的他乡)的人欺凌压迫,住久了亦只被称为"客籍"。故这些同乡们由于地方意识的激发也就共同团结起来组织行会,以谋取利益的保持了。这始于官吏,其后商人亦随而模仿之。故马哥文(Macgowan)说:"(中国)商人行会的起源,曾简单地记载在温州设立的宁波会馆章程内……行会最初是由于在京师的官吏,为着相互扶持与救济,而设立于同乡人或同省人间的。其后,商人也如官吏那样成立行会,现则存在于各省了。"⑤实例颇多,如宁波帮在上海组织的四明公所即是如此。

第三,政府之不法说。官吏常对于工商业者加以不法的课税或其他压迫,后者为维持工商业上的利益计,联合起来组织行会对抗之。

第四,人口与食物之不均衡说。伯尔札斯(Burgess)主之。他说,中国人往往本着早婚以致多生子女,别方面又因生产技术低下,各地交通不便,以致所产食物不足供给,于是劳动力大量过剩,失业者多;已取得工作权利的人,为自卫计,不得不高筑独占团体的壁垒,故行会也就应运而生了。如北京苦力所组织的行会(苦力帮)只准会员的子弟加入,外人不得染指,便是一例。

第五,家族制度说。社会学者斯宾塞尔(Spencer)主之⑥,温内克(Vinacke)更就中国的行会材料加以说明⑦。庄园经济时代由于生产技术非常幼稚,而制造较为奇巧或复杂的器具又必须相当熟练才成,故手工业技术与

---

① 彭泽益:《中国工商行会史料集》,中华书局 1995 年版,第 18 页。
② 全汉升:《中国行会制度史》,百花文艺出版社 2007 年版,第 3—6 页。
③ The Guilds of China, pp. 7, 8.
④ Society in China.
⑤ Chinese Guilds of Chambers of Commerce and Trade Union.
⑥ Principals of Sociology. Vol Ⅲ.
⑦ Encyclopaedia of the Social Science 1932 中"Guild"项下。

家族制度便合为一体了。掌握一定手工业技术的手工业者常常通过家族传承而独占某一技术。这种独占着某种手工业技术的血缘团体即是行会的前身。

行会究竟是怎样起源的，从目前的史料来看还难以给出一个确定无疑的答案，但以上五种说法从一定侧面反映了传统行会的一些特色，那就是行会通常都会具有一定的组织。行会不会是群龙无首，散沙一盘，而是要选出叫作"行头"或"行首"的代表来领导组织，其下会员都受其指挥。会所是行会办公的地方，同时又是同业者共同祭祀其本行祖师之所在。后来，会所名称演变为会馆、公所，并盛极一时。此外，行会习惯或行规在行会发展中意义重大。行会通常会通过行会习惯或行规统制贸易和商业的发展，限制外来者侵入，对违反行规的内部人员予以惩处。

一般来讲，我们可以把传统行会分为三种①：第一，商业的行会。这类行会为同业商人所组织，偏重于货品的买卖，如鱼行、肉行、果子行均属这类。第二，手工业的行会。这类行会为同行的手工业者所组织，偏重于手工业的制造，如钉行及"工作伎巧所居"的大小货行是也。不过手工业的行会不专称为"行"，又有别名"作"的。第三，职业的行会。凡既不是纯粹商业，又不是以技术为主的手工业的行会都可归入此类。如教学行、苦力帮、卸在行等，均属此类。

据西方学者研究的意见，在英格兰把基尔特（Gild）享有的职业独占称为行会，在法兰西则称为同业公会或手工业公会（Zunftzwang，Innung）。因此，同业行会在世界各国语言中，有不同的名称，拉丁语为 officium，ministerium；法语为 Métier Jurande；意大利语为 arte；尼德兰语为 ambacht，neering；德语为 ant，Innung Zunt't，Handwerk；英语为 Chaft-gild。在亚洲各国，日本称行会组织为座，株中间（商人行会）；印度称为阇提；朝鲜称手工业行会为工匠契，商人行会为六矣廛；中国因各地风俗不同，对行会机构设置之处，通常用会馆、公所称呼，这种称谓不仅民间习用，且见于法律条文，为官方文书所确认。②

2. 会馆与公所

正如前面所述，会馆、公所大都属于行会在形成发展过程中的一种形式和称谓而已。会馆本是旅居他乡的同乡为团结同乡、联络乡谊，结成团体，

---

① 全汉升：《中国行会制度史》，百花文艺出版社 2007 年版，第 50—52 页。
② 彭泽益：《中国工商行会史料集》，中华书局 1995 年版，第 8—9 页。

兼营善举,并以此作为集会、祭祀的馆舍,后来逐渐以此作为对此类组织的称谓。会馆大致分为两种类型:一种属于单纯同乡会之类的士宦行馆、试馆;一种则属于商人或商帮会馆,当时有人称其为货行会馆。清人(杭世骏,乾隆时人)说:"会馆之设,肇于京师,遍及都会,而吴阊为盛。""肇于京师"应是指会馆肇始于北京的试馆,为在京官吏和同乡赴京应试的士子所用。随后由于商业的发展以及旅居外地的商人数量不断增多,商人也开始效仿试馆的办法自己建馆。早在明代永乐年间,京师即开始有会馆建设,各省及地方在京师建行馆供官宦游宴聚栖之用,同时也为本省举子进京考试和官绅在京候差求官提供临时住宿。但这种会馆在性质上属于公立组织,和商人私立会馆有巨大的不同。

商人设立的这种货行会馆通常以地区命名(某些地区也有以行业命名者),它和各省单纯同乡会馆的命名,往往容易混淆,不具体了解某一会馆的内容和性质,是很难加以区别划分的。有的文章对此做了比较认真的探讨,得出的结论是"明清时期的会馆并非工商业行会"。不过,仔细推敲起来,这一命题在逻辑上似乎存在着明显的问题。明清时期的会馆的确有一部分并非工商业会馆,但有的会馆则属于工商业会馆,且为数不少。与此提法相类似的另一种意见,"不是所有商人会馆都是行会"的论断,未免太武断了。① 商人会馆虽大部分以商人的原籍地来命名,但还是不能单纯以地域性来概括会馆。商人会馆不同于试馆,不是单纯的同乡会,商人的目的是做生意赚钱,设立会馆的目的也离不开这一点,而不仅仅是用以祭祀神灵、联络感情的场所。"通商易贿,计有无,权损益,征贵征贱,讲求三之五之之术,无一区托足,则其群涣矣。"为使同乡商人群而不涣的会馆,正是为便于商人通行情、计盈亏、评价格、讲求商术、合议商务,做好生意提供便利而设。商人经营不同的商品,属于不同的行业,其会馆就自然带有行业性。"商人会馆既是商人组织,就总有其行业性。"除了少数纯地域性会馆外,在绝大多数情况下,商人会馆乃是地域性与行业性的"二重性"的统一,但以地域性为其主要的方面。"不能把会馆的地域性和行业性对立起来。"(吴承明语)更无须把会馆两分为地域性会馆与行业性会馆,而统计归类,予以量化。②

公所是中国工商业行会机构所在地的另一习惯称谓。在官府文书中会馆和公所一向并提。有谓"会馆为地域组织,公所为行业组织",其实并不尽

---

① 彭泽益:《中国工商行会史料集》,中华书局 1995 年版,第 9—12 页。

② 吴慧:《会馆、公所、行会:清代商人组织演变述要》,《中国经济史研究》1999 年第 3 期。

然。如在东北牛庄、沈阳和盖平等城市的三江公所,便是由江苏(包括安徽,即历史上的两江)、浙江、江西三省旅居当地的商人同乡所合建,对此不能绝对化。会馆公所名虽不同,实则性质无异。对于有学者认为公所是由会馆转化发展起来的另一种形式①,彭泽益则不认同。他认为行会机构有称会馆、公所等名目是随各地各业习俗而异,根本不是什么转化,也不存在转化问题。举例来说,清人顾震涛的《吴门表隐》所记苏州丝织行业组织早在元代元贞元年(1295)即以"吴郡机业公所"称。可见苏州各业行会称公所,不是始自明清,也不是清代所特有的现象,只因清代行会组织在各行业中的普遍建立,故从习俗仍称公所,公所也就显得多了。如苏州"吴郡机业公所",据清代记载,苏州地区历代不同时间前后就有五处地方建立过。所以会馆也好,公所也好,两者并无本质差别。②

　　除会馆、公所之外,中国古代行会组织还有很多称谓,如堂、庙、殿、宫、会等名。上海经营工商业者多为五方杂处,同业组织除用会馆、公所外,如旅沪粤帮木业工匠另建的公所,则命名为公胜堂。工商业会馆通常祭祀共同信仰的神为行业神,此乃团结同业的一种手段。所以会馆常用某堂、某庙、某殿、某宫等别名,作为本行帮办事集会和祭祀的地方。甚至有的行业直接借用殿、宫立会,向其公捐银两,"供奉香火"。这只是各地行帮组织活动的一面,不能认为这些"合庙堂于会馆"的活动是与行会职能无关。③

　　3. 商会

　　通常来讲,学术界认为商会是近代资本主义和资产阶级发展到一定阶段的产物。就中国的情况来看,商会产生于清朝末期。所以,人们一提到商会有时也往往以近代商会称呼之,以此避免将商会和传统行会相混淆。学

---

　　①　如吴慧认为:"清中叶快步行进的商人会馆,至道光以降便趋于停滞,而另一种商人组织——公所却赶上以至超过了会馆,许多新设的(甚至是老的)不再称会馆而称公所。会馆与公所的消长兴衰,表明了中国的商人组织正经历着一个新的历史性的转折时期。……会馆与公所在当时概念并不十分清晰,以至曾常作为同义词而相混用。……这样,公所就被人与会馆等而视之了。然而,会馆与公所,从研究商业史的立场看毕竟是有深刻区别的,它们是商人组织的两个不同的历史发展阶段,也可以说是两种不同类型的商人组织,不加区别将难以接近历史的实际。事实上,正是由于两者的范围、构成、作用有所不同,所以越到后来人们就越不再相混,于是,不少地方称公所者就越多了,原称的会馆不少也改称为公所了。"参见吴慧:《会馆、公所、行会:清代商人组织演变述要》,《中国经济史研究》1999 年第 3 期。

　　②　彭泽益:《中国工商行会史料集》,中华书局 1995 年版,第 14—16 页。

　　③　彭泽益:《中国工商行会史料集》,中华书局 1995 年版,第 17—18 页。

术界也有将传统行会称为古代商会的提法,但这只是学术研究的一种学理分类。本书在具体研究上,仍然坚持商会是属于近代以来所出现的一种经济社会现象的观点,近代以前并无商会组织的存在。基于此认识,我们在研究进路上采用从宁波传统行会到宁波商会组织的考察路径,并不做古代商会、近代商会之划分。

那么到底什么是商会呢?它的内涵和外延是怎样的?对此,学术界众说纷纭,意见不一。在内涵上,有学者认为:商会是由独立的经营单位所组成,为保护和增进全体成员的合法利益的组织;是一种实现具有共同利益的个体利益组织化,实施自主化治理的民间自治组织;是通过市场主体之间的不断磨合和试错,为降低交易成本、沟通成本、提高效率和共享合作收益而做的一种制度安排。它本质上是一种市场化、社会化的解决模式,自生自发发展模式和自组织模式。其核心是自发和内生的组织化,带有强烈的自组织特征,其动力来源于市场主体在对行业整体利益认同基础上的个人利益最大化的追求。[①] 而有学者认为:商会具有"俱乐部式的组织"和"代理人"双重属性。商会组织不是一个自在的主体,它的性质必须通过与企业和政府的关系来确定。[②] 在外延上,有学者认为商会与行业协会是并列关系。[③] 它们虽然都属于民法上的社团法人,同属社会中间层组织,具有一定的相似性,但就我国目前的状况来看二者也存在着明显区别,主要有两点:其一,商会(指通常意义上的民间商会)大多是自下而上组建的民间自治团体,而行业协会则基本上是由政府主管部门自上而下地衍生或指导建立的带有官方或半官方性质的社会中间组织。其二,行业协会的会员多是由同一行业或与该行业相关的企业组成,而商会则没有这个要求,如宁波在各地设立的宁波商会则是以地域为特征而组建的社团。因此,这些学者认为商会和行业协会是两种不同类型的社会中间层组织。但有学者却持相反观点,认为行业协会与商会并无本质区别,广义上的商会包括行业协会。[④] 商会作为沟通

① 陈剩勇、汪锦军、马斌:《组织化、自主治理与民主——浙江温州民间商会研究》,中国社会科学出版社 2004 年版,第 60—77 页。

② 郁建兴等:《民间商会与地方政府——基于浙江省温州市的研究》,经济科学出版社 2006 年版,第 63—64 页。

③ 赵卿:《行业协会与商会的比较分析》,《安徽商贸职业技术学院学报》(社会科学版) 2005 年第 2 期。

④ 陈清泰:《商会发展与制度规范》,中国经济出版社 1995 年版,第 32 页;张冉:《行业协会的组织辨识及属性研究》,《兰州学刊》2007 年第 9 期。

政府与企业的中间层组织可以细分为两类：一类是以行业为基础而组建起来的社会自治组织，也即通常所称的行业协会；另一类则是以地域特征为基础而组建起来的社会自治组织。

对商会外延的界定不同，必然会影响对商会内涵的理解。我们认为，在商会与行业协会的关系上采取包容说比较合理，即认为行业协会属于商会中的一种类型。我国目前的行业协会之所以官方色彩比较浓厚是由于我国历史发展的特殊原因造成的。这些行业协会大多脱胎于经济体制改革以前的政府机构，目前尚未完成完全转型。我国这种体制内生成的商会（主要指现在的行业协会）和体制外生成的商会，或者说官办性质的商会和民间商会并行发展的格局，只是经济体制转轨和发展中的暂时现象。无论是体制内生成的商会还是体制外生成的商会，其最终的目标都是成为介于政府与企业之间具有自治性和独立性的社会中间层组织，而不是成为政府的附庸或"二政府"。因此，我国目前存在的民间商会和带有官办性质或半官办性质的行业协会，就其未来发展目标来讲并无差异。二者只是由于历史原因而暂时分途，好似走在不同的道路上，实际上二者未来的发展必将殊途同归。

基于上述认识，我们认为可以对商会做如下界定：商会是适应商事发展需要，由企业、个体经济组织等相关商事主体依法自愿组建的以维护会员合法权益、促进商事繁荣为宗旨的社会自治性团体法人。商会在外延上既包括以行业为基础组建的商会组织，也包括以区域或其他标准为基础而组建的商会组织。因此，本书在具体研究内容上，不仅涉及对直接以商会命名的商人自治组织的考察，同时也会涉及各种以行业协会命名的商人自治组织的考察。

（二）宁波传统行会与宁波近代商会组织

1. 宁波传统行会

如前面所述，行会是有其特定含义的。我们所要考察的宁波传统行会是指在封建社会制度背景下，随着宁波经济社会的发展，而逐渐形成和发展起来的一种宁波手工业者或宁波商人的联合组织。这里的宁波传统行会包括两种情况，一种是指以宁波行政区划为标准，在宁波行政管辖范围内形成和发展起来的传统行会组织；另一种则是指在宁波行政管辖范围之外（异地）以宁波商人为主体而形成和发展起来的行会组织，如宁波商人在北京、上海、汉口、苏州等地创办的众多会馆、公所等。这里之所以将宁波商人在异地设立的会馆、公所等行会组织也纳入宁波封建行会的考察视野，是基于宁波商帮四海为家、流动性较大的特点而考虑的。

宁波商帮很早就具有世界眼光,其商业范围分布较广。宁波商帮的这种特点是和宁波独特的地理位置以及宁波的发展历史相联系的。宁波地处我国长江三角洲东南隅,向东面向大海。这种独特的地理位置造就了宁波人心像大海,勇于开拓的精神品质。宁波很早就是中国对外贸易的窗口和重镇。宋代以后,历朝历代都在宁波设有对外贸易机构,自此宁波成为中国重要的对外贸易通商口岸之一。明清时期,宁波已成为对日贸易的主要口岸,并发展成为沿海的重要商业都会。同时,宁波地区自古以来就地少人多,宋代以后,土地与人口的矛盾已经相当突出,到明清时期这种矛盾更加显现。既然自给自足的封建小农经济难以满足人们最基本的生活需要,那么外出经商,在农业之外另外谋取一条生路就成为必然的选择。明朝万历年间已有宁波之民"半游食于四方"之说。

良好的港口、便利的交通、发达的商业传统为宁波商帮的产生和发展提供了得天独厚的条件,同时也造就了宁波商帮四海为家、勇闯天涯的独特个性。受浙东学派大家黄宗羲"经世致用"思想的影响,长袖善舞的宁波商帮立足本地,闯荡上海滩,北上天津卫,西抵汉口,南下香港,足迹几乎遍履天下,以"无宁不成事"而闻名遐迩。宁波商帮作为明清以来崛起的重要商帮之一,其为世人所关注不仅在于他们促进了宁波本地商业的发展和繁荣,而且最重要的是他们从宁波本土出发,不断拓展和扩大商业的范围,先后推动了上海、天津、汉口、重庆、香港等中国众多城市的发展与繁荣。因此,考察宁波商帮以及宁波商帮所建立的行会组织的发展,不能脱离宁波商帮的这种个性,必须跳出宁波看宁波、看宁波商帮之发展,只有这样才能比较全面地反映宁波商帮的发展脉络和轨迹。

2. 宁波近代商会组织

与前面对商会的界定相对应,本书考察的宁波商会组织特指近代以来产生的宁波商务总会(宁波总商会)、各种工商同业公会,以及当代的宁波商会和各种行业协会等商人自治组织。具体来讲,其考察视野为从 1905 年宁波商务总会的成立,一直到现在的宁波商会以及各行业协会的发展。

宁波商务总会的成立是宁波近代商会组织产生和发展的标志。本书将以宁波商务总会为考察起点,系统勾勒近代宁波商会组织产生与发展的轨迹。在对当代宁波商会组织的考察中,本书将从宁波工商联组织的产生与发展着手,探讨宁波工商联组织从最初的政治职能优先(突出统战职能)向后来的强调经济服务职能转变的历程。这个过程是宁波工商联组织由一个政治色彩较为浓厚的官方组织向民间商会过渡的过程。宁波工商联组织在职能上的这种转变，在一定程度上实现了对近代宁波商会组织的回归，因此，从某种意义上讲，可以将其视为自近代以来产生的宁波商务总会以及嗣后的宁波总商会发展的延续。

在本部分的考察中，还将涉及对当今异地宁波商会组织发展状况的考察。改革开放以后，尤其是 20 世纪 90 年代以来，宁波商会组织迎来了一个蓬勃发展的时期，不仅宁波本地商会组织的发展突飞猛进，而且随着宁波商人事业的不断扩展，异地宁波商会组织的发展也日新月异，北京宁波商会、上海宁波商会、深圳宁波商会等都纷纷成立。把异地宁波商会组织纳入考察视野，不仅适合现代商业发展在空间范围上无限拓展的特点，同时也是为了和前面对异地宁波封建行会组织的考察相对应。现代形成和发展起来的众多异地宁波商会组织，从某种意义上又可以视作是对旧时异地宁波封建行会发展的延伸和提升。它是现代社会异地商人自治组织发展的最新形式与阶段。

第一章　晚清以前的宁波传统行会

晚清以前的宁波传统行会是近代宁波商会产生和发展的逻辑前提和起点。对宁波传统行会的考察,可以使我们更加清晰地看到宁波商会组织发展变迁的全貌。晚清以前宁波传统行会存在和发展的事实告诉我们,及至近代而产生的宁波商会组织绝非突然从天而降的外来之物,而是有其不可割裂的历史渊源和社会基础。

第一节　宁波行会组织的产生与发展

一、关于中国行会存在与否及产生时间的争论

行会作为一种行帮组织,在中国古代历史进程中是否确实存在? 这一问题曾经在学术界有着不同认识。有学者按西欧模式否定中国有行会制度的存在,认为中国古代城市的性质与欧洲封建时代的城市完全不同,没有那种以限制自由发展为目的的欧洲型(即基尔特)的行会制度。对此,全汉升、彭泽益等均给予了有力的回应。全汉升认为,中国古代留下的材料直接记载商业行会的简直绝无仅有。但我们不能因此便抹杀古代商业行会的存在;反之,我们从种种文献的记载中,实可间接证实它的存在。彭泽益则更

是直截了当地指出"中国行会客观存在的历史不容否定"①。经过多年来的不断研究,否认中国古代行会存在的观点越来越难以立脚,肯定中国古代行会的存在已成为现在学术界的主流观点。

既然行会在中国古代确定存在,那么中国的古代行会究竟产生于何时呢? 至今我们还没有十分确定的史料可以给出一个明确的答案。全汉升认为,关于我国行会的材料,较古的记载是不容易发现的。但我们却可以间接地从各方面去确证它的存在。威廉士(Edward Thomas Williams)说中国行会在远古已具有雏形,可惜他的根据是西汉经古文学家捧出来的《周礼》,似乎有些问题。格布鲁(Sidney D. Gamble)认为中国行会至少有两千年或两千年以上的历史,但这只是从高丽的行会记载得来的类比推理,并没有强有力的证据。然而,无论如何,从周末至汉代这个时候起手工业行会已有存在的事实了。②

全汉升的观点并没有被后来的众多研究者所接受。如在 20 世纪 80 年代中期有个别学者提出,"行会在中国的正式出现,应始于隋"③,但赞同该观点的人也并不多。

学术界关于中国行会产生时间赞同较多的观点是,认为中国的行会开始于唐宋时期。日本学者加藤繁曾对唐宋时期的"行"进行过专门探讨,虽然他没有明确地说唐宋时期的"行"就是行会,但认为"行的重要的意义,就在于它是维护他们的共同利益的机关,而共同利益中最主要的,大约就是垄断某一营业"④。这实际上是认为唐宋时期的"行"已具有一些行会的特征,是"有几分类似欧洲中世纪基尔特的商人组织"。20 世纪 50 年代末,刘永成即非常肯定地指出,"中国行会开始于唐代";"到宋代,随着封建经济的发展,行会也日趋兴盛"⑤。此后,持此观点的学者为数不少。彭泽益也较为明确地指出:"一些散见的史料表明,至迟在 8 世纪末(公元 780—793 年),唐代已有行会组织的雏形存在。"⑥曲彦斌认为,在史籍文献中,明确记载隋代即

---

① 参见全汉升:《中国行会制度史》,百花文艺出版社 2007 年版,第 21 页;彭泽益:《中国工商行会史料集》,中华书局 1995 年版,第 2 页。

② 全汉升:《中国行会制度史》,百花文艺出版社 2007 年版,第 14—15 页。

③ 柯昌基:《试论中国之行会》,《南充师院学报》(哲学社会科学版)1986 年第 1 期。

④ [日]加藤繁:《论唐宋时代的商业组织"行"并及清代的会馆》,中译文见氏著:《中国经济史考证》,第 1 卷,吴杰译,商务印书馆 1962 年版,第 355 页。

⑤ 刘永成:《试论清代苏州手工业行会》,《历史研究》1959 年第 11 期。

⑥ 彭泽益:《中国工商行会史料集》,中华书局 1995 年版,第 5—6 页。

已形成了市肆诸行,但还没有关于"行"即为行会组织的史证。至唐初,始有确切显证。唐贾公彦在高宗永徽年间(650—655)所著《周礼义疏》中,曾将《周礼·地宫》中的"肆长"比"若今行头者也";无行会组织,何谈"行头"。此际距唐代开国的时间(618),仅30多年。此后,《唐会要》卷八九所载唐德宗贞元九年(793)二月二十六日的敕令中,也写有"本行头""其行头"之说,《旧唐书·食货志》所录此敕令,与之相同,即:"自今以后,有因交关用欠陌钱者,宜但令本行头及居停主人、牙人等,检校送官,如有容隐,兼许卖物领钱人纠告。其行头、主人、牙人,重加科罪。府县所由祗承人等,并不须干扰。"唐天宝、贞元、元和年间的房山石经《大般若波罗蜜多经》题记中,可见有白米行、绢行、生铁行、炭行、布行、肉行、幞头行、屠行、五熟行、果子行、磨行、靴行、杂货行、油行等数十行礼佛活动的记载。随着两宋都市城镇经济、文化的发达,行会组织也空前活跃。据《西湖老人繁胜录·诸行市》记载,南宋都城临安(今杭州)"有四百十四行"之众。两宋时,行会说明此间不只有了同业行会组织,也产生了多种同业内部使用的隐语行话。至宋季组织的名目也有多种,如行、团、团行、作、社、会等。而且,除工商诸行之外,娼、赌、杂技等市井娱乐乃至如乞丐之类江湖社会,也都形成了同业行帮组织。其后,除元代近百年间由于社会制度、政策的调整,致使行会组织的活动一度渐衰外,明清两季则在两宋的基础上再度繁荣。[①]

刘永成、赫治清后来又撰文进一步论证这种观点,认为中国行会的历史大致可以分为两个阶段,"唐宋是行会的形成时期,明清是行会的发展时期"[②]。陈宝良学者也认为,"中国商业性行会的组织,大概从唐代已经形成"[③]。魏天安学者则指出,宋代的"行"在商品生产和流通过程中具有防止或限制竞争、垄断市场的作用,是一种封建性的组织,"不管这种作用同欧洲行会相比是强是弱,也不管其组织内部是否具有欧洲行会那样的平等原则,其性质都是行会"[④]。

然而,也有部分学者对中国行会产生于唐宋时期的见解持不同意见。例如傅筑夫强调宋代的"团"与"行"都不是商人自主成立的,而是缘于外力的强

---

① 曲彦斌:《行会史》,上海文艺出版社1999年版,第3页。

② 刘永成、赫治清:《论我国行会制度的形成与发展》,载南京大学历史系明清史研究室:《中国资本主义萌芽问题论文集》,江苏人民出版社1983年版,第120—121页。

③ 陈宝良:《中国的社与会》,浙江人民出版社1996年版,第215—216页。

④ 魏天安:《宋代行会的特点论析》,《中国经济史研究》1993年第1期。

制，即因应官府科索而设立，并且主要是服务于官府，也没有任何管制营业活动的规章制度，因而并不是工商业者自己的组织，与欧洲的行会相差甚远，当然也不能称之为行会。① 许涤新、吴承明主编的《中国资本主义发展史》也认为，宋代的团与行虽然有时也维护工商业者本身的利益，"但它毕竟是官府设置的机构，不是本行业自己的组织，这与西欧的行会或基尔特的建立，有根本的不同"。另外，在行业内部也"并不贯彻均等的原则，存在着兼并之家和大小户分化的现象，也未见有限制开业、扩充或限制雇工、学徒人数的记载，这也与西欧的行会有基本的不同"②。汪士信认为中国手工业行会出现的时期，其趋势和商业行会大致相当，大概还要稍晚一些。具体来说，手工业"行会在清顺治年间还不见，康熙、雍正时才开始出现，乾、嘉以后逐渐增多，最多是在道光以后"。③ 也就是说，中国的行会产生于清代的康熙、雍正时期。④

二、宁波当地行会组织的产生与发展

正如学者对中国古代行会何时产生难以形成较为统一的明确结论一样，关于宁波行会的产生时间，至今还难以找到明确的史料记载而加以确定。但从一些外国学者对中国行会的研究来看，有学者就认为中国古代行会最早出现的地方就是在宁波。在 1928 年用中、俄、英三种文字出版于哈尔滨的《中国工商同业公会》这部书中，编者阿维那里乌斯写道："原来中国同业公会之发生，与欧洲同业公会发生之原因相同。盖当太古经济问题发生后，由自然经济时代，而进为货物交易时代，乃所谓同业公会者，遂应运而生焉。……中国同业公会，创始较欧洲之早，至为显然。其在欧洲第一同业

---

① 傅筑夫：《中国工商业的"行"及其特点》；参见氏著：《中国经济史论丛》（下册），生活·读书·新知三联书店 1980 年版，第 417 页。戴静华也在《两宋的行》（《学术研究》1963 年第 9 期）一文中认为，不能将宋代官府立的行比附为行会，因为这两者是性质不同的组织。

② 许涤新、吴承明：《中国资本主义发展史》第 1 卷，第 134 页。也有学者似乎承认唐宋时期的"行"具有类似行会的一面，认为："行既然是工商业的一种组织，就多少有一些维护同行利益的作用，就这一点来说，它有类似行会的一面。"但同时又强调，"就行的其他方面来考察，就不能这么说了"。所谓其他方面，仍主要是指"行"系官府建立，在行业内部无限制等。参见汪士信：《我国手工业行会的产生、性质及其作用》，见《中国社会科学院经济研究所集刊》第 2 辑，第 219—222 页。

③ 汪士信：《我国手工业行会的产生、性质及其作用》，《中国社会科学院经济研究所集刊》第 2 辑，第 230 页。

④ 朱英：《近代中国商会、行会及商团新论》，中国人民大学出版社 2008 年版，第 225—226 页。

公会,迄今尚存有文书证据者,仅有一蜡匠公会也。此项文书系 1061 年书于巴黎,时则中国宋仁宗朝,最古中国之同业公会组织于宁波。在章程内,曾言此会成立之年,创始于周朝。"①外籍人士玛高温所著的《中国的行会》以及马士所著的《中国行会考》等关于中国行会研究的重要论著,也都大量选用宁波行会的史料作为其研究的重要内容。虽然目前还难以有充分的史料证实中国最早的行会就是产生于宁波,但至少可以说明,宁波在中国历史上应该是较早出现古代行会的地方之一;同时也可以间接印证,晚清以前宁波古代封建行会的发展较为突出。

根据史料的明确记载,在宋代宁波市区已有行会的存在。但那时通常是用行、团来称呼这种行业组织的。这种行、团的用语在当时并不仅仅用来指行会组织。它有时指店铺,有时指在无正式协同关系下,集中于同一街道上的同业或店铺群,有时就指行业公会。② 从事同一经济活动的工商业者,由于共同的利害关系,通常把店铺开设在一起。例如,清代中期,经营靛青输入业的靛青行业就有 10 家,它们在靠近宁波市区灵桥的奉化江东岸并排开着商店,同样,药商开在同一条街上,称之为药行街。在东门附近开有一排店铺,糖业、干鱼业、钱庄业则集中在江厦地区。③ 工匠铺也大半按专业集中在一起,这种形式的集中或组织,在宋代若是属于商店则称行,如果属于手工业铺子则称作(坊)。

自 1191 年始宁波有了明确而初具雏形会馆的记载。据《宝庆四明志》记载,宋绍熙二年(1191),在明州(宁波)的福建籍海运业船头沈法珣(发句)在宁波江厦街建造了闽商的保护神天后庙④,即后来的会馆。信徒都是海运业行会和成员。在宁波市内,福建商(漕)运业和南号海(漕)运业者还各建立了一个会馆(天后宫),以后又建立了两个天后分庙,一个建于象山港北的大嵩卫所旁边,另一个建于宁波三江口,与南北海商分所相邻。南北海商公所是南号、北号海(漕)运业者共同参与的行会会馆。这期间,福建商人在江厦地区建立了新的会馆。⑤ 清咸丰四年(1854),数千福建籍人移居宁波,他

---

① 曲彦斌:《行会史》,上海文艺出版社 1999 年版,第 3 页。

② 〔日〕加藤繁:《中国经济史考证》卷上,商务印书馆 1959 年版;根岸佶:《中国行会研究》,斯文书院 1932 年版。

③ 民国《鄞县通志》·《舆地志》辛编《村落》;同书《舆地志》卯编《庙社》。

④ 《鄞县志》卷 12《祠庙》。

⑤ 民国《鄞县通志》·《舆地志》卯编《庙社》。

们大多从事海运业。其中，泉(州)帮和厦(门)帮从事砂糖、谷物、木材、藤材、杂货、干果的交易，兴化帮从事生鲜、干龙眼交易。[①] 19 世纪末，在宁波市区的同乡会馆，著名的有福建商帮组织的闽商会馆、广东商帮组织的岭南会馆、山东连山商帮组织的连山会馆、徽州府商帮组织的新安会馆等，反映了宁波港城经商的人来自四面八方，他们为了维护各自商团的利益，组建了各种会馆。这说明宁波是会馆的发祥地。当时最为出名的当推宁波北号的海(漕)运业商人创办的庆安会馆。[②]

庆安会馆是由慈溪、鄞县籍的九个颇具实力的北号海(漕)运业者共同建立的。现存的庆安会馆建筑群兴建于清道光三十年(1850)，清咸丰三年(1853)落成，位于浙江省宁波市江东北路 156 号，占地 0.5 公顷，建筑面积 5062 平方米，平面布局呈纵长方形。庆安会馆现存宫门、仪门(连戏台)、正殿(连戏台)、后殿、厢房、偏房及董事与管理人员住宅等。正殿采用石雕、砖雕和朱金木雕作为装饰，突出展现了浙东一带的雕刻艺术，堪称精品之作。会馆建筑高耸壮观，特别引人注目的是在中轴线上构筑了前、后两个戏台与戏楼，这在会馆建筑中颇不多见。唱对台戏的来历大概从中可获索源。与庆安会馆一墙之隔的南号会馆，即安澜会馆，布局与庆安会馆相同，也有前后两个戏台与看楼。现两个会馆为浙东海事民俗博物馆，会馆占地面积 15000 平方米，为全国唯一的两个会馆且宫、馆合一近代建筑群。

庆安会馆为甬埠形式北洋的泊商航工娱乐聚会场所，也是一座祭祀"天后神"的宫殿。中国文联出版社出版的《庆安会馆》一书论述道："宁波与妈祖信仰源远流长，关系较长远。宣和五年(1123)，宋徽宗为妈祖钦赐'顺济'庙额后，使妈祖信仰得到朝廷认可，并借助于宁波传播到全国各地，成为航海的保护神。"庆安会馆是宁波古代海上交通贸易史的历史见证，也是妈祖文化的物证。在七大会馆中，唯宁波的庆安会馆(包括安澜会馆)是海运业者的南、北号会馆，它们是海上丝绸之路的重要组成部分。北号是经营北方商品的舶商联合体。南号是经营南方商品的舶商联合体。通过宁波港，南、北号分馆将南、北货运物资送到全国各地。因此宁波港成为国内南北货及世界各国进口的货物运销的

---

① 民国《鄞县通志》·《食货志》。

② [日]斯波义信：《宁波及其腹地》，载麦克斯维尔主编：《中国社会的经济组织》，斯坦福大学出版社 1974 年版。

中转港。在七大会馆中,它在商贸文化交流中有其特殊的地位。庆安会馆所做的历史功绩之一,是率先向西方购得科学技术先进的轮船,武装自己,为我国自办第一艘轮船——宝顺轮。咸丰四年(1854),为平定海域海盗抢阻,保卫南北洋海运之安全,集资购买引进西方先进技术的轮船"宝顺轮"配备大炮、弹药。"中国之用轮舟自宁波宝顺轮始也。"宝顺轮投入运行后,对南北洋海盗船进行清扫,平定了北洋与南界。宁波北号商团(宝顺轮)名震四海,扬名于国内外,使盗船闻声畏之,保障了"海上丝绸之路"的畅通。这也是我国近代自办的第一艘火力轮船,成为创办中国近代洋务的先声。郑绍昌先生在《宁波港史》中评价说:这是宁波港在近代化的道路上迈出的具有重要历史意义的一步,标志着宁波港作为单纯帆船港时代的结束。

宁波北号会馆的宝顺轮,是北号商团成员接受西方先进科学技术思想的例证,而上海港则到 1886 年才购买轮船一条,比宁波港迟了 30年。由于使用现代化的轮船这一举措,宁波北号会馆的声誉大震,引起了清廷以李鸿章为首的洋务派官僚的关注。宝顺轮是宁波港在近代化的道路迈出的具有重要历史意义的一步,意味着宁波港作为古代单纯木帆船港时代的结束,开始了轮船港的新时代。轮船的应用标志着木帆船向轮船的转型,其具有划时代的意义,奏响中国近代采用西方先进技术和创办洋务的先声。

庆安会馆已成为我国现存为数不多的宫馆合一的实例,为中国八大天后宫之一,七大会馆之最,也是浙江省唯一保存完整的一处会馆建筑群。庆安会馆还是浙东近代木结构建筑典范,体现了清代浙东地区"三雕"工艺技术的最高水平,为宁波港口城市的标志性建筑,是"海上丝绸之路"重要的文化遗存,2001 年 6 月被国务院公布为第五批全国重点文物保护单位。

庆安会馆(天后宫)

在宁波的行会组织中,由福建商人组建的行会,资历最深,在宁波行会组织中自然占据极其重要的地位。根据史料记载,福建籍商人不仅参与建造了宁波著名的庆安会馆,而且还建有其他众多的行会、会馆,如厦门——福建分会馆、兴化会馆、厦门会馆、漳州会馆等等。除福建人建立的行会组织外,在宁波的外来人建立的带有地域特征的行会组织还有山东行会、温州行会等。

那么除了这些带有地域特征的外来人建立的行会组织外,宁波有没有当地人建立的或者不带有外地地域特征的行会组织呢?全汉升先生在探讨行会起源的时候也曾经就此提出疑问。他在介绍道格斯的"同乡团体说"①时提出了两种疑问②。

(1)同乡者未在他乡组成行会之前,在故乡是否已组成行会?

(2)同乡者的行会未组成以前,所在地的人是否已组有行会?

从时间的先后言,同乡者组织的行会即不是最初的一个,此说也不能令人满意。不过,出他乡时组织行会的需要比在故土时为大,这是我们不能否认的。

正如全汉升先生所疑问的一样,我们也一直比较关注一个问题,那就是:晚清以前宁波当地除了在宁波的外地人建立的行会组织外,有没有宁波本地人建立的或者不带有明显地域特征的行会组织?对此问题,虽然我们不能肯定在宁波最早的行会组织到底是外地人建立的还是本地人建立的,但是我们可以确定的是,在晚清以前,宁波的行会组织除了外地人如福建人创办的会馆、行会外,依然还有众多不带有外来地域特征的行会组织。如玛高温在其所著的《中国的行会》一文中,曾详细记载了有关宁波银行家行会(也即宁波钱庄行会)的情况。他写道③:

> 几年以前,这个行会的章程经历了一个好转的过程,而这在现今的规章中已不复存在。直到最近,该城的银行家们每天在一条大街(这或许可以名之为宁波的华尔街)上开市两次,以进行依苏州,或上海(当它

---

① 该说认为,行会起源于居住于某一地方的人远赴他乡时,为相互联络交流、谋取共同利益之需要而组织设立起来的。本书在"导论"中已对此做过介绍。

② 全汉升:《中国行会制度史》,百花文艺出版社 2007 年版,第 5 页。

③ D. J. Macgowan. Chinese Gilds or Chambers of Commerce and Trades Unions, Journal of North-China Branch of the Royal Asiatic Society, VoL. 21No. 3, 1886. 转引自彭泽益:《中国工商行会史料集》,中华书局 1995 年版,第 24—27 页。

取代苏州成为货币交易中心后）货币市场对货值报价后的投机。对于不精此道之人来说，他可以想像出这样一幅情景：许多情绪激昂的疯子正在从其囚禁之地争先恐后地夺路而逃。在每天午前及午前的一个多小时中，他们充斥那条街道，使之几乎不能通行；他们一直在大叫大嚷，喧闹声震耳欲聋，以致交易成否都不得不靠手势的比划来表达——伸出手指以表示货币出价和给价多少——比如，伸出手指表示十银元兑换一千一百三十文铜钱，若买方同意了，则投机双方退出市场，作出交易记录。如果从货币市场传来信息，银元与铜钱之比价与已达成之协议有一文之差，则一方应付给另一方一万文铜钱。一般说来，买卖双方都是经纪人，诸如银号老板、钱庄主、商人、小贩、学者——总之，所有阶层的人都投入交易。这项生理是如此的令人神往，以至于无数人都被广泛地卷入了投机的漩涡。超出该城市流通所需的现金会在几个小时中在市场上被买卖。偶尔一次停顿，会影响这些疯子。当损失惨重的投机继之以破产和自杀出现以后，就会颁发一份对此现象大加呵责的官府公告，禁止货币的"买空卖空"，并且在一段时期中平静弥漫着以前的赌场，但官方的幻想很快变得模糊起来，其禁令亦成具文，"华尔街"又变得和以前一样充满生机。

我曾经偕同阿礼国爵士（Sir Rutherfood AIcock）去亲自观看那些预卜货币比值变化而投机取巧、狂呼大叫的场面；爵士先生断言，这是他迄今为止所见过的最为惊人的场面。然最终这些痼疾都影响了自己的治疗。当上海本地的投机商们投资筹办各种大型股份公司时，股票的赌博就变得盛行起来，那些货币买卖狂们使宁波变得比以前任何时候都昏头昏脑；当上海发生金融危机时，在宁波就会出现大量的、巨额的亏空，这多半涉及到年轻职员和银行家的儿子们。许多人倾家荡产，吞服鸦片，自杀和投水死者达到前所未有的程度。这些灾难使得金融界禁止货币的买空卖空，严禁其行会成员卷入其事；但掮客阶级自产生以来，就不承认银行家行会，货币的买空卖空成为他们的职业，一般情况下并受雇于赌博团体。银行家们请求地方官府颁发布告，反对这些已成立自己的行会的掮客们，但后者扬言要拒绝受命和反抗，只有在接受官府帮助而找到其他职业后，才接受和解。因此，一个在银元出现——大约是1726年——之前很久就一直存在的习惯，戛然而止；在此之前，银子与铜钱的比价久已是投机者们如蝇逐臭的渊薮。

现在，所有集会都限在行会会所里，墙上贴着如下的规程：

绪言：细阅司马迁（即所谓中国的希罗多德，大约生活在公元前163—85年）（译注：希罗多德为古罗马时代最负盛名的历史学家，其主要著作是《历史》）"以末致富"这一章，我们发现了他关于"货殖"的思想〔在关于管仲的传略中（约公元前645年），这位中国历史上屈指可数的杰出的国务活动家，本人即是商人〕。而《论语》中我们发现孔子的一段重要议论，他说："财富的生产，有着一个相当长的过程。应该让生产者众，消费者寡。勤于农桑，樽节支出。如此，则国富民庶而财产加增矣。"所以，其结果是，近者悦，远者来，最终建立起和睦相处的商业交往关系。

我们进行货币买卖的职业，起源于周朝（公元前1122年）财部的九处之建立，但是，货币的量度分为五个等级却是从汉代开始的。以己之所有而换取己之所需，是十分重要的，以小铜钱兑换大钱亦是如此——若能这样，则不唯给民人以方便，而且给政府财政和税收以便利，总之，吾等所操之业，乃商业活动之中枢。

然后，该绪言描述了发逆叛乱时期行会的兴衰，"通过中外联军共同战斗而赢得和平之重建；贸易的复兴；鼓舞人心的前景在望"，以及通过货物的积蓄和利润的倍增而达到持久和平和繁荣的虔诚的愿望。然后，绪言谈到了以后他们将废弃纸币，并决定限制所有银锭和银元的交易，由于业已发生了变化的贸易状况。根据他们的协议，银行家们关闭了那些臭名昭著的自由银行，虽然这一变化的主要原因在于货币交易中心由苏州移到了上海，距离如此之近，以致使用纸币已无必要。在为此目的而召开的一次会议上，他们同意在通常的货币交易中心应与上海的惯例保持一致。采用的规章均具有约束力，不得推诿支吾，均同意始终在限制范围内活动，而取得财富的正确方式应该是平等的和勤勉的。"愿所有组成此行会之各位同仁，通力合作，以公正和真诚的行动，振兴本埠之商业。"

其第一条规则可以确信是针对宁波银行家们的，其言曰："与外国人之间的和睦交往，为时已久，在商业业务中，我等应禀遵上意，以体现我君皇恩浩荡。"

下面是十三条行规的概要。

管理　每年选举一个司库和一由十二人组成的管理委员会。每月底，司库将通常开支分为平均份额，记入每一位行会成员的账下。委员会成员每人轮值一月。每日清晨，管理人员应到行会视事（其时，行会成为票据交易所，每一位行会成员应将其账簿带来或送来，银行家们彼此兑换汇票，进行结算）。凡交易金额少于五十元的，均不入账；所有违反规章的行会成员都要受到惩处。入会费为十元，积累起来的这类款项应投资生息。

通货　银元和银锭（墨西哥和加罗路斯银元）在与铜钱和纹银的兑换中，持有各不相同的比率（加罗路斯银元因较重而需另一方贴水）。下列几种银元不接受：重量不足者、字迹模糊者、因流通年久而脏腻者、哑板者、有三星标志者、头像颠倒者、毛边者、薄边者、黄色者。四十五两半的锭银在投入流通时算作五十两；但是，当较四十五两半为轻时，其不足需得到补偿（当然，五十两的银锭在宁波已很少有，抑或有所流通，亦须按比例贴水）。银锭和银元的储蓄和支付业务只在中午十二时至下午两时之间进行。

利息　凡贷款五百两以上者，利息应以当天占支配地位的利率为准。不得强迫向任何人借钱。

其他规则　受约人储蓄的期票，在票号破产时，应予以偿还。由司库和管理委员会保存的条规，记事本均须由会员盖印。

至于宁波钱庄行会组织产生于何时，根据目前的史料已无法做出准确的考证。但根据上海钱业的情况来看，上海钱业早在 1776 年即已有内园（即钱庄的同业组织）存在。那时候，宁波的商业与钱业都远在上海之上，相应地推测，宁波也应该存在一个业缘性质的钱业同业组织。①

除宁波银行家行会外，玛高温和另一位外籍人士马士在其著作中还都提到了宁波鱼贩行会②、宁波鸦片行会的情况。宁波鱼贩行会在其行会章程的许多条款中规定，每条来到宁波的贩鱼船只应当向行会申报，行会核实船货后，在货物清单上盖上其印章；无人（大多数肯定不是非行会会员）敢于购买未经行会例行检查的船上的鱼货。在谈到宁波鸦片行会时，他们指出，1884 年，行会承包（或划拨 Commute）浙江宁波地区的鸦片内地税，为了将这种鸦片置于它的绝对控制之下，规定：进口商，外国人或中国人，除了本行会成员外，不得卖鸦片给任何人。外国人向其领事提出抗议，但仍得服从这

---

① 陈铨亚：《中国本土商业银行的截面：宁波钱庄》，浙江大学出版社 2010 年版，第 57 页。

② 玛高温在《中国的行会》一文中也提到宁波鱼贩行会的情况，但他以"宁波鱼贩公会"称之。

项规定。在这一诉讼方面，宁波的英国领事声称："这里的英国商人不断地使我确信，除了行会所批准的条件即那些总是包括成本价格以下的购买之外，行会的任何成员企图与英国商人作生意，他将被开除；如果任何非行会成员类似的冒犯行规，虽然他已被行会用不正当的观念所约束，但是，他还将遭到那种捏造罪状或事实上个人歪曲事实的指控。"①

　　由以上考察可以看出，晚清以前宁波当地的古代传统行会，既有以地域为特征而成立的行会组织，也有以行业为标准而地域特征不明显的行会组织。晚清以前，宁波这种古代传统行会的发展，即使在全国范围来讲也属于起步较早的地区之一，而且其发展的规模和速度也较为突出。以渔业行会组织为例，渔帮是渔业行帮组织的初级形态。早在明万历年间，浙江宁波就出现渔帮组织。渔帮头目称为"总柱"。在渔业生产多元化的过程中，浙江宁波定海渔帮走在了最前面。在7个多元化生产的渔帮中，定海占其中5个。7个渔帮中，除高亭帮外，其余渔帮都拥有保存海鲜的冰鲜船和咸鲜船。其中，岱山帮和沈家门帮拥有自己的陆上加工场地和渔栈，这使其在渔业产业中占据领头羊的地位。之后，随着渔业竞争的激烈，各地渔帮纷纷以地缘为纽带，成立更加高级的渔业行帮组织——渔业公所。渔业公所和渔帮联系相当紧密，从某种意义上说，渔业公所是渔帮的高级组织，或者是其联合体。就现有文献来看，浙江乃至全国最早的渔业公所诞生于清雍正二年（1724），当时宁波镇海、定海各帮在鄞县双街（即半边街，很早就是渔船集结地）成立南蒲公所。直到清朝灭亡（1912年），浙江有年代记载的渔业公所共有43家，其中光绪十八年（1892）到光绪三十二年（1906）15年间成立的就有21家，占整个数量的一半，表明这一时期的渔业竞争较清初更为激烈。在沿海渔业公所中，有7个是渔帮的联合体，其中4个是外地渔帮在宁波组建的公所。从区域分布看，浙江宁波地区的渔业公所主要分布在定海，其次是鄞县、镇海和象山。而定海岱山是渔业公所分布最多的区域，共有11个。这11个中既有专门捕鱼的协和、庆安等公所，也有负责加工的新老渔商公所和定岱渔商公所。不过，我们不能就此得出定海本地渔业公所实力和影响力强大。最早成立的8个公所，镇海渔帮创建的有4家，奉化3家，象山1家，而定海只能算半家（南蒲公所为镇海、定海渔帮共同创建）。虽然光绪年间定海渔帮创建的渔业公所有18家之多，但是在渔产品加工和销售环节的6

---

　　① 参见玛高温著《中国的行会》以及马士所著的《中国行会考》；转引自彭泽益：《中国工商行会史料集》，中华书局1995年版，第68,72页。

家公所中,定海只占 2 家,而且全部在生产环节,销售环节由镇海渔帮组建的爵溪公所把持。这些渔业公所从开始主要以地域命名,到后来逐步突破地缘限定,向更加符合商业文化和行业特征的方向转变。有些渔业公所即开始以行业分工来命名,如新、老渔商公所就属于厂家,而蒲钓公所是专门从事钓船捕捞的。① 从宁波古代行业发展的历史来看,渔业是最早实现全行业过账制度的行业,而过账制度的产生和发展也从另一个侧面证明了宁波古代渔业行业发展达到了相当的高度。

三、异地宁波行会组织的发展概况

晚清以前,不仅宁波本地行会组织发展迅速,而且以宁波手工业者或商人为主体在异地建立的行会组织也有较大的发展。宁波人在异地建立的会馆、公所等行会组织在中国行会发展史上有着极其重要的地位。如上海的四明公所(又称宁波会馆)在中国近现代史上声名显赫。黄鉴晖根据《明清以来北京工商会馆碑刻资料选编》一书的统计指出,明代北京有 9 所商业会馆,其中有一所即是浙东宁波商人所建的四明会馆。② 除此之外,宁波商帮在汉口、天津、苏州等中国的大城市均较早地建立起了自己的会馆、公所等行会组织。

这些以宁波手工业者或商人为主体建立起来的异地行会组织,既是宁波向来对外交往比较活跃,宁波商帮足迹遍天下的历史见证,同时也是观察宁波商业经济发展及宁波商帮的一个窗口。在以往的研究中,对于商帮的定义,就多以地区性会馆的成立为标志。例如,林树建、林旻在《宁波商帮》一书中,对宁波商帮的论述,即以明代天启、崇祯年间,宁波药材商人在北京设立"鄞县会馆"作为宁波商帮初始形成的标志。③ 范金民在《明清江南商业的发展》中也说:"杭嘉湖商人虽处在财富之乡,但形成商帮大概要到清代。杭州商人于乾隆初年在苏州建有杭线会馆,乾隆二十七年又建有钱江会馆。"④由此可见,这些由外地人建立的异地商会组织在一定程度上已经成为

---

① 参见白斌:《清代浙江海洋渔业行帮组织研究》,《宁波大学学报》(人文科学版)2011年第 6 期。

② 黄鉴晖:《明清山西商人研究》,山西经济出版社 2002 年版,第 68 页。

③ 林树建、林旻:《宁波商帮》,黄山书社 2007 年版,第 111 页。类似的表述还出现在众多的著作中,如陶水木的《浙江商帮与上海经济近代化研究(1840—1936)》,上海三联书店2000 年版,第 208 页。

④ 范金民:《明清江南商业的发展》,南京大学出版社 1998 年版,第 227 页;转引自林正贞:《浙商与晋商的比较研究》,中国社会科学出版社 2008 年版,第 25 页。

观察某一商人群体的标志性指标之一。

下面,本书就以北京、上海、天津、汉口、苏州等地的宁波行会组织为例,简单介绍一下宁波异地行会组织的发展概况。

北京鄞县会馆

鄞县会馆是浙江商人在北京成立较早的一个同乡同业会馆,据说是由明天启、崇祯年间,鄞县在京的药材商人创立的。据史料记载,早在明朝,宁波的中医与药材商人就聚集在北京并出资建立了北京唯一的中医药材行业组织——鄞县会馆。鄞县会馆坐落在北京外城西南角的郭家井。当时宁波在京的中医与药材商人常到会馆聚会。清代,鄞县名医刘永泉到京协助育宁堂药铺经营业务,坐堂门诊,并成为鄞县会馆主持人之一。他的事迹还编进了《北京工商史话》,在北京留下了名声。全国有名的药铺同仁堂掌柜岳家,祖先也是宁波人进京行医的。《大宅门》描写的是郭家药铺。但同一时代,宁波人在北京开的药铺还有很多,郭家药铺还不是主要的。清光绪三十二年(1906),鄞县会馆的主持人是乾元堂药铺的大掌柜,而乾元堂是清末北京的大药铺。鄞县会馆属于大型会馆,它比其他的供旅京鄞县人住的会馆大,有房62间,旁有义地数十亩,连民国初年总统徐世昌的先人也埋葬在这里。1900年八国联军攻入北京,鄞县会馆遭劫难,住进了德国兵,很多房子成了德军的马厩,撤走时又遭到了破坏。①

鄞县会馆开始是以助葬作为首要目的。"相传为明时吾郡同乡之操药材业者集资建造,以为死亡停柩及春秋祭祀之所。""盖闻:掩埋为人仁政之先,禋祀乃典礼所重。矧夫首善之区,求名利者,莫不云集。其间寿夭不一,通塞攸殊。往有死亡旅次,而灵梓莫能归者。是以建立义园,盖为无力者计。"至光绪年间,又在鄞县义地的基础上,兴建了"鄞县西馆",西馆是与先建的鄞县会馆相对而言。据道光十五年(1835)《鄞县会馆碑》载:"国初时,吾乡大理卿心斋陈公,始力整理,阖邑赖之。"②但是后来这个会馆渐渐颓废。

民国十三年(1924)旅京宁波同乡会谋划扩大墓园,重修会馆。碑记中说,此处义冢虽名为鄞县会馆,但实际上所有宁波府属旅京者都有份参与,

---

① 参见《〈大宅门〉与鄞县会馆》,http://www.cnnb.com.cn/gb/node2/channel/node13890/node14006/node14008/userobject7ai647907.html,2012年5月1日访问。

② 道光十五年《鄞县会馆碑文》,载李华:《明清以来北京工商业会馆碑刻选编》,文物出版社1980年版,第96页。

所以并不独属鄞县人,扩建后的会馆也即更名为"四明会馆"。①

　　民国纪元之十有一年,旅京宁波同乡公益会会长奉化沈君化荣,与会中诸乡先生议,欲修葺斯馆,谋所以扩充之,改名为四明会馆。时余方任副会长,□隶籍鄞县,属余□诸同县乡老之旅京者议。夫□适宁波水灾起,旅京同乡为筹募急赈,相约开会,吾县同乡之与会者殊众。沈君与余即以是请之,佥谓鄞县会馆之停枢与葬斯园,凡隶旧宁波府属之旅京者皆与焉,固非以鄞县人而私之也。夫同属七邑之中,远□数千里之外,不□疾病而至于死亡,见之闻之者,皆时嗟悼之不足,又有拘拘于一乡一邑之见异议,而□摈之乎! 遂定议改名为四明会馆。而以原有之鄞县会馆匾额仍悬于馆之前殿,使后之瞻者知其所自始云。②

　　五四运动时期,浙江鄞县会馆(西馆)成为当时进步青年集会之地。鄞县西馆地处今北京西城区陶然亭附近,由于常有革命者来陶然亭集会,因此这一会馆也被革命者所看重,而经常在此馆集会。1919 年 7 月 1 日,李大钊与王光祈就在鄞县两馆发起并成立了进步的革命团体"少年中国学会"。学会以"振作少年精神,研究真实学术,发展社会事业,转移末世风气,以创造适合于二十世纪思潮的少年中国"为宗旨。1920 年,少年中国学会还在该馆召开了学会成立一周年纪念会,一些著名的革命人物如邓中夏、黄日葵、张申府等出席,邓中夏、张申府还曾在此馆留影纪念。③

上海四明公所

　　四明公所又称宁波会馆,旧址在上海南市区人民路,清嘉庆年间创建,是旅沪宁波商人和手工业者的行会组织,北部为寄枢处和义冢。清嘉庆二年(1797),旅沪宁波人钱随、费元圭、潘凤古、王秉刚等发起乡人日捐一文的募金倡议,集资购地建置厂屋 20 多间以寄枢,将多余的 30 亩地辟为义冢。嘉庆八年建立正殿,祭祀关帝,规模始具,俗称"宁波会馆"。因旧宁波府管辖的会稽山文脉连亘,其主峰上有四个穴,像窗户一样透着光线,被称为"四明山","四明"也成了宁波的别称。"宁波会馆"也雅称为"四明公所"。道光十一年(1831)殿宇逐渐剥落,上海的宁波帮人数日益增多而殡舍狭隘,董事谢绍心、方亨吟等发起募捐,共得 1.6 万余银两。道光十四年(1834)起,历

---

① 林正贞:《浙商与晋商的比较研究》,中国社会科学出版社 2008 年版,第 38 页。
② 李华:《明清以来北京工商业会馆碑刻选编》,文物出版社 1980 年版,第 97—98 页。
③ 常润华:《试述浙江在北京的会馆》,《浙江学刊》2000 年第 2 期。

时两年重修殿宇,又扩大冢地,增建 50 楹丙舍,还组建了赊棺会。道光二十四年(1844),定海的蓝蔚雯当任上海知县,四明公所请他将公所地产编入官图,位于 25 保 4 图(今淮海东路)。翌年建造后殿,奉幽冥教主。咸丰三年(1853)遭战事毁坏,镇海大商家方仁照弟兄捐巨资重修一新。光绪二十年(1894),公所又在朱家桥置地 34 亩,建房舍 30 余间。光绪二十九年(1903),又在日晖港购地 30 余亩,建造土地祠、办事室、寄柩所,共 200 余间。

道光二十九年(1849)开辟法租界后,公所被划入租界范围。法租界公董局一直觊觎这块土地。同治十三年(1874)和光绪二十四年(1898),公董局使用武力,两次企图强占公所和墓地,并打死、打伤市民多人,酿成了历史上著名的"四明公所血案"。① 上海宁波帮人士群起反抗,各行业举行罢市、

---

① 上海法租界建立后,四明公所的地产全部被划进法租界。刚来上海的法国人并不清楚四明公所是怎么一回事,只知道它是一个宁波人祭祀和集会的地方,于是把它叫作"宁波神庙",于是公所门口的那条路就被取名为"宁波路"了。四明公所的主要职能是寄放寿材,暂厝灵柩和埋葬死人。法租界建立后,租界的市政发展较快,一块这么大的坟山设在人口稠密的市区应该讲是不适宜的,于是四明公所也被法租界视为眼中钉,并想方设法把它赶出租界,旅沪的宁波人也与租界展开针锋相对的斗争。1874 年,法租界以筑通徐家汇路的马路为理由,要求四明公所让出部分土地。这件事遭到公所的反对,于是法租界无视设立租界时订立的关于租界内原有坟地的规定,强行挖掘公所坟地,拆毁公所建筑。法租界的恶劣行为马上遭到旅沪宁波人以及上海市民的反抗,法租界竟调动警察对手无寸铁的中国人大打出手,造成中国人死伤多人的"第一次四明公所惨案"。这次惨案引起更多的上海市民集中到法租界公董局(即今上海公安局黄浦分局),抗议法租界的恶劣行为,以后这件惨案通过官方调停才得以平息。1878 年 8 月 15 日上海道与驻上海法国总领事达成协议,该协议也刻在《为四明公所血案结案碑》上。第一次四明公所惨案发生后,四明公所也感到这么大一块义冢和丙舍设在市区是不合适的。1894 年,四明公所另购宝山县土地 34 亩建立丙舍和义冢,计划逐渐将寄柩厂和丙舍迁往新址(该厂址在今柳营路西北,即今同心苗圃)。但是 1898 年时上海鼠疫猖獗,据当时工部局卫生机构调查,这次鼠疫是因海关验关不慎而从海船上带进来的,但是法租界为了将四明公所驱出租界,一口咬定是四明公所坟地卫生管理不善所致。于是又一次出动军警,并调动停靠在黄浦江上的军舰海军陆战队士兵 200 余人冲击四明公所,强行拆除公所围墙。法国人任意曲解事实,无视第一次四明公所惨案之约定的行为立刻遭到全市市民的反对。上海法租界和公共租界发动了罢市活动,在洋行和外国机构工作的宁波人,家庭中帮佣的宁波人全部实行罢工,上海市民连续多天集中到法租界公董局大自鸣钟附近,拆除和烧毁法国人的住宅、商店。第二次四明公所事件的规模更大,但是这次斗争的矛头没有单独指向法国人,在沪的其他各国侨民也受到严重的损失。因此,工部局、英国领事、美国领事只得出面调停。他们一方面劝法国人立即撤兵;另一方面要求四明公所停止罢市和罢工活动,据说,事件发生后,当有美国领事差王松堂先生来,请沈洪赉到方镇记商议其事,据美领事云及你宁人与法人失和,我十二国人并无与你不和,为何统要罢工? 若要罢工,我十二国人与法国人同拆会馆。后洪赉即至十一点半

罢工,迫使帝国主义者放弃侵占公所的企图。今仅存大门和围墙。

民国元年(1912),公所经理沈洪赉发起组织公义联合会,以对抗少数富商专断的董事会。当时董事有朱葆三、周金箴、沈敦和、虞洽卿、严义彬、方舜年、方积钰、周鸿孙、葛恩元 9 人。公义会主持公所的日常事务并监督所内会计,重大决策仍由董事会裁决。民国三年,因事务繁杂,规定于每年农历四月,由董事会与公义联合会共同召集常年大会,推选议长,也称值年董事,选举公义联合会的董事,提出议案等。董事会与公义联合会董事每季度开一次常会。如遇到特别事件,须召开临时会议,凡半数出席者通过的决议,即由议长签名后施行。随着公所内的各业人数的增多便以业相聚,纷纷各自另外结成团体,成为公所之外的小工商社团,而且宁波府下各县的同乡又各自组织以县为单位的同乡会。四明公所的各项职能渐被分割,事业范围限于"以建丙舍,置义冢,归旅榇,设医院等诸善举为宗旨",这都是经费巨大而其他小团体不能办的事业。每逢寓沪宁波人发生重大事故时,还是以四明公所为大本营。民国元年,四明公所在日晖港重建南厂,内设崇报祠;在虹口设立北厂,内设彤辉祠。

民国五年,公所重新订立新章程,规范了公所的组织。凡是宁波地区同乡人按照各自行政区域和职业组成的小团体,均包含在四明公所大团体之中。小团体分为五大类:第一类是同业团体,有(渔业)同善会、(海味行)崇德会、(酒业)济安会、(南货)永兴会、(洋货)永济社、(猪业)敦仁堂、(药业)喻义堂、(肉庄)诚仁堂;第二类是手工业团体,有(石作)长寿会、(木作)年庆会、(银楼)同义会;第三类是新式同业团体,有钱业公会、五金公会、泰西食

钟,去劝二业照常开工。美领事同庄菱晨先生在方镇记,听洪赉回音后,到二点钟法兵去矣。由于上海政府原则上是站在四明公所立场上的,同时由于英、美与法国的矛盾,他们也对法国采取了相应的措施,法国人被迫做出让步,重新确立了四明公所的界址,并重新建立了围墙。但是由于上海政府的软弱,又同意让出周径西,打铁浜东的一块地产使法国人保证永不侵犯四明公所。因四明公所迁移寄柩厂和义冢的需要,1903 年四明公所又购进日晖港附近土地 30 余亩。于是原宝山的四明公所称"北厂",日晖港的称"南厂",并陆续将法租界的义冢和寄放的寿材分别迁到北厂和南厂,市区仅留下一个办事机构,其占地范围约相当于今淮海路以南,人民路以北和云南南路以东。解放后四明公所解散,原土地分别被建为南市区豆制品工厂及住宅。鉴于四明公所在近代史上地位与反侵略反压迫的事迹,近几年在人民路461 号四明公所正门原址重建四明公所牌楼式门头,这里也成为上海乡土史和反侵略史的教育基地。参见薛理勇:《上海滩地名掌故》之"四明公所和宁波路",同济大学出版社 1994年版。

物公会;第四类是劳工团体,有四明长生会、水手均安会;第五类是非经济团体,有惜字同仁会、大乘聚心会、清明协议会、善济万灵会、关帝会、焰口会、冬至会。各团体都有章程,选举理事处理事务,若某事务在本团体内不能处理时,或者有关全体同乡的重大事宜就提交公所处理。公所以慈善事业为宗旨。

民国十一年,四明公所又设立浦东分所,并在爱来格路(今普安路)建成四明医院。1954 年,四明公所活动结束。①

天津浙江会馆

天津自近代以来就是宁波商人创业发展的重要地区之一。尤其是在船运业,宁波商人实力最为雄厚,史称"天津所有南货,均由上海、宁波沙船载运"。此说虽有些绝对,但也反映了江浙商人在商品贸易中的势力之大。早在清初,浙江人就在户部街北原镇仓关帝庙遗址上集资建立了浙江乡祠,这是会馆的雏形。光绪十二年(1886),由浙籍长芦盐运使严信厚等发起,众浙商出资响应,在东门内户部街原浙江乡祠旁新建会馆,与祠相通。②

清光绪十二年(1886)初春,天津县街头贴出了这样一张告示。

> 为出示晓谕事:蒙道宪万札开,据浙江同乡候选知府严信厚、候补直隶州知州江槐序、候补直隶州知州朱湛然、候补通判吴鸣皋、候补通判胡恩溥、候补知州朱干臣、前江苏□山县知县何炳章、候补知州孙毓珍、候选州同张敬熙、芦运库大使章祥霖等遣抱禀家人乐成赴道禀称:为公议将浙绍乡祠改建浙江会馆,以联梓谊,禀请立案,而垂久远事。……悉津郡城内户部街乡祠系浙人高启泰创建于前,朱奎扬修葺于后,以为乡人聚会之所。载在志乘信而有征。浙省官绅现拟就该祠基址改建浙江会馆,事属义举,应准如禀立案。……据此合行出示晓谕,为此示仰阖宅居民人等知悉,自示之后,乡祠基地改建浙江会馆。倘有无知之徒在彼借词阻挠,许该地方指名扭禀赴县,以凭究治,决不宽贷,各宜禀遵,毋违特示。③

---

① 参见上海地方志办公室网站之"上海工商社团志",http://www.shtong.gov.cn/Newsite/node2/node2245/node4538/node56959/node56961/node56963/userobject1ai45314.html,2016 年 9 月 25 日访问。

② 刘莉萍:《社会变迁中的天津会馆》,《聊城大学学报》(社会科学版)2008 年第 4 期。

③ 天津市档案馆藏:《天津各会馆团体》338 号卷,《碑记禀批各存底》。

这张告示是宁波帮开山鼻祖严信厚联合数名旅居津门的浙江籍官绅，向天津县申请在原乡祠地基上改建浙江会馆之后，由天津县奉札谕立案公布的，为的是防止在改建浙江会馆的过程中，当地无赖混混肆意滋事。这份告示的张贴意味着旅居津门的包括宁波人在内的浙江人最主要的同乡组织——浙江会馆的建立。①

浙江会馆以团结浙江旅津同乡、举办同乡及社会福利事业为宗旨，以浙江同乡为基本会员。会馆每年推举值年董事 12 人，负责会务。由于宁波同乡在会馆中所占的人数最多，所以会务领导权始终为宁波帮所掌握。会馆的附属机构有浙江义园、广仁堂和学校。义园占地 50 余亩、建房屋数十间，供同乡死亡后盛殓及停枢之用。学校最初设在会馆内，后迁到租界里，学生以浙江籍占多数，设有男中、女中和小学三部分，有中小学生近千人，成为当时天津较具规模的私立学校之一。广仁堂主要是收容寡妇及孤儿孤女而教养之，设立董事会管理其事。②

在浙江会馆的发展过程中，宁波商人一直发挥着相当重要的作用。一方面，在津宁波人以及他们所经营的商号数量是相当可观的，从档案所存的浙江会馆征信录可以看到，宁波帮始终是浙江会馆历年岁捐和浙江义园历年一文愿捐的主要捐资者。③ 另一方面，历年的董事会主要成员都是宁波人，如镇海的严蕉铭、叶星海、周星北、李组才、叶庸方、陈心泉、周宝瑛；慈溪的周寅初、王品南、宋子良、沈吉甫；定海的方若；鄞县的李正卿等。④ 宁波商人群体不仅推动了会馆的组织建设，同时也有力地促进了会馆的经营。⑤

汉口宁波会馆

宁波商人是最早在汉口建立会馆的外地商帮之一。康熙元年（1662），江浙绸缎商人便在汉口循礼坊横堤堤外置地建立了江浙公所（又名三元殿），作为同乡同业团拜议事之所。乾隆四十五年（1780），宁波商人以联络

---

①　宁波市政协文史委：《宁波帮在天津》，中国文史出版社 2006 年版，第 182—183 页。

②　刘文智：《津城的"宁波帮"及浙江会馆》，《浙江档案》2005 年第 8 期。

③　天津市档案馆藏：《天津各会馆团体》320 号卷，《历年董事会议事录赈略报告》。

④　《浙江会馆董事统计》。

⑤　宁波市政协文史委：《宁波帮在天津》，中国文史出版社 2006 年版，第 198 页。

同乡、维持商业为宗旨,又在汉口九如桥兴建浙宁公所,①宣统元年(1909)改名为宁波会馆。当汉口的宁波人达到数万人的时候,宁波会馆难以承载大量的停柩、施柩事务,于是就有了四明公所。四明即宁波,因此,常有人把四明公所和宁波会馆混为一谈。也许有的地方四明公所就是宁波会馆,但至少在上海和汉口,这两者并不是一致的,而是有着不同的分工。自宁波会馆创立以来,曾有大批的宁波籍军政经学人士借住于此,有的长住数月,有的仅小住几日。在远离故土宁波数千里之外的荆楚之地,彼此操着吴方言太湖片明州小片的宁波方言,仿佛又回到了故乡的天一阁下,甬江之畔。这其中蒋介石在宁波会馆的活动最为引人瞩目。1926 年夏,蒋就任国民革命军总司令一职,率领革命军北伐。1927 年 1 月 12 日,蒋介石从南昌来到武汉。这是蒋介石第一次到武汉,在汉期间蒋介石不接受武汉方面的安排,也不自设驻地,而是住在宁波会馆。蒋介石在宁波会馆与江浙地区工商头面人物会面,以同乡身份联络感情、制造影响。可见,包括蒋介石在内的宁波人都自觉地把汉口会馆当作自己的家。②

苏州坤震公所

地处长江三角洲北翼的苏州自古以来就经济发达,宁波商人很早就在那里创办实业。比如,镇海商人胡引之"少贫以贾起家,身居吴门而贸迁,列肆半天下"。慈溪商人董杏芳在苏州也经营药材等实业,经商积累资金几十万元。尤其在近代,有不少宁波帮实业家在苏州投资办企业。宁波帮创办的民信业中最著名的是镇海商人郑景丰在苏州盛泽镇开设的全盛信局,创办于 19 世纪中叶,专递苏州、嘉兴来往信件。没过几年,全盛信局业务就遍及全国,"由是而姑苏,而宁绍,由是而长江,由是而京都、天津、闽广,天下之人,无不知全盛,天下之人无不信全盛,全盛之名震天下"。1897 年,叶澄衷在苏州创办燮昌火柴厂苏州分厂。商业巨子刘鸿生投资 12 万元在苏州独资开办鸿生火柴厂。宁波巨商周宗良开设的谦和靛油号在苏州也有分号。

---

① 这是全国第二个宁波人的会馆,早于上海的浙宁会馆 40 年,也是很长时间里宁波人在外地最大的同乡会所组织,此前 7 年(乾隆三十八年)宁波人在常熟建宁绍会馆是为宁波人的第一所会馆。尤其难得的是汉口的浙宁公所从创建之日起就没有中断,虽然其间名称有改变,如宣统元年改为宁波会馆,1924 年在会馆内成立宁波旅汉同乡会,但组织一直维系,直到 1949 年新中国成立以后解散,长达 170 年。这不仅仅在宁波帮,也许在中国所有同乡组织中都是少有的,这也是宁波帮在汉口长盛不衰的一个证据。

② 宁波市政协文史委员会:《汉口宁波帮》,中国文史出版社 2009 年版,第 249—252 页。

余姚人蒋泉茂在苏州拥有房地产。从资料看，宁波商帮几乎在苏州独占了煤炭行。他们在那里设立坤震公所，在1909年的一块碑文中明确写着："惟吾业煤炭，皆系籍隶宁、绍，在苏开张者多。"①

坤震公所没有建立前，同业难免有诸多恶性竞争之举。为了规范管理各商号在经营中的不正当竞争行为，在宣统元年（1909年）宁、绍商人创建了坤震公所并制定了行规。"窃经营商业，首重公平，故各业皆有社会，创立公所，由董事组织，评定甲乙，价目公道，贸易庶几有不紊进行，发达之端，关乎商业兴旺之一大宗旨也。""因同业行规之举未成，致多失败。""若不亟为整顿，受害伊为胡底。不得已爰集同人，从长计议。决定公平规则，同业皆愿遵守。立有范围，可绝奸巧，使买客知而见信，吾业方免负累。正当贸易，两有裨益。今集同人，公共一心，决定同行规则。"

第二节　宁波传统行会的特征及功能

宁波传统行会作为一种自封建社会产生和发展起来的商人组织，其必然具有某些独特的组织特征和时代烙印。归结起来，宁波传统行会主要具有以下几方面的特点和功能。

一、尽管不同的传统行会，在地缘和业缘方面各有侧重，但总体来看，更多宁波传统行会在一定程度上带有凝聚同乡力量的同乡会特征

由于古代经济范围的局限性和行会本身固有的小团体主义，商业行会主要按照地域而不是职业划分，全国性的组织几乎不存在，即使有类似名称的组织也并没有实际的职能和责任。传统的中国又是一个非常重视乡土人情的国度，外出经商者常常按地域籍贯形成商帮，遇事即互帮互助，行会作为工商业者的组织也自然而然地承担了这方面的职责。所以，此时商会所覆盖的范围较小，具有鲜明的地域特征及地方保护性。这一方面割裂了市场，形成了种种利益集团；但另一方面，也在社会保障和慈善公益方面发挥独特的功能与作用。②

综观宁波的传统行会组织，无论是在宁波本地以福建籍、广东籍等外地

---

① 乐承耀：《近代宁波帮实业家涉足长三角》，《宁波帮研究》2004年第2期。

② 张宇丞：《古代商业行会的现代借鉴意义》，《山西煤炭管理干部学院学报》2008年第3期。

商人为主体而成立的闽商会馆、岭南会馆,还是在宁波本土以外由宁波籍人士发起成立的宁波会馆、四明公所等组织,它们实际上都在很大程度上带有同乡会的性质。这个特点实际上也是这一时期中国封建行会的共同特征。金志霖教授在比较中英行会的组织形式时就指出:"中国行会组织形式的另一特点是,部分行会明显带有同乡会的性质,具有经济职能的工商业会馆便是这类行会组织的典型代表。"①

以温州的宁波行会组织为例,关于行会的起源,温州的宁波行会在其组织法和各种附则中给我们提供了一些简明的资料,就像经常宣布其存在的那些规章的一个序言讲到的:"会馆,最初多建在大都市,是官员们为在同乡中实现互助互卫之目的而设立的。后来,商人们以此为楷模,也建立起自己的行会。现在,它们在所有的省份中都有了。"地方上的同乡会馆的其中一个较大的功能便是防止地方性歧视(这种歧视是客居他乡的外来户常经受的)。温州的宁波籍行会(始建于 19 世纪末)在其行会章程的序言中,就其宗旨问题谈道:"一个世纪以来,没有一个省区无我们宁波人的踪迹。宁波为滨海地区。无法佣耕的居民,便远走他乡做生意。我等旅居温州感到孤立,被山海阻隔,远离家乡,而在末业中又受温州人忌恨,频遭欺凌,无适当的补救。各商号独自营业,亦遭羞辱与损害——这是孤立的个人奋斗的必然结果。有鉴于此,吾等同仁共同发起,组成此会。"②

宁波人在上海成立的著名的四明公所,很多学者同样认为其在一定程度上也具有同乡会性质,是宁波同乡会的早期形态。成立于嘉庆二年(1797)的四明公所是旅沪宁波商人出于敦睦乡谊、互帮互助的目的,在上海创建的同乡团体。四明公所与后来成立的宁波旅沪同乡会虽然宗旨不同,职能各异,但体现了共同的目标指向,即都是旅沪宁波人精神汇聚的场所,是乡人们有力的喉舌,是国家的基础组织。四明公所和宁波同乡会作为上海宁波人的两个同乡团体,各自相对独立,但有着极深的渊源关系,联系还是较为紧密的。宁波同乡会的组织基础是建立在四明公所时期即已形成的同乡关系网络之上的;1911 年同乡会成立大会在四明公所内召开;两个组织的领导成员也多有重叠合一。20 世纪初年四明公所的主要领导者朱葆三、虞洽卿、沈仲礼等人既是四明公所的肇事,也是同乡会的发起人,并分别担

---

①　金志霖:《试比较中英行会的组织形式——兼论中国行会的特点》,《华东师范大学学报》(哲学社会科学版)2006 年第 3 期。

②　彭泽益:《中国工商行会史料集》,中华书局 1995 年版,第 5 页。

任会长、副会长等职。在遇到关系全体同乡利益的事件时,二者也互通声气,互相配合。①

二、宁波传统行会在性质上更多显现的是其作为商人联合体的一面,在一定程度上具有对抗政府权力、防止权力擅断的功能

在封建专制政治体制下,政府加强对城市工商业的管制,是其专制统治在商业领域的表现。因此,在封建时代,政府对商人和手工业者组建的行会组织的干预和控制一开始就十分严密。而在当时的社会条件下,商人的利益和政府的利益并非现在被认为的在很大程度上可以有机统一起来。行会组织一方面要和政府保持良好的关系,另一方面又要注重对商业利益的维护。这些传统商业行会本身就是一个矛盾的统一体。它时常通过组织商业力量罢工罢市,充分利用各种手段要挟政府以给予商人更大的便利,但同时又要保证政府可以收到大笔的税额和实惠,以换取使政府对行会组织存在和发展的默许。商业行会与政府之间,既存在着互相依靠、互相利用的一面,也存在着互相排斥、互相对抗的一面。

宁波传统行会在其发展过程中更多显现的是其作为商人联合体的一面。虽然这些传统行会也从事大量的救济同乡、收留同乡等公益事务,但凝聚同乡同业力量,以谋求商业利益的最大化,始终是这些封建行会的重要目标。

宁波由于地少人多,外出经商谋事者甚众。为更好地促进商业事务的发展,避免失败,许多商人成立会馆、公所等行会组织,以团结同乡,壮大自身力量,防止受到本地商团以及官府的不当压榨和排挤。正是在这种维护行业利益、防止外来不当对待的抗争过程中,宁波传统行会形成和拥有与政府对立、防止政府不法行为的自治组织功能。玛高温在其所著的《中国的行会》一文中曾提到温州的宁波行会与政府的对立,"当沿海地区海盗劫掠之风盛行之时,受害者的控诉立即由行会的书记以适当的形式写了出来,希图此类弊端得以清除。有时候,这种保护行动需要与官府作对,在温州的宁波行会的记载说明了这个问题。在本世纪头十年的后期,邻近数省粮食缺乏,此时,浙南地区生活富足,于是,在温州的宁波商人利用'大清法令',大量从事粮食贩运(该法令允许从帝国任何地方贩运粮食);他们租用船只进行贸

---

① 李瑊:《转化与传承:四明公所与宁波旅沪同乡会的比较考察》,《东岳论丛》2009 年第 11 期。

易,但地方当局扣押帆船,逮捕商人,拒绝承认帝国的上述法令适用于温州。行会求助于在杭州的省府当局,然亦未得矫正此弊。行会上告于北京,他们得到保证,免受更多的烦扰"①。

三、宁波传统行会大都制定有行规,初步具备了商业自治组织特征

制定有比较完善的内部规约,是现代社会自治团体的重要特征之一。宁波传统行会虽然不像近现代商会那样在内部规章制度方面比较完善、系统,但也初步具有一定的内部规约。玛高温在对宁波的福建行会进行考察中明确指出,宁波的福建行会在某些职能上,类似于商会。虽然福建人组成了一个总的行会,然而还是根据其成员的地区差别而分为许多"分会",并且各有行规。玛高温摘录了宁波的福建行会的内部规约的部分内容。②

宁波的厦门—福建会馆

绪言:据说,经营有方的交易可获利三倍,而一个言而有信的人更值得尊敬。我等涉海、远道从厦门来此贸易之人,多年来在宁波和睦相处,买卖为业,然自太平叛乱以后,商业道德多受漠视。如今,海内复安,我等亟须振兴行规,涤除积弊、以图大业;而垂久远,甚属重要。简言之,这要求能被人很好理解。商业有建立于理性上的法则,它们有助于行业内和睦共处;其增补部分业已取得我们的同意。

一般的规则:一切买卖,均需以银元交易。赊购的付款期限从十天、二十天、三十天不等(视商品的性质而定)。商品售出后五天,买主应从货栈中将货提走,若提货日期超过此限,则火、盗两损均应由买主承担。

宁波的福建分会馆

绪言:从福建沿海,可以到达最远的地区;在内地出产的盐、鱼、橙、柚、头发、羽毛、牛角和皮革等,自古以来,即适至韩江。过去二百年来,福建商人与顾客之间了解不断加深。太平叛乱期间,我们的生意中辍,商号被毁。发逆就歼,海内一统,和平重建,商业复兴,有鉴于此,更求更新和修改行会章程的呼声日高,以获得那些与我们交易之人的信任,

---

① 彭泽益:《中国工商行会史料集》,中华书局1995年版,第7页。
② 彭泽益:《中国工商行会史料集》,中华书局1995年版,第14—16页。

使之都乐于同我们作买卖。

规则：银元是贸易中公认的通货。凡购买福建制造的纸张，其付款期限为六十天，其他商品为三十天。期票贴现不能逾期，也不能提前。关于打包及其他商品的规章细节，与福建行会所制订的规章相似。

宁波的兴化会馆

绪言：我们听说，在商业交易中的营利原则是始终如一而且永世长存的，并且（用一句老话来讲），包括从富庶的甲地到贫瘠的乙地之间的运输，以及住所寓居的乔迁。我们从福建到宁波来是为了做生意。在此初期，我们建立起了一套管理交易的行规，然太平叛乱之时，竟多告废弛；和平恢复，商业复苏，（在奉祀天后演戏时的一次会议上）已制定下列修改的规则，我等当庄严共遵之。

这些规章大体上同于福建人的其他行会规章，对于任何违例行为的惩治办法也相同。

宁波的厦门会馆

绪言：在繁荣的港口，利润可达三倍，为此，诚实与真挚却是必不可少的。我们从厦门循海道而来，已定居宁波有年，并与宁波的买主、卖家和睦相处。但我们发现，将本会原有的规章加以修订，并加订新规则，是属必要的，那些旧的行会规章早已废弃于太平叛乱的战火之中。和平的恢复和商业的复兴，使我们同意遵守下列这一完整的、不容违背的行会规则，以使人人恪守道德、杜绝欺诈，买、卖双方长久和睦共处。

规则的梗概：交易均使用银元。期票须开出售货物的日期。对于谷物交易，期票兑现日期为十天；木材和藤条为三十天；糖和杂货为二十天。售货后五天，买主应从货栈中提走货物；逾时不提货，则卖方对火险、货损概不负责。在货船上购货，一经卸到装货小船上，卖者即不再负任何责任。期票开出售货日期，即不得再更改；在货款付现之日，则无此规定的束缚（关于这点，上列条文已予说明，其不同之处乃视各种商品而定）。提取货物的仓栈名号不必给出，但若从船上卸货下来，则须记下船名。

买主到货栈提货，可自带提秤。至于秤是否合乎标准，则需行会成员出席鉴定。当货物从仓栈或船上提走后，不许再争论衡器的准确与否，亦不得再给予商品的漏装、破损等以折扣。干果售出之后的损坏，也不再给予补偿。货物售出五天之后仍未提货，则需买方付出仓栈费用。有三种衡器得到承认,哪些货物适用于哪种衡器,都有特别规定,每种物品的过秤办法,则按约定俗成之法处理。

宁波的漳州会馆

绪言:一般认为贸易交往的方法应该是公正的,并且买卖双方都应该正直笃实。在制定商业规则中,公正应是买卖双方长期恪守的信条。新旧规则须适应情况的变化。我等由海路远道来此,倘若不是以信守商业道德在此站稳脚跟,我们就不可能致富;由于以前的行规已受到人们的漠视,我们就集思广益,对前述行规加以完善和增减,以期使其尽可能少一些瑕疵。有鉴于此,我等特择一黄道吉日演戏,恭祭天后:正式通过业已议过之章程,并发誓要惩罚那些违犯本修订章程的行会成员。

一般的规则:这些规则只涉及类型各异的糖的装箱容积大小等问题。有一条规则限制货款日期为二十天,并且宣称:若发现货物为违禁品,则由行会没收之。货物售出五天之后仍未起货者,没入行会。削减糖价既定,如再削价售糖将受到惩处。行会成员使用的秤每月须检查两次,以核实其准确与否。

四、宁波传统行会初步建立起了一套保证行会得以有效运行的行会管理机制和制度

能不能建立一套有效的行会管理机制和制度,是影响行会能否有效发挥作用的关键。宁波传统行会在行会管理机制和制度方面,虽然还不能和近现代的商会组织相媲美,但其依然建立起了行会初步的管理机制和制度。

玛高温指出,中国的传统行会,其职员由一名总管事和一个委员会组成;委员会成员每年选举一次,可连选连任。在较大的贸易中心,每一行业都在委员会中占有一席位,就如同在宁波那样。福建行会拥有三个颇具特色的部门:糖、木材、杂货。同时,其还在其他几个地区(府、州)拥有自己的分会。在小口岸,管理工作由委员会成员轮流担任。最为重要的工作人员是常务书记——一个位列缙绅阶级、靠捉刀代笔为生、领取薪俸的人,他凭着自己作为师爷的地位,有权和地方官员晤谈;而作为行会的代表,则具有认可的职员身份。他是官府与行会往来的媒介,以行会合法代表身份出现于衙门,为行会的利益辩护,为其受损失的行会成员要求赔偿,并在情况需要时,保护他的委托人。对于地方当局来说,要想从行会取得一笔赞助资金以修建公共设施、举办慈善事业以及应付紧急情况,则这位师爷的作用是至

关重要的。(委员会)成员很少超过三十人。当召集会议时,出席者人数不会太多,无碍于考虑提出要讨论的问题。虽然没有成文的例会守则规定会议程序,但由于成员们的审慎和礼貌,最终依然可以做出决议。可是,每一个行会之中,都有饶舌之徒、大惊小怪之人、想入非非的辩论家,这种人在中国并不比别国为少。有一个行会发现,应做出必要的限制去对付这帮行会成员,它的一条规定指出:"在行会的公共会议上,人人平等,凡提出的方案,不论提议者的才智如何,均须在委员会成员面前对实情加以答辩和解释。当议案一经议决,则不得再继续争执,因为象这种无人支持的行动是无用的,这就防止浪费本会时间。"为进一步反对无用空谈的措施是:不许资历浅的伙伴参加会议。①

在对行会成员的管理制度上,诸如限制同业竞争、联合抵制等方面,每个行业甚至每个区域的行会都有自身独特的规定。这些规定由于得到大部分从业者的认可,具有了很强的约束力,在一定程度上甚至可以取代政府的律法。有很多习惯法就是行会组织通过与地方政权的密切配合议订的,不少还由官府出面发布,赋予其国家法的效力,由国家的强制力保证其实施。入行就要受行会约束成为一个基本的共识,否则就要受到同业者的围攻,受到官府的挤压,难以立足。对于违反行会规定而被逐出行会的从业者,常常会遭到行会成员的联合抵制。"本会决议,凡会员被逐出本会,或一当地商号为其同业所逐之后,所有与其往来之关系均将中止。若有本会其他成员继续与其交易往还,一旦察觉,无论其出于同情或友谊,皆处以罚银百两。"少数几个行会对非行会成员专门制定有"抵制"的规定,然而对所有冒犯者的排斥,都是尽其所能的,并且,行会在抵制过程中拥有巨大的权力。②

行会对其成员之间的纠纷拥有裁决的权力,并且制定有一套处理纠纷的相应制度。下面的例子足以说明这个问题。

行会成员完全被如下的行会规则所制约:

本会共同议定:"凡本会成员之间所发生的钱财方面的争端,均应服从本会裁决,在仲裁会上将尽最大的努力就争端达成一项满意的协议。如果证明双方仍无法达成谅解,可以向官方上诉;但是,如果原告(上诉人)直接诉诸官方,而不是首先求助于行会,则其将受到公众的谴

---

①　彭泽益:《中国工商行会史料集》,中华书局 1995 年版,第 7—8 页。

②　彭泽益:《中国工商行会史料集》,中华书局 1995 年版,第 10—11 页。

责,而且,其以后再求助于行会之事,将不再受理。"行会不仅在财务纠纷上有权裁决,而且对于行会成员之间一般性纷争也具有调停的职能。

另一条阻止行会成员将其纠纷诉诸法庭的规定指出:"此地本会之同乡,既有从事商业交易、具有往来账簿者,也有空手投机之人。在他们之中不发生争执是不可能的。如果有此类事情发生,行会将以最有利于各方的方式排难解纷。本会在处理此类纷争之时,将持平公允,澄清事实,无所偏袒,表现出充分的合理和公平。"①

五、宁波传统行会具有一定的沟通政府与社会,协助政府管理以及维护社会稳定的功能

宁波传统行会设有公行先生一职,聘请有影响力的人士担任,主要用于沟通与政府之关系。如钱业曾聘用前礼部侍郎陈姓在籍绅士。宁波传统行会积极维护、沟通与政府之关系,承上启下,维护团体利益,传达和执行政府指示。在政府收缴税赋方面,宁波传统行会的存在使政府征税更加方便。政府有时也会通过推行厘金行会包干制,即各行业商人约定厘金,数月上缴地方政府,以此化解征税的繁琐。例如,《镜湖自撰年谱》中关于钱业募集军饷的事例。厘金,宁波一年十几万。采用包干制,即由行会分派,不对商人直接征收,只在育王岭与石碶二地对行贩征厘金。

除此之外,宁波传统行会在维护社会安全稳定方面也发挥着积极作用。每逢在遭遇重大历史变故的关头,行会总会承担维护社会安全之责任。例如,1840年英人入侵,宁波钱业、典业承担了英军军饷25万元,避免英人对宁波的抢掠。该款项在1843年中央赔款项下扣除,清政府后以捐助为名,不予归还。1861年太平天国之变,宁波商团领袖陈鱼门主持宁波商团,保卫家乡,尽力维护宁波社会安全稳定。

六、宁波传统行会通常均有自己行业所信奉的神祀

古代传统行会通常有行业所信奉的神祀,这是非常鲜明的特色。航海业奉天后;药业奉孙思邈;江西帮称万寿宫;山西帮信奉关帝;福建帮信奉妈祖,等等。因此,药王殿、天妃神等和神祀有关的事物,与古代传统行会密切相连。传统行会讲求神祀,其目的在于维护团结与强调各行信用。在某一共同神佛的见证下,人们的行为、誓言、信用等受到有效的软性约束,从而有利于维系彼此团结,排解纠纷。宁波古代传统行会也不例外,宁波现存的庆

---

① 彭泽益:《中国工商行会史料集》,中华书局1995年版,第10页。

安会馆即是祭祀"天后神"的宫殿和重要场所。

本章小结

　　中国的近代商会组织和西方近代商会一样,均起源于古代的传统行会。宁波的传统行会究竟产生于何时,至今还无法做出精确的考证。但晚清以前,宁波古代传统行会确定存在并有着较快发展却是不争的事实。晚清以前,宁波本地不仅建立有大量的传统行会组织(如庆安会馆),而且以宁波工商业者为主体在宁波以外地区建立起来的异地行会组织也发展迅速(如上海四明公所)。这些众多的传统行会组织,尽管在组织职能、治理结构等方面还不能和近代商会组织相媲美,在很大程度上带有一定的封建性、封闭性和地缘性等特征,但在当时的社会历史条件下,这些传统行会对维系社会秩序,推动经济和社会的发展却也发挥着不可或缺的独特作用。更重要的是,这些在晚清以前发展起来的众多传统行会组织,到近代以后发生了历史嬗变,从而为近代宁波商会组织的产生和发展奠定了基础或者预设了历史前提。

第二章　清朝末年的宁波商会组织

第一节　宁波近代商会组织的产生与发展

一、宁波近代商会组织产生的条件与背景

（一）中国近代社会的重大变革

清政府 200 多年的极端专制主义的统治和闭关锁国给中国造成了深重的灾难。及至晚清时代,中国在各方面的发展都已陷入停滞。1840 年鸦片战争前夕,中国仍然是一个独立的封建国家。经济上,极度集权的封建制度已严重地阻碍了新的生产力的发展。以小农业和家庭手工业相结合的自给自足的自然经济,始终占据中国社会经济的主导地位。政治上,官场败坏,封建专制达到了极点。思想文化上,清政府用"四书""五经"将人们的思想牢牢禁锢起来,对不满情绪或评议时政者,进行残酷镇压。国防上,军事建设落后,军备废弛。对外关系上,长期实行闭关锁国政策,严重地阻碍了中国对外贸易和关系的进一步发展。随着清政府腐败统治和对人民剥削压迫的不断加深,国内阶级矛盾日益激化,人民群众的反抗斗争此起彼伏。清王朝的统治面临深刻的危机,中国封建社会已经慢慢地走到了历史尽头。

正当清王朝日趋衰落的时候,西方国家却迎来了资本主义的迅速发展时期。18 世纪 60 年代起英国就开始了工业革命,到 19 世纪三四十年代,大机器工业逐渐代替了工场手工业。英国工业的发展,使得工业产量急剧上

升,"不断扩大产品销路的需要,驱使资产阶级奔走于全球各地"。法国是仅次于英国的资本主义国家。到鸦片战争前夕,法国工业产量居世界第二位。俄国 1861 年农奴制改革后,资本主义工商业也得到迅速发展。19 世纪 40 年代,西方资本主义国家持工业革命的雄风,呈现出一片蓬勃发展的大好局面。此时,在历史上曾经极度强盛的东方大国在政治、经济、文化等方面都已大大落后于西方社会。①

　　1840 年的鸦片战争,拉开了西方帝国主义国家侵略和蚕食中国的大幕。鸦片战争之后,中国由一个独立的封建国家逐步沦为半殖民地半封建国家。西方资本主义的入侵,对中国社会产生了巨大的影响。它破坏了中国封建社会自给自足的自然经济基础,从而促进了商品经济的发展。② 鸦片战争以后,中国的一些仁人志士开始不断探索救国救民的真理,提出了各种变革中

---

　　①　以铁路为例,到 19 世纪中期,铁路网已经遍及整个欧洲。而保守、封建的清政府却对建设铁路一直比较排斥。早在同治元年,就有怡和、旗昌等 27 家英美洋行向李鸿章建议兴建苏州至上海的铁路,被拒。次年,又有英国工程师斯蒂文生向清政府建议兴修汉口至上海、汉口至广东、汉口至四川、上海至福州、镇江至北京、广东至云南六条干线铁路,亦被拒。同治四年,美商在北京宣武门外修建了一条一里多长的铁路,以作为样品引起国人关注,但不几天就被步军统领衙门拆掉。光绪六年,怡和洋行修建了从上海到吴淞的铁路,引起官员一致反对,终于借口轧死一个士兵,以 28 万两白银买下拆毁,投入海中。清光绪六年(1880),曾任台湾巡抚的刘铭传上了一道《筹建铁路以图自强折》。但是,此建议遭到内阁学士张家骧、通政司参议刘锡鸿等人的反对。他们的理由是:修建铁路会破坏风水,火车行驶会震动龙脉。光绪七年才建成从唐山到胥各庄全长 22 里,用于捡煤的铁路,但不许用火车头,而用驴子和马拖着车厢在铁路上走。这在世界铁路史上都是独一无二、空前绝后的荒唐之举。

　　②　当然,这里并不是赞美帝国主义的侵略行径。正如马克思在论述英国在印度的殖民统治时指出,英国在印度造成的社会革命,"充当了历史的不自觉的工具"。马克思虽然肯定英国为了掠夺的需要,在印度修筑铁路、举办工业,发展了资本主义,"造成社会革命",但他旗帜鲜明地对英国在印度的殖民统治给予严厉的谴责,指出那"完全是受极卑鄙的利益所驱使"。他说:"当我们把目光从资产阶级文明的故乡转向殖民地的时候,资产阶级文明的极端伪善和它的野蛮本性就赤裸裸地呈现在我们面前,它在故乡还装出一副体面的样子,而在殖民地它就丝毫不加掩饰了。"

国社会的方案和主张。"效法西方""实业救国"①"变法图强"等一度成为众多有志之士的共同追求。1895年,康有为、梁启超等人发动了著名的"公车上书",请求变法,成为维新运动的起点。维新派主张开国会,立宪法,实行君主立宪制度,发展资本主义。他们组织学会,开设学堂,创办报刊,积极宣传维新变法主张。1898年6月11日,光绪帝颁布"明定国是"诏书,宣布变法维新。诏书指出,"以变法为号令之宗旨,以西学为臣民之讲求,著为国是,以定众向……",史称"戊戌变法"。"戊戌变法"虽然因慈禧太后的干预而失败,但中国社会要求变法图强的激情并没有因此而被浇灭。及至19世纪末,效法西方,变法图强已成为社会潮流。

在强大的社会压力下,清政府也不得不顺应时代发展的要求而被迫进行变法,允许资本主义工商业在一定程度上存在和发展。这为中国近代商业和商会组织的产生和发展创造了条件。

(二)近代宁波经济社会的发展

正如近代以来中国社会所发生的巨大变革一样,宁波作为中国历史上重要的通商口岸也毫不例外地在近代实现了发展上的巨变。宁波近代的发展变迁深刻反映和见证了中国近代社会变迁的轨迹和历史。

宁波由于其优越的地理位置,很早就是中国对外交往的重要窗口。南宋时期的明州港已经发展为海上贸易的重要窗口,福建、广州商船均到宁波经营港口贸易。正如前面有关宁波行会组织所述,宁波本地较早的行会组织中影响最大的就是福建商人所建立的会馆等行会组织。元朝统一全国后,北路航线随即得到恢复,山东、江苏等地商船也陆续进入宁波,南、北商人依托明州港地域优势定居宁波,与当地人合作开设商行,打造船只,贩运南北货物,形成从事沿海商业活动的南北商业船帮组织。在元代宁波已经出现分别经营南北方贸易的两大船帮,号称"南号"和"北号"。虽然在明、清两次"海禁"中,南北号船商营业几乎窒息,"海禁"开放后,从1796到1850

---

① 中国近代史上主张以兴办实业拯救中国的社会政治思想,产生于洋务运动时期。在洋务运动时期,郑观应兴办实业,提倡"商战",他认为发展商业能够富国,富国就能御侮,从而达到救国的目的。张之洞虽然主张"旧学为体,新学为用",但认为发展实业可以强国强民。他积极地创办铁厂、兵工厂,并筹办铁路。甲午战争(1894—1895)后,陈炽宣称:今后中国的存亡兴废,"皆以劝工一言为旋转乾坤之枢纽"(《续富国策·劝工强国说》)。20世纪初,张謇提出:"救国为目前之急,……譬之树然,教育犹花,海陆军犹果也,而其根本则在实业。"(《张季子九录·政闻录·对于储金救国之感言》)

年,宁波南北号商业船帮进入鼎盛时期,商号总数不下 67 家,约有大小海船 400 艘,分别建有"安澜""庆安"两会馆,馆内供奉天后神龛,会馆也成为船商们讨论商情的议事场所。太平天国时期,通往镇江以上的长江航运受阻。宁波成为上海与内地川、鄂、皖、赣等省的重要物资中转集散地,面对清廷无力顾及沿海海盗的局面,由宁波商帮集资七万两白银从外国轮船公司购得火轮一艘,较之上海商人购买外国轮船的历史早了 30 年。①

鸦片战争之后,根据 1842 年 8 月 29 日签订的中英《南京条约》,宁波被列入首批开埠的五口通商口岸之一,英国在宁波取得领事权。次年 12 月 19 日,英国驻宁波领事罗伯聃率兵舰和大小轮船各一艘到达宁波,并在江北岸杨家巷租赁民房设立领事署,1844 年 1 月 1 日宁波正式对外开埠。②

宁波被迫开埠后,西方资本主义列强在江北岸的"外国人居留地"实施一系列特权,对社会经济产生巨大影响,鸦片贸易导致白银外流,大量洋货涌入,严重冲击传统的自然经济,尤其大批洋纱洋布投入市场使农村家庭手工纺织业遭受致命打击,"五洋"杂货充斥宁波城乡市场。伴随着中外贸易的发展,新式近代资本主义商业形式开始萌生。宁波近代资本主义商业首先由外国洋行直接引进,开埠后各国先后在宁波设立洋行办事机构,1864 年洋行达 24 家,1890 年在宁波开设的公司(洋行)28 家,经营鸦片、棉织品,还发展轮船、金融、保险等各行业。19 世纪六七十年代,宁波银钱业、典当业、粮食业、鱼行业、药业、南北货诸业繁荣,仅药行街上就集中 50 余家药行,药业职工多达 500 人以上,成为当时全国中药转运中心。甲午中日战争后官僚实业逐渐衰弱,宁波民营工商业实力日渐增强,产生了通久源绵纸公司、浙江火柴厂、通利源榨油厂与和丰纱厂等一批近代民族工商企业。新式工商企业的产生和发展使宁波港获得新的经济增长点,港口贸易总额较前有了很大增长。鸦片战争后外国商人获得我国沿海、内河的贸易和引水权,外国在华航运势力急剧扩张,1862 年美商旗昌洋行率先在江北岸建造趸船式浮码头,开通定班轮船,其装卸效率当时在国内处于领先地位,1874 年由招商局建造的栈桥式铁木结构的趸船码头靠泊能力达 1000 吨,后扩建到 3000 吨,标志着宁波从木帆船时代进入江北岸轮船码头时代。有数字显示,1874 年美国等外籍船舶的营运效益远远高出中国船舶,以木帆船为主的宁波南北号在持续 700 多年的发展后无可避免地衰落了。随着近代上海港崛起成

---

①　李学兰:《中国商人团体习惯法研究》,中国社会科学出版社 2010 年版,第 118 页。
②　李学兰:《中国商人团体习惯法研究》,中国社会科学出版社 2010 年版,第 118 页。

为中国进出口的首要大港,新的市场格局引发商品流通路线的改变,19世纪末宁波港及其城市经济在近代航运竞争的冲击中日渐丧失明清以来的繁荣景象。[①]

总而言之,宁波因其毗邻大海,自古以来就是中国对外交往的重要口岸。特别是进入近代以来,宁波作为五口通商口岸之一,资本主义工商业得到较大发展。宁波近代经济社会的这种巨大变迁,在一定程度上为近代宁波商会组织的产生和发展奠定了坚实的经济和社会基础。

二、宁波近代商会组织的产生

(一)清末中国近代商会组织的萌生

考察宁波近代商会组织的产生,不能脱离晚清时期整个中国的宏观背景。一方面,作为五口通商口岸之一的宁波在近代的发展变迁,是整个中国近代历史发展变迁的一个缩影;另一方面,宁波近代经济社会的发展则是中国近代社会发展不可分割的有机组成部分,是中国近代历史发展的直接体现和结果。正是基于这样一种逻辑关系和认识,笔者把宁波近代商会组织的产生放在整个中国近代商会组织的产生这样一个大背景之下。

如本书前面所述,晚清时期,清政府在内外各种强大压力的共同作用下被迫实行变法。作为晚清变法的重要组成部分,清廷推行的"新政"中就包括了效仿西方,鼓励和倡导商人创设商会的政策。效仿西方,建立中国商人自己的商会——这是20世纪初,中国有识之士在反复总结华商何以在与外商的商战中屡屡败北后得出的正确结论。早在1847年上海就有洋商总商会,1887年,天津的各国外商也成立了天津洋商总商会,但中国的商人并没有仿效洋商会自觉建立起自己的商会。从1895年起,中国的一些有识之士开始向国人介绍外国商会在其本国经济发展和对外经济扩张中的作用。郑观应说:西方各国每个商业都市都设有商会;日本明治维新后,各处设立商务局(即商会),集思广益,精益求精,如有洋商买卖不公,即告知商务局,集众联盟,不与交易,因而商业大振。戊戌维新运动的倡导者康有为,在他给光绪皇帝的《公车上书》中评论西方各国商会的作用说:明清时葡萄牙之通澳门,荷兰之占南洋,英人乾隆时之取印度,道光时之犯广州,都依靠商会之力。他还在1898年的《条陈商务折》中指出:英国人所以占领美洲、澳洲,都

---

① 参见林士民《三江变迁——宁波城市发展史话》,转引自李学兰:《中国商人团体习惯法研究》,中国社会科学出版社2010年版,第118—119页。

依靠了商会的力量;外国洋货能畅销中国的重要原因之一,是有商会联结其间,使他们官商相通,上下一体,所以能制造出精美的产品,能广泛占领中国的市场。在对西方商会的作用进行介绍之后,这些力图变法的知识分子提出了设立中国商会的设想。1889 年时钟天维作为中西文俱通的士绅型知识分子就在《扩充商务十条》提出要设立商会。1895 年"长于言论"的买办商人郑观应在介绍西方商会的同时,力主中国建立商会。他指出:朝廷如果要振兴商务,就应该准许各省设立商务总局(即总商会),并让各地商人自行择地设立商务分局(即分商会)。他还详细地设计了商务局的组织原则、职责功能和运作方式。状元出身的南通绅商张謇,在 1896 年时专门写了一篇《商会论》的文章,详细论述了设立商会的必要性和组建方式及其职能。他指出,不设商会,商人就没有用武之地。因此,各省应设立总会,各府应设分会。清政府的最高权力机构总理衙门也产生了类似的认识。该衙门在 1896年提交的《奏复请讲求商务折》中,明确表示赞同在沿海各省省会和通商大埠设立商务局。奏折指出,西方列强以商会致富,我国亦应在各省设立商务局,从而能够维护华商之利益,渐收已失之权利,实为当务之急,并将上述绅商们所提出的主张详加陈述,建议朝廷从速实施。[①] 此后设立商会的言论一直在知识分子、商人和官员中时有提倡,当时的报刊也有这方面的宣传,"从介绍商会到 1904 年正式设立商会不过十多年时间,在这期间,中国认识商会可谓全面开花,从介绍西方商会到设想在华建立商会,包括商会的创办方式、组织系统、功能操作等等,几乎涉及当时商会的方方面面。而且认识商会的角度也多种多样,商人及知识分子大多认为要兴商务,申商权,必须设立商会,政府官员大多从辟利源、富财用、维系统治的角度向朝廷进言,也有政治思想家认为设立商会是启民智,行自治的大好方法"[②]。1903 年 4 月 22日,清政府设立商部。商部成立后,制定了很多兴商促商的政策。1904 年商部奏请设立商会,在《请设立商会折》中申明了设立商会的意义和目的:"商会者所以通商情,保商利,有联络而无倾轧,有信义而无诈虞。""今日当务之急非设立商会不为功夫,商会之要义约有二端,一曰剔除内弊,一曰考察外情……臣部拟劝谕各业之商务较巨者先在京师倡设商会,以开风气之先。

---

① 虞和平:《商会史话》,社会科学文献出版社 2011 年版,第 7—9 页。
② 王红梅:《商会与中国法制近代化》,南京师范大学出版社 2011 年版,第 32 页。

至外省各业商人有能并心一致筹办商会者……不得稍有阻遏以顺商情。"①清廷根据商部意见,于 1904 年谕令颁布了《奏定商会简明章程二十六条》,作为推进商会设立之法律依据。

《奏定商会简明章程二十六条》是近代以来第一个关于商会组织的法律文件。它的颁布对于中国近代商会组织的产生与发展都具有十分重要的作用。《奏定商会简明章程二十六条》虽然只有短短的二十六条,但是却对商会的名称、商会的设立、商会的治理结构等方面均做出规定。

在商会的名称上,《奏定商会简明章程二十六条》颁布之前,中国商人组织的名称并不统一,有商业公所、会所等多种称呼。《奏定商会简明章程二十六条》颁行时,则要求在商会的名称上要做到整齐划一,第二条规定:"凡各省各埠,如前经各行众商公立有商业公所及商务公会等名目者,应即遵照现定部章一律改为商会,以规划一。其未立会所之处,亦即体察商务繁简酌筹举办。至于官立之保商各局,应由各督抚酌量留撤。"

在商会的设立上,《奏定商会简明章程二十六条》第三条规定,"凡属商务繁富之区,不论系会垣、系城埠,宜设立商务总会,而于商务稍次之地设立分会,仍就省份隶属于商务总会"。

在商会的治理结构与议事规则上,《奏定商会简明章程二十六条》规定,各地设立的商务总会由总理 1 员、协理 1 员和董事 20 至 50 员组成,分会由总理 1 员和董事 10 至 30 员组成。总理、协理产生的方式是民主公举,任职条件必须是熟悉商情、众望素孚者,任期一年。商会的董事也通过民主推举的方式产生,并且在第六条规定了会董四个方面的任职条件,"公举会董应以才地资望四者为一定之程度,如下所列为合格:①才品:首创商业卓著成效,虽或因事曾经讼告,于事理并无不合者;②地位:系行号巨东或经理人,每年贸易往来为一方巨擘;③资格:其于该处地方设肆经商已历五年以外,年届三旬者;④名望:其人为各商拥护居多数者"。会董应于每星期赴商会与总理、协理会议一次,"使各商近情时可接洽,偶有设施不至失当",如商家有紧急情况,则"应立赴商会酌议",在重大事项的决议上,也有民主色彩,要通知"各会董及各商理事人齐集商会,共同会议。会议务须开诚布公,集思广益。各商如有条陈,尽可各抒议论,俾择善以从,不得稍持成见"。商会召开会议,也有法定的规则,"必须照会议通例章程办理。凡开议时,应以总理

---

① 《请设立商会折》,唐文治:《茹经堂奏疏》卷二,第 162—166 页,沈云龙主编:《近代中国史料丛刊》第 6 辑。

为主席,该会董事到场者须有过半之数,否则不应开议"。在具体议决事项上,实行少数服从多数,"从众议决"。①

《奏定商会简明章程二十六条》颁布后,商部又颁布了《商部劝办商会谕帖》,鼓励各地建立商会。在《商部劝办商会谕帖》中进一步阐明:商会一设,不特可以去商与商隔膜之弊,抑且可以去官与商隔膜之弊,为益商务。1904年5月以原有商业会议公所为基础而创办的上海商务总会成立,成为第一个创立的商会。随后,京师商务总会、天津商务总会也相继成立。商务总会成立后,各地符合条件的府、厅、州、县也开始逐渐设立分会。为了使商会真正起到"通商情、保商利"的作用,商部规定在商部内"设商会处一所,另派专员接待商董"。"各董事常川来署……本部门员等不准稍有需索留难之事,倘有阻遏,该董事尽可直言,由商会处交司法厅严办。"②据估算从商会开始出现到1906年的几年间,全国30个商务总会和147个商务分会中,会员数达到58600人,到1912年全国商务总、分会的会员人数已超过20万。③

(二)宁波近代商会组织的产生历程

1. 宁波商务总会及各分会的成立

1904年《奏定商会简明章程二十六条》颁布后,在商部的积极推动下,全国各地陆续开始设立商会。继1904年全国第一个近代性质的商会——上海商务总会成立之后,1905年(即光绪三十一年)宁波商界吴葭窗、王月亭、汤仲盘等人发起成立宁波商务总会,地址在苍水街后市旧茶场庙侧。④

宁波商务总会在内部治理结构上实行业董制,设总理、协理、议董、业董。初始议董以上都是由有官衔的绅商充任,业董由各业领袖担任。总理、协理、议董、业董需经地方官府委任,经费由各业捐助。钱业在当时宁波商界实力雄厚,号称百业之首,故钱业在宁波商务总会的成立过程中一直占有举足轻重的地位。这个也可以由宁波商务总会的第一任总理就是来源于钱庄业来得到例证。宁波商务总会第一任总理为吴葭窗,系乾丰钱庄经理。吴葭窗常参与地方事务,人称"仁厚长老",上通官府,下达群商,并且和王月

①　王红梅:《商会与中国法制近代化》,南京师范大学出版社2011年版,第35—36页。

②　《商部定接见商会董事章程》,《东方杂志》第1年第1期;转引自王奎:《清末商部研究》,人民出版社2008年版,第152页。

③　徐鼎新:《旧中国商会溯源》,《中国社会经济史研究》1983年第1期。

④　宁波市地方志编纂委员会:《宁波市志》,中华书局1995年版,第1998页。

亭、吴绍基、汤仲盘等人一起直接参与发起成立宁波商务总会的活动。①

宁波商务总会成立后，宁波府属奉化、慈溪、镇海、象山、定海各县以及柴桥、石浦等镇，依宁波例，先后组织商务会。1906 年 9 月 21 日镇海县商务分会成立，朱忠煜当选总理。1907 年奉化县商务分会成立，会长周苪南。1910 年象山商务分会成立，首任总理许承勋。这些商务分会虽与宁波商务总会没有隶属关系，但都唯宁波商务总会马首是瞻。②

宁波商务总会的成立使得宁波的中国商人第一次拥有了像西方洋商一样的近代工商社团组织。由于受各种主客观条件的限制，当时的宁波商务总会无论是在工作职能，还是在治理结构上，都存在着较大的问题，还难以和当代的商会组织相媲美，但是它毕竟是适应近代社会发展的现实需要，效仿西方近代商会而成立的。因此，宁波商务总会从一开始就具有了不同于以往封建商人社团的特征，从这个意义上来讲，宁波商务总会的成立是宁波近代商会组织产生的重要标志。

2. 宁波传统行会在近代的发展嬗变

考察宁波近代商会组织的产生发展，1905 年宁波商务总会的成立是一个标志性的事件或起点，但不能就此将考察视角仅仅局限于此。从另一个角度看，宁波近代商会组织的萌生与发展还体现在自进入近代以来（即 1840 年鸦片战争之后），宁波古代传统行会的发展嬗变上。

1840 年的鸦片战争，打破了封建王朝永续统治与长期发展的美梦。随着外国资本主义工商业的侵入以及国内近代资本主义工商业的逐渐兴起，传统的封建旧式商人和手工业者也逐渐向近代新兴工商业者转变。这些作为封建行会成员甚至业董的商人和手工业者在近代的发展转变，势必会影响和推动传统行会出现变革。行会成员在近代的发展演变，被学界认为是导致行会自近代以来发展嬗变的一个重要因素。

虽然，我们无法准确地推断出宁波传统行会到底是从哪一天、哪一个行会最先开始转变的，但是宁波传统行会自近代以来的这种发展转变却是真真实实地发生着的。这种转变大致是从一部分与资本主义经济发生联系较早的领域展开的，其中钱业、丝业、茶业等行业的表现尤为突出，其原因是旧

---

① 　宁波市工商联合会（总商会）志编纂委员会：《宁波市工商联合会（总商会）志》，内部发行，2005 年，第 129 页。

② 　宁波市工商联合会（总商会）志编纂委员会：《宁波市工商联合会（总商会）志》，内部发行，2005 年，第 129 页。

式的丝茶行栈在鸦片战争后与外商洋行直接发生了密切联系,在经营方式、利润来源等许多方面都较诸过去有所改变,并且促进了一大批新式丝茶行栈的设立。钱庄作为中国传统的金融机关,在近代也越来越多地与进出口贸易和新兴资本主义工商业发生密切的业务往来联系,其繁荣盛衰逐渐与新兴工商业发展的起伏密切相关。与之相适应,这些行业的商人也开始从旧式商人向新兴的工商业者转变。他们当中的许多人,有些原本即是行会中的成员,有些则是后来才加入行会,但都对行会的演变产生了不同程度的影响,也直接促进了行会在近代的变革。①

　　以宁波钱庄业为例,钱庄业在宁波的存在最早可以追溯到明代,但宁波钱庄业实现重大发展变革则是在晚清以后。19世纪中叶,宁波钱庄业创造出了过账制度就是一个明显的证明。据考证,"过账制度之起源,盖在逊清咸丰年间。是时流行于市面之货币,除现银外,厥惟铜钱,营金融业者多以钱为中心货币,钱庄命名之由来,即在于此。铸钱之铜多取给云南,洪杨作难,滇道绝阻,原料之供给短缺,市上所有货币,不足以供需要。东南乃有钱荒之患,时上海市场犹属草创,东南沿海商业,宁波实执牛耳,钱荒之患,当为殊甚,乃谋增加货币效用之办法,过账制度遂应用而生"②。《鄞县通志》对宁波钱庄所首创的过账制度有明确记载,"市场交易外埠皆用银钱,惟宁波凭计簿,日记其出入之数,夜持账簿向钱肆记录,次日互对,谓之过账"③。同治三年前的钱业《庄规》,部分条款为:"一议外行划账,其数以三十元起码,多则照数,须于当晚抄录,次早汇集公所划清,如少数未符,不虑徇情,公议照罚。一议同行持簿来对者,账上设有未符,无论同行外行,数目不合当时道明指驳,勿得含混答应,希图隐匿,倘至受错之家查出,不惟所错之数,照数加罚并须倍罚。"④1926年建成的宁波钱业会馆碑记也清晰记载了宁波钱庄的过账制度,"今宁波钱肆通行之法,殆庶几矣。海通以来,宁波为中外互市之一。地当海口,外货之转输,邻境物产之销售,率取道于是,廛肆星罗。吾闻之故老,距今百年前,俗纤俭,工废著,拥巨资者率起于商人。习踔远,营运遍诸路,钱重不可赍,有钱肆以为周转。钱肆必富厚者主之,气力达于

---

　　①　朱英:《近代中国商会、行会及商团新论》,中国人民大学出版社2008年版,第266页。

　　②　徐寄庼:《过账须知》,转自《宁波文史资料》第15辑,1994年,第207页。

　　③　《鄞县通志》·《文献志》,《商业习惯》,第2612页。

　　④　《鄞县通志》·《食货志》,《金融》,第77页。

诸路,郡中称是者可一二数。而其行于市,匪直无银,乃亦不专用钱,盖有以计簿流转之一法焉。大抵内力充,诸肆互相为用,则信于人人,故一登簿录,即视为左券不翅也。其始数肆比而为之,要会有时。既乃,著为程式,行于全市。其法,钱肆凡若干,互通声气,掌银钱出入之成。群商各以计簿书所出入,出界某肆,入由某肆,就肆中汇记之。明日,诸肆出一纸,互为简稽,数符即准以行,应输应纳,如亲授受"①。

过账制度的创立标志着宁波钱庄业由旧式商人向近代工商业者的转变。近代金融制度的核心便是过账制度,它是中国近代金融史上最主要、意义最深刻的制度创新和技术革命。过账制度使得整个城市,甚至相关城市之间的钱庄得以联结在一起,也使得城市中主要的工商企业通过开户方式被网罗在金融体系之下,提高了交易支付的效率,节约了交易费用。它不仅使结算便捷化,而且使金融信用发挥、运用、挖掘达到极致。它开始使中国经济摆脱了现金交易的限制与束缚,适时地满足了以对外贸易为主的新经济模式对金融中介的需求。在这一制度创新的推动下,我们发现宁波帮迅速成为近代最为成功、最有影响的商业集团,细推之,这一集团的核心因素便是钱庄业,而钱庄业的核心,毫无疑问是过账制度的先发优势。换句话说,钱庄是宁波帮的金融营养,过账制度则使宁波钱庄占据钱业制高点,为领导全国金融提供了制度保证。② 自近代以来率先实现重大变革的宁波钱庄,自然会影响和推动宁波钱庄业封建行会在近代的转型发展。

宁波传统行会在近代的发展嬗变,除了自身的经济社会因素外,政府的外部推动也是其中的一个重要因素。正如本书前面所言,清朝末年,政府在内外压力之下,被迫变革,希望通过推动新式商人社团组织的设立,振兴商业,发展经济。因此,晚清时期,清政府不仅禁止私立行会、把持行市等行为,还积极劝导各业商人成立行业商会。商部认为"聚商情、厚商力、开商智,入手之方,莫如各业分设商会一事","要求各业商人共体此意,公举业董,速订会章,集有成议,克日具报"。③

应该指出的是,宁波传统行会近代以来的这种发展嬗变不是一朝一夕

---

① 见宁波钱业会馆内碑记。

② 陈铨亚:《中国本土商业银行的截面:宁波钱庄》,浙江大学出版社 2010 年版,第65 页。

③ 天津市档案馆等编:《天津商会档案汇编(1903—1911 年)》(上),天津人民出版社1989 年版,第 28—29 页。

就完成了,而是经历了一个漫长曲折的过程,甚至直到民国时期才最终完成。[①] 对于中国封建行会的近代嬗变,学界普遍认为经历了一个较长的演变过程。宋钻友认为从会馆公所到同业公会的制度变迁,是同业组织从传统向现代的转型,经历了近百年的时间,大致分为从开埠通商至 1904 年,从1904 年商会诞生至 1929 年南京国民政府颁布《工商同业公会法》,从 1929年至 1948 年这三个阶段。推动同业组织现代化的主要动力是经济结构和社会环境的变化,清末西方民主思潮、法律知识的广泛传播,北京政府和南京国民政府的有关政策也产生了重要作用。[②] 尽管由于外国资本主义入侵的冲击,以及随着资本主义经济的发展,许多行会被动或主动地都进行了一些变革,但不可否认也有不少行会力图维持旧有行规,对同业及外来者的经营活动继续进行限制,对民族工商业的发展产生了明显消极的影响。揆诸史实,这方面的事例同样也不少见。[③] 据《申报》记载,1880 年奉化江沛章等人到宁波销售伞骨,宁波伞骨匠首马上聚集同业加以阻止,并"拉货擒人"。江氏告之官府,得到的结果是"谕令奉化人此后如至宁波销售,必须随众入行。如不入行,不准潜来宁波生意。至于奉化人赴慈溪、余姚销货,应听慈、余旧处旧规,不得私专其利"[④]。再比如,1898 年仍有宁波知府依然维护手工业匠人"不许互相包揽"的行规,并做出晓谕,勒石为禁。

> 把持垄断有于例禁,既经泥木各匠乃手艺营生,各有身家。既经议有旧规,自宜各安本业。自示后,如民间有修造工程,泥木各匠自向承揽,毋许互揽互包,致启争端。倘敢故违,许即指名禀县,以凭讯,究其

---

① 本书在第三章"民国时期的宁波商会组织"中会专门涉及民国时期会馆、公所等行会改组为同业公会的问题。1918 年,北洋政府农商部颁行《工商同业公会规则》和《工商同业公会规则施行办法》。之后,同业公会即在全国各地纷纷成立。1929 年 8 月 15 日,国民政府颁布《工商法》规定:工商同业公会为设立商会的发起单位,并为商会的会员。同月 17 日,又公布《工商同业公会法》,规定"凡在同一区域内经营各种正当之工业或商业者均得设立同业公会"。这些法令的颁布,大大推动了封建行会向近代性质的工商业同业团体——同业公会的转变。

② 宋钻友:《从会馆、公所到同业公会的制度变迁——兼论政府与同业组织现代化的关系》,《档案与史学》2001 年第 3 期。

③ 朱英:《近代中国商会、行会及商团新论》,中国人民大学出版社 2008 年版,第273 页。

④ 《申报》,1887 年 6 月 13 日。

各禀遵毋违。特示。①

这些情形表明传统商人团体演变过程的复杂性,中国近代商会的出现是具体历史条件下各种因素合力作用的结果,远非从传统到现代的线性发展理论可以概括。② 因此,自进入近代以来,宁波古代传统行会逐渐开始发生重大的历史嬗变,但这种变化并不意味着传统行会在一夜之间全都消失,而被近代工商团体所取代。这种变化是渐进的,或者说是悄悄逐渐发生的。魏文享认为,近代工商同业公会最常见的是由旧的行会组织改组、分化或合并而成,其次是由新兴行业直接遵照有关工商同业公会法令建立。在近代,虽然行会的衰落是不可阻挡的历史趋势,但由于维护同业发展的根本需求、社会政治经济环境的恶劣以及抵制外国资本主义入侵与掠夺的根本需求,行会仍有继续存在的可能与必要。③ 甚至于在一定时期,会馆、公所等行会的数量不减反增。根据有些学者的研究来看,清朝末年,在资本主义工商业发展水平较高的地域如江南城镇和通商口岸城市,以会馆、公所为代表的同业组织不仅没有萎缩,反而得到了发展。在制度变迁上这是一个悖论:资本主义工商业的发展导致了行会组织的增加。其实,这只是名称上造成的误解,虽然根据现有材料我们无法对晚清时期的会馆、公所进行量化分析,确定哪些已经发生变异,哪些依然故我,但有两种现象不可忽视:一是伴随着新兴行业的产生而出现的会馆、公所;二是在外力的冲击下,行会的组织进化及其对行规的修改。因此对晚清时期的会馆、公所不能等量齐观笼统地视之为旧式行会的增加。④

总而言之,正如有学者所言,近代中国行业组织的变迁是内力与外力综合作用的结果,是诱致性变迁与强制性变迁交织的产物。就行会变迁的宏观进程而言,传统行会无法适应中外资本主义竞争的新格局,也无法有效保护同业商人的利益,尽管它试图继续维护传统面貌,重建权威,但却日益显得有心无力。无论是出于主动还是被动行会都不得不进行自我调整,改弦更张,否则只有自行消亡。但是对于背负着沉重历史包袱的行会来说,要完

① 参见宁波市工商业联合会(总商会)志编纂委员会:《宁波市工商业联合会(总商会)志》,内部发行,2005 年,第 121 页。

② 李学兰:《中国商人团体习惯法研究》,中国社会科学出版社 2010 年版,第 128 页。

③ 魏文享:《近代工商同业公会的社会功能分析(1918—1937)》,《近代史学刊》第 1 辑。

④ 彭南生:《近代中国行会到同业公会的制度变迁历程及其方式》,《华中师范大学学报》(人文社会科学版)2004 年第 3 期。

全依靠自身力量完成这种转化,不仅显得步履蹒跚而且的确有些勉为其难。它还必须凭借外部的制度供给与制度保障。从晚清至民国初期,政府颁布了多项政策、法令及其配套措施,作为一种正式的制度安排对行会变迁进行引导与干预,其中一些柔性政策产生了导向作用,一些刚性法令则产生了强制力量,加之西方商会与同业公会的示范效应,使得同业公会制度在南京政府初期正式取代了行会制度。①

三、宁波近代商会组织产生的意义

宁波近代商会组织的产生,对于宁波近现代社会发展意义重大。正如本书前面所述,宁波近代商会组织的产生,一方面是基于近代以来工商业自身发展的内在需求,另一方面也是基于政府外部的积极推动。这就决定了像宁波商务总会这样的近代商会组织,一开始便孕育着民间和官方的双重因素。宁波近代商会组织的这种特性,使得它在某种程度上较好地成为官府和商民之间的桥梁与纽带。作为清末诞生的较具影响力的社团组织,这些近代商会组织,在政府与商人的互动过程中扮演着不可或缺的重要角色,极大地促进了宁波近代经济社会的快速发展。这些近代商会组织与政府及商民之间的良好互动关系,是促使中国商民从以往的"四民之末"逐渐发展成为近代以来的"四民之首",从身份卑微逐渐走向地位显贵的重要因素之一。

宁波近代商会组织产生的意义除了体现在促进了商业发展和商人地位的提高方面以外,还体现在它极大地唤醒和培养了中国商人的结社和自治意识。与以往的旧式商人行会不同,被誉为"众商业之代表"的近代商会组织,不限籍贯和行业。这种开放性和包容性,使得近代商会组织成为最广泛团结工商各业的新式商人组织。它的建立,使得工商各业商人拥有了自己独立的新型社团组织,从而大大加强了商人相互之间的联系,并进而使得整个商业形成一个相对较为统一的整体。这对于增强整个商业的凝聚力和合力,提高商人的自治意识和话语权都相当重要。而商人力量的壮大和自治意识的提高,则又在另一个方面推动了中国近代社会民主法制、文化生活等方面的进步。也正是基于此点,国内部分学者常常把近代商会组织的产生和中国法制近代化联系起来。

---

①　彭南生:《近代中国行会到同业公会的制度变迁历程及其方式》,《华中师范大学学报》(人文社会科学版)2004 年第 3 期。

王红梅指出,近代商会参与了中国法制近代化的进程,在一定程度上起到了推进作用。无论是中国近代的宪政民主运动还是部门法的制定以及多元商事裁判体制的推进,商会都参与其中。在此过程中,商会表现出一定的权利意识,他们也有对民主宪政的追求;希望商事法律制度的变革为市场经济的发展提供良好的制度环境,而屡向政府提出建立和完善商事立法的诉求;在获得商事纠纷理案权以后,商会成为近代以民间力量处理商事纠纷的主力军,推进了中国近代司法体制社会化的进程。① 谈萧则指出,自清末商会制度登上中国历史的舞台,虽在侵略与救亡、革命与动乱的年代,仅发展了半个世纪,就被社会主义改造掉,但半个世纪的商会制度实践,却为中国法制变迁带来了一种转型传统。这个转型传统,表现为农耕社会向工商社会转型的过程中形成的法制传统,其中蕴含的法制理念,就是"振兴商务"。"振兴商务"不仅是清末到民国法制的一个重要目标,更是商会制度的一个核心目标。一百余年的中国商会制度史表明,商会制度变迁是近代以来中国法制转型的一个缩影。②

第二节　宁波近代商会组织与宁波传统行会之比较

近代以来发展起来的宁波商会组织,无论是在组织性质上,还是在组织制度以及组织职能等方面,都和宁波古代传统行会有着较大的不同。但作为承袭古代传统行会的轨迹而一路走来的宁波近代商会组织,又必然会和古代传统行会有着千丝万缕的联系。

关于近代商会组织与古代传统行会的关系,学界存在着不同认识。日本学者大都视商会为全市性的商业行会,即旧式行会的联合体,二者并不存在本质区别。如根岸佶认为:"商会的外观同外国商业会议所无异,而其实质,征之于它的内容和进行的活动,显然是行会性的。"③仓桥正直也指出,晚清中国的商会,"是具有强烈行会性质的商业会议所"④。国内多数学者则认

① 王红梅:《商会与中国法制近代化》,南京师范大学出版社 2011 年版,第 247 页。
② 谈萧:《近代以来中国商会治理变迁及其法制意义》,《法学论坛》2011 年第 3 期。
③ 徐鼎新:《中国商会研究综述》,《历史研究》1986 年第 6 期。
④ [日]仓桥正直:《清末商会和中国资产阶级》,《中国近代经济史研究资料》,1984 年下半年,第 50 页。

为,商会有别于传统的公所和会馆等行帮团体,是带有新时代特征的资产阶级社团组织。[①]

我们认为,晚清以来发展起来的宁波近代商会组织,固然会和古代传统行会有着各种多样性的联系,但宁波近代商会组织作为在晚清资本主义因素逐渐得以萌发的历史条件下产生的新型工商业团体,必然会表现出不同于以往旧式工商团体的时代特征。归结起来,宁波近代商会组织和宁波古代传统行会的差异主要体现在以下几个方面。

一、组织性质上的差异

宁波古代传统行会作为古代的封建商人和手工业者的团体,其在性质上必然受制于当时的社会历史条件,表现出鲜明的封建性和封闭性。

公所和同业性会馆等行会组织,都带有明显的落后封建色彩。首先,它的建立即与封建迷信活动紧密相连。公所、会馆既是成员汇集聚议之地,又是其共同祭神的场所。各行各业无不拥有自己的所谓保护神,诸如木业崇奉鲁班、鞋业敬拜鬼谷子、烛业祭祀关圣,等等。遇祖师诞辰,则要举行隆重的迎神赛会,以祭祀祝福。其次,行会以同乡、同行为结合纽带,也体现了狭隘的地域观念和封建宗法关系。最后,行会内部森严的等级制度同封建宗法关系相互渗透,使行会成员被强制束缚于地域和行业的利益之中,难以跨越雷池。[②]

在行会的运行上,宁波古代传统行会常常通过采用落后的行规来限制竞争和维持其行业独占地位。行会的组建往往带有地域色彩,对行会以外的成员通常会予以排斥和打压。就其组织宗旨来讲,古代封建行会的成立宗旨在于,通过限制竞争,维持少数人的独占和垄断利益,带有较大的狭隘性和封闭性。

而在新的历史条件下发展起来的宁波近代商会组织,在性质上与传统的行会已有较大的不同,表现出明显的近代性、民主性和开放性。商会虽不能说完全没有落后的封建色彩,但与行会比较起来,其近代民主特性表现较为鲜明,而且显然是占主导地位。商会是"众商业之代表人",集工商各业于一体,不可能信奉某个行业的师祖或保护神,因而摒弃了行会祭祀神灵的封

①　马敏、朱英:《浅谈晚清苏州商会与行会的区别及其联系》,《中国经济史研究》1988年第 3 期。

②　马敏、朱英:《浅谈晚清苏州商会与行会的区别及其联系》,《中国经济史研究》1988年第 3 期。

建迷信传统。① 近代商会的民主性还表现在商会的内部组织以及运行制度等方面。这在后面关于行会与商会在内部治理结构上的差异中将会具体论述。

宁波近代商会组织在性质上已经摆脱古代传统行会限制竞争的本质，进而发展成为团结和联合广大工商业者的新型商人社团组织，其组织宗旨在于整合商业力量、规范和促进竞争，振兴商业，谋求共同发展。如很多近代商会组织在其组织宗旨中，都公开把"联络商情，亲爱同业""联络商业，维持公益，研究商学，兴发实业，以冀同业之发达"等作为其成立宗旨。还有的近代商会组织强调要联合同业，整合和壮大国内商业力量，以共同与洋商进行商战。

二、组织成员与组织职能上的差异

在组织成员上，宁波传统行会表现出鲜明的地域性和狭隘性。行会多由同乡或同业成员组成。如宁波比较有名的福建商人会馆，就是由福建籍商人基于地域标准而建立起来的行会组织。加入行会必须符合其行会标准，认可其行规。一旦退出行会，将常常会受到行会的一致排挤和抵制。这些以地域或行业为标准而建立起来的行会组织，各行会彼此之间缺乏相互的联系与交流，可谓界限分明、壁垒森严。

而宁波近代商会组织则摆脱了封建行会狭隘性和封闭性的束缚，对组织成员没有像以往行会那样多的限制。以成员入会和退会为例，近代宁波商会组织在入会和退会等方面都表现出较大的开放性和自愿性。其具体体现是近代商会组织对入会的限制和增设商业店号的限制已不再像传统行会那样严格，只要承认商会章程、缴纳会费便准其入会。对成员的退会，也不再有太多的限制和阻遏。这些都体现了近代社团组织的自愿原则。宁波近代商会组织，尤其是宁波商务总会，已经发展为一种突破行业和地域限制的各行业商人的联合组织，它不再以行业或地域作为入会的标准，从而把不同行业的商人从横向联合起来，形成一个统一的整体。故当时有"公所为一业之团体"，"商会为各业之团体"的说法。

在组织职能上，宁波传统行会具有中国古代传统行会的共性特征，其最主要的职能，在于通过制定必须共同遵守的行规，用强制的办法限制行业内

---

① 马敏、朱英：《浅谈晚清苏州商会与行会的区别及其联系》，《中国经济史研究》1988年第 3 期。

部或外部的竞争,以维护各行业的既得利益。概而言之,有以下几方面的内容:其一,规定各类商品价格;其二,限制同业招收学徒和使用帮工的数目;其三,以同样的方式限制增开商店和作坊,特别是限制外地人开店设坊。除此之外,行会还规定同业店铺统一的工资水平,其中包括店员工资和帮工的工钱。所有这些措施,都是为了保持对市场的已有垄断地位,维护独占利益。①

需要指出的是,宁波古代传统行会虽然是商人和手工业者所创立的工商团体,但在组织职能上除了上述内容以外,救济同乡或同业中的贫困者、联络乡情等在其行会职能中也一直占有十分重要的地位。以宁波商人在上海建立的四明公所为例,四明公所于清嘉庆年间创建,俗称"宁波会馆",是旅沪宁波商人和手工业者的行会组织。四明公所在其建立和发展过程中,始终把救济同乡作为重要工作之一,甚至在会馆内专门建有寄柩处和义冢,以接纳客死他乡的宁波老乡的灵柩。宁波商人在其他地方建立的会馆、公所等行会组织也同样都把救济乡民、联络乡情作为行会的重要工作内容之一。正是基于此,有学者在描述封建行会的作用时指出,封建行会的存在一方面割裂了市场,形成了种种利益集团;但另一方面,也在社会保障和慈善公益方面能够发挥独特的功能与作用。② 这种救济乡民、联络乡情的工作一直到后来宁波同乡会组织产生之后,才慢慢开始弱化。救济乡民、联络乡情遂成为宁波同乡会的主要职能。但有学者提出,即使是在宁波同乡会产生之后,也不能说宁波传统行会就完全不再具有救济乡民、联络乡情的功能。二者在救济乡民、联络乡情功能上并非完全取代的关系,而是具有紧密的联系。比如上海的四明公所与后来成立的宁波旅沪同乡会,二者虽然宗旨不同,职能各异,但体现了共同的目标指向,即都是旅沪宁波人精神汇聚的场所,是乡人们有力的喉舌,是国家的基础组织。四明公所和宁波旅沪同乡会作为上海宁波人的两个同乡团体,各自相对独立,但有着极深的渊源关系,联系还是较为紧密的。宁波旅沪同乡会的组织基础是建立在四明公所时期即已形成的同乡关系网络之上的;1911 年同乡会成立大会在四明公所内召开;两个组织的领导成员也多有重叠合一。20 世纪初年四明公所的主要领

---

　　① 　马敏、朱英:《浅谈晚清苏州商会与行会的区别及其联系》,《中国经济史研究》1988 年第 3 期。

　　② 　张宇丞:《古代商业行会的现代借鉴意义》,《山西煤炭管理干部学院学报》2008 年第 3 期。

导者朱葆三、虞洽卿、沈仲礼等人既是四明公所的肇事,也是同乡会的发起人,并分别担任会长、副会长等职。在遇到关系全体同乡利益的事件时,二者也互通声气,互相配合。①

宁波近代商会组织在职能作用上与宁波古代传统行会相比则有着根本的不同。商会突破了上述行会的种种陈规陋习,其"扩商权""开商智""联商情"的宗旨,与会馆的"联乡情"和公所的"固行谊"等口号相比,显然有着本质的不同。近代的商会,以其崭新的姿态,在经济上具备了以振兴工商各业为主旨的社会职能,诸如联络工商、调查商情;研究商学、开通商智;调息纷争、和协商情;改良品物、发达营业等,商会的活动和影响无所不至。正因为如此,工商户纷纷交口赞誉:"盖自设立商会以来,商情联络,有事公商,悉持信义,向来搀伪攘利、争轧倾挤之风,为之一变。"不难看出,传统的行会在客观上起了抑制创新和竞争的阻碍作用,而商会正好要唤起这种创新和竞争精神。② 同时,宁波近代商会组织的职能不仅仅局限在经济方面。近代商会组织还广泛参与政治、社会等各种活动。比如宁波商务总会成立后,作为发起单位,和全国其他商务总会号召成立全国商联会,并且为争取全国商联会的合法地位和政府进行了不屈不挠的斗争。此外,宁波近代商会组织还在推动国家商事立法、配合国家政治斗争、维护国家主权等方面都发挥了积极的作用。

三、内部治理结构上的差异

宁波近代商会组织和以往的古代传统行会相比,不仅体现在其在组织名称上力求做出改变,而且最重要的是体现在其在内部治理结构上也逐渐发生了某些变化。以往传统的封建行会在内部治理结构上尚显简单。作为古代行会之一的会馆,在内部治理上尤为欠缺,其内部组织系统类似于今天的宁波同乡会等,一般仅推选几名董事负责日常馆务,对会馆成员也缺乏较强的约束力。作为行会另一种形式的公所,虽然通过内部行规对公所成员施以严格的限制和约束,但其本身同样缺乏比较健全的内部组织机构,内部分工缺乏严密性和科学性,通常仅推举司年、司月和执事各一人负责主持所内的日常事务。

---

① 李珹:《转化与传承:四明公所与宁波旅沪同乡会的比较考察》,《东岳论丛》2009 年第 11 期。

② 马敏、朱英:《浅谈晚清苏州商会与行会的区别及其联系》,《中国经济史研究》1988 年第 3 期。

和封建行会在内部治理结构上比较简单相对照,宁波近代商会组织在其内部治理结构上虽然还谈不上完美,但已经比以往的封建行会有较大的进步。作为一种新型的工商团体,宁波近代商会组织已经属于组织机构比较健全、制度也较完善的工商社会团体。以宁波商务总会为例,宁波商务总会在成立时即根据《奏定商会简明章程二十六条》规定,设总理1员,协理1员和董事若干。总理、协理产生的方式是民主公举,任职条件必须是熟悉商情、众望素孚者,任期一年。商会的董事也通过民主推举的方式产生。总理是商务总会最高领导,协理次之。总理、协理以下为议董。商务总会内部分工相当严密,会计、理案、书记、查账、理事等内部职员各司其职。从总理、协理、议董到会员乃至会友,形成了一个完整的层级结构,各自的权利和义务也相当明确。商务总会制定了严密的工作和管理制度。在会议制度上,商务总会会议分为年会、常会和特会三种。年会每年定期举行一次,全体会员参加,总结商务总会一年来的工作,推举产生新的领导成员等。常会由全体议董参加,商议应当办理的各项事务,一年内定期召开。特会属于特殊情况下召集的会议,不定期举行,商议讨论特别紧要事项。商会初步建立起了相对完善的人事干部制度和组织原则。会中所有领导成员,都是采取无记名投票的民主方式,每年选举一次。其中总理、协理由议董选举产生,议董经会员推选,会员则由会友公举。各层级的领导人物均为得票多者担任,选举票在有全体会员参加的年会上当众拆封,同时宣布选举结果。这显然是近代社团组织的一整套民主选举程序。此外,商会还有类似于弹劾制的规定,使一般成员有权监督上层领导人物。依据商部《奏定商会简明章程二十六条》之规定,议董如有徇私和偏袒情事,致商人有所屈抑,会员、会友均可联名禀告商会,由总理、协理召集议董会议,查证确凿即行开除。其情节较重,查系属实者,另具禀商部,援例惩罚。如总理、协理或其他议董也徇私祖庇,则各商可直接向商部禀控,要求将其撤职。商会的民主气息,在其定期举行的会议上也有具体体现。一般情况下,总理、协理虽为最高层次的领导人,但遇重大事项并不能擅自决断,必须由议董甚至全体会员公议。每次集议时,须有应到会者半数以上参加,否则不能形成议案。会上"开诚布公,集思广益,各商如有条陈,尽可各抒议论,俾择善以从,不得稍持成见"。经过充分的讨论之后,遂举手表决形成决议。如果意见暂时不能统一而无法议决,则留待下次再议,并由商会组织专人进行调查,弄清有关具体情况,供复议时咨询参考。一般会友虽不参加商会常会,但可随时"指陈利弊,条陈意见"。遇有重大事情,十人以上联名也可要求召开特别会议讨论。[①]

从宁波商务总会的内部治理结构看,近代宁波商会组织在内部治理结构上已经初步完成了由传统封建行会简单的司月制到近代会董制的转变,基本具备了近代商人社团的部分特征。这种转变是宁波近代商会组织作为一种新型工商业者团体,区别于传统封建行会的重要特征之一。

四、发挥作用不同

传统行会是纯民间组织,近代商会虽然也具有一定的民间性,但近代商会由政府统一要求建立,有半官方色彩。由于经济资源、影响力、重要性等因素,近代商会在一定程度上扮演社会管理辅助性角色,与政府间存在良好的互动。近代商会特别是起到承上启下作用,商人诉求有了有效表达的渠道,政府政令也可通过商会宣传贯彻。近代商会在政府政策制定中,也发挥了必要的咨询机构功能,如 1946 年钱业对于战后复员问题与财政部的抗争。

除此之外,近代商会和传统行会的区别还在于,近代商会在一定程度上拥有武装组织。辛亥革命时期,商团武装在当时扮演着很重要的角色。各地光复都有商团武装的身影,宁波尤其突出。

本章小结

清朝末年,宁波商务总会的成立,以及宁波古代传统行会自进入近代以来的转型和嬗变,宣告了宁波近代商会组织的诞生。这在宁波发展历史上是具有极其重要意义的事件。宁波近代商会组织的产生,不仅给宁波近代商业的发展带来了巨大的动力,增强了工商业者的凝聚力和向心力,而且极大激发了商人的自治意识与民族情怀。宁波近代商会组织产生于清朝末年。它是整个中国希图通过发展商业、振兴商业,以达成强国富民之目的,并进而走出饥寒交迫和备受欺凌侮辱处境的一个缩影和生动写照。宁波近代商会组织的产生,改变了宁波以往商业和商人一盘散沙、封闭落后的形象。它使得宁波近代商业从此站在一个更加广阔的平台上去发展,去与外

---

① 马敏、朱英:《浅谈晚清苏州商会与行会的区别及其联系》,《中国经济史研究》1988年第 3 期。

部的商人展开竞争。值得注意的是，宁波商帮的崛起也即是从历史进入近代以来而开始的。虽然不能把宁波商帮的崛起与宁波近代商会组织的产生发展完全等同起来，但宁波近代商会组织自产生以来，在推动宁波商帮不断发展壮大，并逐渐走出宁波，走向全国乃至世界各地等方面，却是真真实实地发挥了不可低估的重要作用。

第三章　民国时期的宁波商会组织

第一节　民国时期宁波商会组织的发展

一、民国时期宁波总商会的发展历程

商会组织经历萌芽与产生的发展历程之后,在民国时期得到较大发展。辛亥革命后,南京临时政府废除清朝苛捐杂税,奖励和保护工商业,鼓励人民兴办实业,设立实业部,各省成立实业公司。这一积极兴商、促商政策为商会组织的发展提供了良好的环境。1912 年 6 月,汉口商务总会向上海商务总会重新提出商界早就酝酿成立中华全国商会联合会的建议,得到上海商务总会的赞同。1912 年 11 月,中华全国商会联合会在北京召开发起会议,并报请北洋政府内务部批准立案。1914 年 3 月,中华全国商会联合会在上海召开第一次代表大会,对“编查商务、发展商业、振兴商学、维持商务、辅助商政、裁判商事、竞赛商品、议订商律商税及议结商约”等问题进行了商讨。1912 年,宁波废除府制后,宁波商务总会仍沿袭旧名,并作为发起成员派代表盛在响参与了中华全国商会联合会的发起会议(见《中华全国商会联合会发起会议纪要》)。

中华全国商会联合会发起会议纪要(1912 年 11 月 13 日)①

中华全国商会联合会十一月十三日第一次开会情形如下:

上海总商会代表王君一亭宣布发起之缘由,并请到会诸代表同为发起,众皆赞成签字。

随将所拟草章分送各代表请为修正,再行订期开会通过章程。

汉口商务总会代表宋君渭润、盛君竹书相继演说,大旨谓:近年商业叠受摧败,商民困敝,可谓已甚,而各处商会势若散沙,不能群策群力以图自振,商务前途何堪设想! 兹会发起将以联合商情,一致进行,先谋维持保护之方,进求发展振兴之效,务期实心实力,共底于成,庶我全国商务不至陷于失败云云。

兹将各地商会代表到会签名者照录于下:

天津商务总会代表　郑炳奎　杨万选

高阳商会代表　杨木森　张兴汉

吉林商务总会代表　饶起摩　沈崇祺

黑龙江商务总会代表　杨桂林

奉天商务总会代表　崔兴麟

陕西商务总会代表　魏汝霖　余　晴

安徽商务总会代表　程维周

广西商会代表　梁　炎

华商联合会代表　陈震福

京师商务总会代表　冯麟霱　陶宝祯　安迪生

武昌商务总会代表　陈寿熙

上海总商会代表　王　震

杭州商务总会代表　冯汝良

无锡商会代表　华文川　荣宗铨　蔡文鑫　汪廷襄

下关商会代表　周锦祥　黄　辊

南昌商务总会代表　龚士材　罗志清

神户商务总会代表　马席珍

云南商务总会代表　蔡荣谦　胡　源

上海总商会代表　印有模　沈　铺

---

① 苏州市档案馆:《中华全国商会联合会第一次代表大会》(上),《历史档案》1984 年第
4 期。

苏州商务总会代表　杭祖良

杭州商务总会代表　陈虎臣

重庆商务总会代表　曾鼎勋

河南商务总会代表　刘炳章

衡州商会代表　杨承曾

通崇海泰商务总会代表　杨德纯

南京商务总会代表　苏致厚

伯利商务总会代表　孙国浩　孙嘉梦

济南商务总会代表　谭奎翰　贾毓骥　金连择

青岛商务总会代表　李涵清

湖南商务总会代表　周国钧　宋家沛

镇江商会代表　王　铺

保定商务总会代表　冉凌云

九江商务总会代表　舒法甲　汪家晰

成都商务总会代表　廖　治

太原商务总会代表　李友莲

汉口商务总会代表　宋炜臣　盛炳纪

宁波商务总会代表　盛在响

广西浔州商会代表　冯世祥

保定商务总会代表　王文芹

桂林商会代表　易　寿

潼川商会代表　何昌誉

海参崴代表　王怀霖

南洋巴东商会代表　白藏洲

南洋霹雳商会代表　区　镰

哈尔滨商务总会代表　徐善梅

　　1914年,全国商会联合会在上海正式成立,宁波商务总会作为发起成员之一自然成为其会员,接着又参加全省商会联合会,成为省商会联合会的会员。1916年,奉工商部令"宁波商务总会"改称为"宁波总商会"。宁波所辖各县、各镇商会,也相应改名。1927年5月宁波设市后,宁波总商会隶属于宁波市政府,遂改名为"宁波市商会"。宁波市商会成立后,经赴省陈情,得省政府拨还前军需借款3万元,又筹集3万元购得今中山公园东侧地5亩建造新会所。经过此次修建,宁波市商会无论是会所规模还是办公条件都得到极大改善,其会所条件在当时全省商会会所中首屈一指。

民国初期的宽松环境给商会组织的发展带来了极好的机会。各地工商界纷纷组织设立商会,但是各地商会却逐渐被当地乡绅、官僚买办所操纵、把持,利用其掌握的商团、义警团、工商、自卫队等武装势力与军阀官僚以及帝国主义势力相互勾结,沆瀣一气。1926 年 1 月,中国国民党第二次全国代表大会上,共产党和国民党左派代表提出由"辅助革命"的商人组织商民协会,借以削弱、取代商会势力。不久商民协会自东南向全国漫延开来。1928 年,严肃、苏鸿、俞康龄等人在宁波发起组织"宁波商民协会";4 月 25 日,宁波市商民协会在市党部召开代表大会,选举应锡藩、严肃、姜也正、黄光普、刘镇泰、王文田、徐子敬等 25 人为执行委员,余光甫、李志坚、李谊甫等 15 人为候补执行委员,李贤钊、强俭僧、倪德昭、陈三元等 11 人为纪律裁判委员,汤翼生、汪铭光等 9 人为候补纪律裁判委员;并于 5 月 8 日由执行委员中互选常务三人暨各部部长,常务委员为应锡藩、严肃、姜也正,组织部长为黄光普,宣传部长为柴郧山,仲裁部长为陈道显,合作部长为刘镇泰,教育部长为王文田,财务部长为徐子敬。宁波市商民协会的会员以中小行户和摊贩为主。

随着商民协会的成立,各地逐渐形成了商民协会与商会并存分立的局面。商会与商民协会的纷争也由此产生并愈演愈烈。商民协会多次向政府提议要求取消商会组织,而商会则针对商民协会的要求进行了坚决的抗争。为规范和协调二者的关系,1928 年国民党中央执行委员会通过了《商人组织原则》,要求各地商民协会与商会分立并存,并提出商会代表大商人利益,受国民政府监督、管理。商民协会代表中小商人利益,受中国国民党中央执行委员会民众训练部指导。然而,国民政府《商人组织原则》的颁布,并未消弭商会与商民协会之间的矛盾。商民协会与商会之间,相互纠纷不断,矛盾也日益尖锐。宁波也不例外。为化解矛盾、避免纷争,1930 年 2 月,国民政府决定解散商民协会,并将其职能与业务划归商会。根据国民政府的要求,国民党地方党部从中协调,宁波市商民协会随后与宁波市商会合并,变更名称为"宁波市商人统一委员会"(简称宁波市商统会)。

1930 年要求宁波废除市制的运动重新抬头。其废市理由有二:一为宁波商埠仅系一转口港,并无多大土特产及工业;二为宁波富商大贾多数住在上海等外埠,本地士绅多系二、三流人士,市政建设经费不堪负担。其实这是表面理由,实际是以前宁波地方各事大都系当地所谓士绅勾结地方官员包办,他们认为设了市政府,自己势力被削弱。此外,尚有少数士绅(如范纯琯等)在市政府内没有得到地位和一些受过"亏待"的人也乘机思动,随之范纯琯及其追随者毛雍祥、王礼嘉二人,即正式发起废市运动。他们开会要求取消市制,并派范纯琯赴杭请愿交涉,范又通过种种关系,奔走沪杭之间。当时省府主席张难先是著名的讲节约的人物,对范等的请愿便予批准。宁波首届市政府即于 1931 年 1 月撤销归并于鄞县县政府。① 宁波废市后,宁波商会划归鄞县县政府管辖。依照商会章程,既以鄞县区域为范围,自应改名为"鄞县县商会",鄞县政府据此通知商会更名。商会为此极力上报呈请保留宁波商会名称,提出"盖以宁波商会历史悠久,中外闻名,对外只知有宁波,根本不了解鄞县,一旦骤易名称,势必失却联系,而碍会务进展,一致决议,据理力争,分呈当地党政领导核转外,并电请浙江省政府和中央有关部门,申述沿革,陈明利弊,提出坚决要求保留宁波商会"。经过多方努力,呈请得到批准,暂时准予保留"宁波"二字。同时将宁波商统会之名复称为"宁波商会",方才暂时平息因废市而引起的商会更名风波。然关于宁波商会名称之争并未完全得到解决。由鄞县县政府发给商会的训令看,1930 年宁波废市后因商会的积极争取"宁波商会"的名称得以暂时保留。鄞县县政府在一段时期内发给商会的训令均以"令宁波商会"格式行文。民国三十五年(1946)8 月 17 日,鄞县县长陈佑华又签发政府训令称"查商会既以县市行政区划为区域,其名称自应与县市名称一致。该会既以鄞县政府为主管官署,自应定名为鄞县商会,且宁波为旧府制名称,非鄞县所得专用,故仍改为鄞县商会"。因而,此后的一段时期内,鄞县县政府发给商会的训令,则以"令县商会"行文,不再称"宁波商会"。但宁波商会的所有信函落款均为"宁波商会",很少见其使用"鄞县商会"之名。由此可以看出,宁波商会对名称中"宁波"两字的看重与坚持。

1932 年(即民国二十一年)暂时获准使用宁波商会名称的宁波商会制定了《浙江省宁波商会章程》,该《章程》规定:"本章程根据国民政府公布之商会法第七条之规定制订之。""本会以鄞县之区域为区域定名为宁波商会。"该《章程》规定宁波商会的宗旨为"以图谋工商业及对外贸易之发展、增进工商业公共之福利"。商会的职务共有十三项,包括:(一)筹划工商业之改良及发展事项;(二)关于工商业之征询及通报事项;(三)关于国际贸易之介绍及指导事

① 《我当宁波市市长旧事(1927.7—1930.1)》,http://www.nbzx.gov.cn/art/2006/11/27/art_9747_429397.html,2012 年 3 月 25 日访问。

项；(四)关于工商业之统计及调查事项；(五)关于工商法规之研究及建设事项；(六)关于办理商业之调处及公断事项；(七)关于工商业之证明及鉴定事项；(八)关于办理商务之公告事项；(九)办理商品之征集及陈列事项；(十)受商人或政府之委托办理商业清算事项；(十一)筹设商业学校商立图书馆或其他关于工商业之公共有益事项；(十二)维持市面之平衡及经济恐慌事项；(十三)办理合于第三条所揭示宗旨之其他事项。由《浙江省宁波商会章程》关于商会职务的规定看，宁波商会的职责范围是相当广泛的，既涉及对商事秩序的维护，又涉及对商事纠纷的调处与仲裁，同时涉及对商事公益的促进以及沟通政府与商事关系等诸多领域。除此之外，该《章程》还对宁波商会的场所、会员、入会及出会、组织、选任及解任、职权、会议等事项做出详细规定。

　　1941 年 4 月 3 日，日本侵略军发动"宁绍战役"；19 日，日军第二次登陆镇海；20 日，攻占宁波(鄞县城区)；23 日，又侵占慈溪、奉化、余姚。宁波沦陷后，宁波商会不得不停止活动。不久在日本人授意下，袁端甫、郭逸民、刘镇泰组织"鄞县乡镇联合会"。郭逸民还出面筹组宁波商会(伪宁波商会)，在中山东路裘卫生堂药店原址开会，推选郭逸民、王礼嘉、包正芳、曹国香、张保康、范正权、洪中民等 7 人为筹务委员，以郭逸民为筹务主任。同年 7 月，伪宁波商会成立，以毛稼生为主席委员，范笑斋、李贤钊为副主席委员，吕瑞棠为秘书。1943 年，毛稼生被迫辞职，袁端甫继任主席，郭逸民任常委，主持会务。郭逸民死后，沈曼卿(西药业)、洪芙馥(糖货业)、余顺安(钱庄业)、顾守中(时事公报社经理)4 人为常务委员，负责处理内外日常会务。[①]

　　1945 年 9 月，抗日战争胜利，由伪鄞县县长袁端甫兼任商会挂名主席的伪商会宣告瓦解，宁波商会得以重新恢复运行。为加强对工商业法规的研究，促进工商业的发展，1946 年 3 月宁波商会专门成立了工商业法规研究委员会。工商业法规研究委员会由沈曼卿、徐玉麟、张庆堂、姚仰山、曹绥之、汪杰、庄君演、蔡同浩、应澎年、朱燕孙、郑进益、朱维官等人组成，沈曼卿为总召集人。在工商业法规研究委员会第一次会议上，推选周大烈为主任委员，朱维官、沈曼卿为常务委员。

　　1948 年(民国三十七年)2 月 25 日，宁波商会通过了修正后的《宁波商会组织章程》。《章程》规定"本章程根据修正商会法及修正商会法施行细则制定之"，商会的宗旨为"以图谋工商业及对外贸易之发展、增进工商业公共

　　① 宁波市工商联合会(总商会)志编纂委员会：《宁波市工商联合会(总商会)志》，内部发行，2005 年，第 133 页。

之福利"。相较于 1932 年《浙江省宁波商会章程》将商会职务表述为 13 项，修正后的《宁波商会组织章程》则将商会的职务归结为 9 项，分别为：(一)筹议工商业之改良及发展事项；(二)关于工商业之征调及通报事项；(三)关于国际贸易之介绍及指导事项；(四)关于工商业之调处及公断事项；(五)关于工商业之证明事项；(六)关于统计之调查编纂事项；(七)得设办商品陈列所工商补习学校或其他关于工商业之公共事业，但须经该管官署之核准；(八)遇有市面恐慌等事有维持及请求地方政府维持之责任；(九)办理合于第三条所揭示宗旨之其他事业。

1949 年 5 月 25 日，宁波解放。9 月 15 日，为处理国民党飞机轰炸后的善后工作，在宁波市军管会领导下，以宁波商会为主，各慈善机构参加的宁波各界善后临时救济委员会成立，后扩大为宁波市遭匪机轰炸善后救济委员会。同月，宁波商会向各同业公会发出关于庆祝中国人民政治协商会议召开和中央人民政府成立的通知。1949 年年底，宁波商会活动宣告结束。[①]

宁波近代商会从 1905 年产生到 1949 年结束，走过了 40 多年的曲折发展历程。作为近代以来产生的商事自治组织，尽管用现代社团的眼光来看，其还存在诸多不甚完善之处，但它相对于传统封建商人社团已有着根本的变革。宁波近代商会的发展对于维护商事自治，推动近代宁波商业的健康发展意义重大。

二、民国时期宁波同业公会的发展演变

同业公会是近代以来特别是民国时期得到较大发展的新型工商行业组织。朱英等学者指出，同业公会的产生，称得上是中国工商行业组织从传统的行会向现代工商同业组织发展变化的一个重要标志。不少论著都强调：同业公会明显不同于传统的行会，是资产阶级性质的新式行业自治与管理组织；除此之外，同业公会又是具有开放性、自愿性、民主性的资产阶级同业组织，从行会到同业公会的转化，标志着工商同业组织近代化过程的基本完成；就经济职能而言，近代工商同业公会已摆脱行会的封闭性，它主要是利用资本主义的经济杠杆维护资产阶级的整体阶级利益，其经济职能表现出资本主义竞争机制的特征。[②] 同业公会成立之后，很快就取代了传统封建行

---

　　①　宁波市工商联合会（总商会）志编纂委员会：《宁波市工商联合会（总商会）志》，内部发行，2005 年，第 134 页。

　　②　朱英：《近代中国商会、行会及商团新论》，中国人民大学出版社 2008 年版，第 284 页。

会的组织职能,并且在职能发展上实现了较大的超越。无论是在实现各个行业的自治与自律、整合与管理方面,还是在发挥沟通政府与市场的桥梁与中介作用、维护各行业的同业利益方面,以及促进各行业发展乃至整个社会经济生活的运转进程方面都发挥了不可或缺的重要作用。

（一）关于民国时期宁波同业公会"面"的考察

民国时期宁波同业公会"面"的考察,就是从"面"的视角,对民国时期宁波同业公会的发展做概括性的全面审视,勾画民国时期宁波同业公会发展的总体轮廓和大致路径,使我们能够从"面"的角度,从整体上把握民国时期宁波同业公会的发展。

同业公会组织作为同行业成员组成的商业团体,民国以前在宁波已有一定程度的发展。到民国时期,宁波同业公会更是迎来了一个全面、快速发展的阶段。据1912年统计,当时宁波城区行业殿、会、馆或公所有鲁班殿、药皇殿、钱业公所、木材同业公所等19所之多。1918年,北洋政府农商部颁行《工商同业公会规则》,该法是我国历史上第一个关于同业组织的法规,接着北洋政府又颁布了《工商同业公会规则施行办法》。两个法律规范的出台,为工商同业组织的近代化转型提供了规范依据。之后,同业公会即在全国各地纷纷成立。1929年8月15日,国民政府颁布《工商法》,规定:工商同业公会为设立商会的发起单位,并为商会的会员。同年8月17日,又公布《工商同业公会法》,规定"凡在同一区域内经营各种正当之工业或商业者均得设立同业公会",公会"以维持增进同业之公共利益及矫正营业之弊害为宗旨"。该法最后还规定:"本法施行前原有之工商各业同业团体,不问其所用公所、行会、会馆或其他名称,其宗旨合于本法第二条所规定者,均视为依本法而设立之同业公会,并应于本法施行后1年内依照本法改组。"清末民初传统的会馆、公所逐渐被"近代化"的同业公会所取代。1930年7月25日,工商部又修正公布《工商两业公会法实施细则》。到1931年全国工商同业组织的名称趋于统一,一般称之为同业公会,改变同一区域内一业多会的格局,同时南京政府加强对同业公会的控制,同业公会的整理和改选都须受到国民党各地方党部、地方政府社会局的监视,当选董事或委员还必须宣誓服从国民党。至此,会馆公所等传统商人团体退出中国社会生活,而代之以由国家法律直接规制的近代新式商人团体——同业公会。[1]

---

① 彭南生:《行会制度的近代命运》,人民出版社2003年版,第89—97页。

根据国家的法律规定及要求,民国时期,宁波工商两业商户纷纷组织同业公会,以公会会员资格加入商会。至 1931 年,宁波一地改组成立的同业公会有 70 个,会员 2731 家。次年制定的《浙江省宁波商会章程》规定:同业公会为商会的下属组织,依法加入商会为商会的团体会员(见表 3-1)。

表 3-1　1932 年宁波商业同业公会一览

名称	会址	成立时间	会员人数	备注
织造业同业公会	聚奎庙	1930 年 11 月	113	
西药业同业公会	二境庙	1931 年 1 月	36	
海味业同业公会	双街	1931 年 1 月	3	
竹业同业公会	华楼庙	1931 年 1 月	8	
筒花业同业公会	棒花桥	1931 年 1 月	91	
当业同业公会	冲虚观前	1931 年 1 月	3	
医园同业公会	迎春弄	1931 年 1 月	47	
肉业同业公会	双街	1931 年 1 月	56	
钱业同业公会	钱业会馆	1931 年 1 月	97	
草帽业同业公会	江北岸外滩	1931 年 1 月	38	
铁行业同业公会	太保庙	1931 年 1 月	34	
绸布业同业公会	国医街	1931 年 1 月	75	
水果地货业同业公会	崔衙前	1931 年 1 月	37	
鲜咸业同业公会	双街	1931 年 1 月	25	
篾竹业同业公会	鲁班殿	1931 年 1 月	117	
桶钵业同业公会	鲁班殿	1931 年 1 月	56	
闽广拆兑业同业公会	滨江庙	1931 年 1 月	33	
药业同业公会	连山会馆	1931 年 1 月	65	
南北糖货业同业公会	滨江路	1931 年 1 月	21	
川广杂货业同业公会	崔衙前	1931 年 1 月	19	
米店同业公会	西殿庙街	1931 年 2 月	85	
洋广货业同业公会	桃花渡	1931 年 2 月	43	
纸店业同业公会	扒沙巷	1931 年 2 月	51	
人力车业同业公会	开明街	1931 年 2 月	25	

续表

名称	会址	成立时间	会员人数	备注
闽货业同业公会	福建会馆	1931 年 2 月		
米业同业公会	双街	1931 年 2 月	87	
木器妆业同业公会	九如坊	1931 年 2 月	107	
报关业同业公会	同兴街	1931 年 2 月	52	
棉业同业公会	建船厂跟	1931 年 2 月	24	
参燕业同业公会	崔衙前	1931 年 2 月	20	
煤炭业同业公会	水陆财神殿	1931 年 2 月	22	
卷烟业同业公会	廿条桥	1931 年 2 月	71	
烛箔业同业公会	东门后街	1931 年 2 月	39	
油庄业同业公会	宫前	1931 年 2 月	22	
提庄业同业公会	旗杆夹街弄	1931 年 2 月	35	
板木业同业公会	大梁街	1931 年 3 月	37	
钟表眼镜业同业公会	东大街	1931 年 3 月	37	
糖色熟货业同业公会	大衙头	1931 年 4 月	30	
染坊业同业公会	毓嘉庙	1931 年 4 月	20	
南货店业同业公会	协忠庙	1931 年 4 月	25	
鲜咸货铺业同业公会	全家湾	1931 年 4 月	85	
油酒杂粮业同业公会	同兴街	1931 年 4 月	25	
五金业同业公会	东大街	1931 年 4 月	18	
铜锡器业同业公会	西马弄	1931 年 4 月	39	
茶漆业同业公会	后市	1931 年 4 月	33	
新衣业同业公会	济神庙跟	1931 年 4 月	30	
建筑业同业公会	南昌弄	1931 年 5 月	22	
靛青颜料业同业公会	毓嘉庙	1931 年 5 月	16	
烟酒杂货零售业同业公会	三角地	1931 年 5 月	59	
内河汽船业同业公会	大河桥	1931 年 6 月	25	
瓷器业同业公会	灵桥门	1931 年 6 月	35	

续表

名称	会址	成立时间	会员人数	备注
磨坊业同业公会	后塘街	1931 年 6 月	29	
门庄南北货业同业公会	崔衙前	1931 年 6 月	15	
砖瓦石炭业同业公会	新河头	1931 年 6 月	41	
冰厂业同业公会	三官堂	1931 年 7 月	39	
国药铺业同业公会	君子街	1931 年 7 月	112	
席业同业公会		1931 年 7 月	24	
装池业同业公会	药行街	1931 年 7 月	22	

资料来源:宁波市工商联合会(总商会)志编纂委员会:《宁波市工商联合会(总商会)志》,内部发行,2005 年。

日本侵华战争爆发后,全国商会组织的发展也遭到极大的破坏。1941年 4 月,日军攻占宁波。宁波沦陷后,同业公会的活动一度也被迫停止。为了拉拢商界人士,收买人心,同时也是为了便于控制商业活动,攻占宁波后不久,日伪政权又派人组织同业公会,但此时的同业公会已经完全沦为了供日伪政权驱使利用的工具。

抗日战争胜利以后,宁波同业公会的活动又重新恢复到正常的发展道路上来。1945 年 9 月,国民党鄞县县党部整顿和恢复全县(也即宁波全市——编者注)71 个同业公会。[①] 经过整顿恢复改组,至 1946 年时宁波有同业公会 86 个,见表 3-2。

表 3-2　1946 年年初宁波商业同业公会一览

同业公会名称	会址	负责人	会员总数	成立时间	备注
棉织工业同业公会	泥桥街 34 号	斯赤文	213	1945 年 11 月 5 日	
贩冰商业同业公会	纸业公会内	余宝裕	24	1945 年 11 月 3 日	
蔬菜商业同业公会	十一真巷 3 号	唐瑞福	27	1945 年 11 月 20 日	
旅馆业同业公会	外马路 43 号	丁祥发	70	1945 年 12 月 12 日	
建筑业同业公会	大沙泥街 164 号	莫瑞鹤	144	1945 年 12 月 8 日	
薪炭业同业公会	莫家弄 38 号	王子夏	81	1945 年 12 月 9 日	
书籍文具业同业公会	中山西路 32 号	叶升	56	1945 年 12 月 10 日	

①　鄞县地方志编纂委员会:《鄞县志》,中华书局 1996 年版,第 1036 页。

续表

同业公会名称	会址	负责人	会员总数	成立时间	备注
粮食商业同业公会	护城巷 42 号	林渭珊	225	1945 年 12 月 12 日	
鲜咸经纪商业同业公会	江厦街 111 号	陈松祥	43	1945 年 12 月 14 日	
机器工业同业公会	和栈路 1 号	徐在铭	64	1945 年 11 月 15 日	
人力车商业同业公会	东桥街 89 号	沈崇彰	34	1945 年 12 月 24 日	
水果地货业同业公会	咸塘街 11 号	徐世德	45	1945 年 12 月 20 日	
铜锡业同业公会	旗杆巷 57 号	穆子正	80	1946 年 1 月	
丝光漂染业同业公会	尚书巷 146 号	朱源祥	30	1945 年 12 月 30 日	
纱布绸缎业同业公会	泥桥街 34 号	朱维官	279	1946 年 1 月 13 日	
报关业同业公会	同兴巷 2 号	翁和	89	1946 年 1 月 12 日	
磨坊麸业同业公会	镇安巷 28 号	陈和卿	66	1946 年 1 月 12 日	
鲜咸商业同业公会	百丈路公日兴内	张信康	78	1946 年 1 月 16 日	
针织业同业公会	后市街 12 号	张开祥	50	1946 年 1 月 17 日	
参燕商业同业公会	崔衙街 12 号	蒋有楞	17	1946 年 1 月 15 日	
瓷器业同业公会	东渡路 76 号	朱联元	46	1946 年 1 月 21 日	
农庄业同业公会	中山东路 61 号	鲍松友	163	1946 年 1 月 18 日	
牛骨业同业公会	濠河街 1 号	薛长鹤	22	1946 年 1 月 21 日	
卷烟火柴皂烛业同业公会	石碶闸街 157 号	许仁赓	488	1946 年 1 月 24 日	
理发业同业公会	濠河街 11 号	唐长生	104	1946 年 1 月 30 日	东华理发店内
竹器业同业公会	药行街	吕高元	47	1931 年 1 月 29 日	
成衣业同业公会	英烈街 49 号	潘匡宏	132	1946 年 1 月	
竹业业同业公会		江圣棠	81	1946 年 1 月	奉化同乡会内
钢船业同业公会		陈春甫	30	1946 年 1 月	
糖坊业同业公会	演武街 84 号	叶伟民	60	1946 年 1 月	
箔铺业同业公会	后田洋巷 20 号	杨德昌	48	1946 年 1 月	

续表

同业公会名称	会址	负责人	会员总数	成立时间	备注
酱园业同业公会	天妃宫前	应祖祺	28	1945 年 11 月 10 日	成泰隆油栈
钱庄业同业公会	战船街	应彭年	36	1931 年 1 月 27 日	钱业会馆内
照相业同业公会	外马路 12 号	袁珠为	27	1946 年 1 月	
贳船业同业公会	毛家弄 13 号	吴昌成	26	1946 年 1 月	
自由车商业同业公会	大来街 18 号	陈采中	49	1935 年 9 月 4 日	
烛箔业同业公会	濠河街 234 号	周启泰	57	1931 年 2 月 4 日	
牲畜业同业公会	护城巷 44 号	商逢斌	30	1931 年 2 月 4 日	
颜料业同业公会	新街 49 号	宋鹤昌	29	1931 年 6 月 4 日	
烟叶杂货业同业公会	灵桥路 172 号	范贤豪	36	1931 年 6 月 6 日	
五金业同业公会	东渡路 20 号	钟礼法	98	1931 年 4 月 21 日	
鞋草业同业公会	东大路 33 号	金悦深	36	1946 年 1 月 20 日	
染坊业同业公会	新街 49 号	李文祥	15	1931 年 4 月 14 日	
酿酒业同业公会	公园路	郭东明	70	1946 年 1 月 20 日	
酒行业同业公会	后塘街 49 号	陈博权	32	1946 年	
植物油业同业公会	望江街成泰隆油栈	陈启棠	57	1946 年 1 月	
制草业同业公会	碶闸街	陈克家	36	1946 年 1 月	
轮船业同业公会	外马路 18 号	周大烈	36	1946 年 1 月	
钟表眼镜业同业公会	后市街 12 号	毛志峰	31	1945 年 12 月 11 日	
棉花业同业公会	战船街 31 号	周安国	69	1945 年 12 月 12 日	
木器庄整业同业公会	咸塘街 44 号	张松庚	122	1945 年 12 月 28 日	
菜馆饭店业同业公会	车桥街 176 号	温良	60	1945 年 12 月 25 日	
肉商业同业公会	护城巷 14 号	吴德财	27	1945 年 12 月 31 日	
银行业同业公会	外马路四明银行	俞佐宸	39	1945 年 12 月 31 日	
烟厂工业同业公会	碶闸街 157 号	许仁庚	29	1945 年 12 月 31 日	
新药业同业公会	后市街 12 号	张恩才	31	1931 年 1 月 20 日	

续表

同业公会名称	会址	负责人	会员总数	成立时间	备注
典当业同业公会	老城隍庙长泰当	吴仲虞	48	1931 年 1 月 24 日	
纱厂工业同业公会	护城巷	俞佐宸	20	1946 年 1 月 20 日	
硝制皮毛业同业公会	九路里 6 号	忻谒兴	26	1946 年 1 月 20 日	
罐头食品业同业公会	江厦街 111 号	朱绪康	25	1946 年 1 月 20 日	
草席业同业公会	大道头	蒋立根	254	1946 年 1 月 22 日	
国药行号业同业公会	君子街 16 号	许翰香	47	1946 年 1 月 25 日	
纸业同业公会	大沙泥街	梁茂耀	175	1946 年 1 月 26 日	
百货业同业公会	车桥街 62 号	徐玉麟	318	1946 年 1 月 26 日	
糖北货业同业公会	滨江路 20 号	陈传宗	127	1946 年 1 月 28 日	
银楼业同业公会	东大路方聚元内	丁康镇	48	1946 年 1 月 30 日	
中药铺业同业公会	开明街积善堂内	林荣麟	64	1946 年 1 月 30 日	
水货行业同业公会	滨江路 72 号	郑继林	9	1946 年 1 月 30 日	
电器业同业公会	和义路 112 号	袁士华	84	1946 年 1 月 30 日	
印刷业同业公会	咸塘街来安会内	严仁信	41	1946 年 1 月 30 日	
南北帆运业同业公会	外马路 19 号	陈达夫	58	1946 年 1 月 30 日	
板木业同业公会	大梁街 75 号	郑传预	31	1931 年 2 月 4 日	
盐商业同业公会	木行路 1 号	楼耀卿	43	1946 年 1 月	
新法洗染商业同业公会	东大路	叶良昌	41	1946 年 1 月	
机制服装商业同业公会	大来街	沈崇新	518	1946 年 1 月	
糖果食品商业同业公会	后市街	楼如春		1946 年 1 月	
土产杂货商石板行业同业公会	江北二横街	顾松年		1946 年 1 月	
棉纱商业同业公会	棉纱市场内	童庆祥		1946 年 1 月	
机器碾米商业同业公会	黄古林			1933 年 7 月	
石板行业同业公会	砅桥			1935 年 7 月	

续表

同业公会名称	会址	负责人	会员总数	成立时间	备注
茶食批发商业同业公会	太平巷			1935 年 7 月	
茶漆业同业公会	后市			1931 年 5 月 8 日	
民信业同业公会	宫前			1931 年 6 月 15 日	
磨坊业同业公会	后塘街			1931 年 6 月 17 日	
砖瓦石灰业同业公会	新河头		41	1931 年 6 月 28 日	
西式木器业同业公会	廿条桥		44	1931 年 7 月 20 日	

资料来源:宁波市工商联合会(总商会)志编纂委员会:《宁波市工商联合会(总商会)志》,内部发行,2005 年。

1949 年 5 月宁波解放前夕,市区有 8 个工业同业公会,会员 259 户,51 个商业同业公会,会员 2350 户。[①]

(二)关于民国时期宁波同业公会"点"的考察

民国时期宁波同业公会"点"的考察,就是从某一个"点"出发,去审视和考察民国时期宁波同业公会的发展状况。基于对民国时期宁波同业公会发展状况的认识,我们选择以"宁波钱业公会"作为考察的"点",以此来进一步剖析和加深对民国时期宁波同业公会发展状况的认识。

选择以"宁波钱业公会"作为我们考察的"点",是因为在宁波众多同业公会中,钱业公会占有十分重要的地位。曾经担任宁波商会主席委员的俞佐宸就是来自于钱业公会的代表。除此之外,曾在宁波商会中担任要职的毛秀生、包友生、周宏生、余楣良、史祖安等均属于来自于钱业公会的代表。由此可见,宁波钱业公会在整个同业公会群体中地位的显赫。宁波钱业公会之所以具有这么显赫的地位,是和晚清以来整个宁波钱庄业或者金融业的快速发展密不可分的。自近代以来,宁波钱庄业得到迅速发展。段光清曾写道"宁波生意钱业最多,亦惟钱业生意最大"[②]。到宣统末年,宁波有大

---

① 宁波市工商联合会(总商会)志编纂委员会:《宁波市工商联合会(总商会)志》,内部发行,2005 年,第 129 页。

② 段光清:《镜湖自撰年谱》,人民出版社 1960 年版,第 82 页。

小同行六七十家。① 36 家大同行大部分集中在江厦街,因此江厦街又被称为钱行街。我们以平均每家大同行资产规模 30 万元来估算,则江厦一地,在 19 世纪六七十年代所拥有的财富总量在 1000 万元,那么在当时的中国是不存在一条短促的街道集中有如此多的财富的。宁波谚语"走遍天下,不及宁波江厦",其意义就是如此。② 可以说宁波在当时已经成为全国重要的金融中心,其影响力远在上海之上。宁波民谣"江厦街,钱庄多,放账放到上海港",就是当时场景的生动写照。

　　如前面所述,宁波钱庄业在民国以前即有较大的发展。在此之前,宁波钱庄业已经成立有钱庄业的封建行会组织。据考证,在清同治三年(1864)宁波钱业同业组织形式称为钱业会商处,在江厦一带滨江庙设有公所。至于钱业会商处最早产生于什么年代已经无法做出准确的考证。钱业会商处后毁于兵火,于 1862 年由钱庄业筹资重建。到民国十二年(1923)因原有公所"湫隘不足治事"乃购置建船厂(今战船街)跟"平津会"房屋及基地一方,

---

　　① 同行制度是宁波钱庄一大显著特征,它不同于从唐宋以来存在千年之久的业缘性组织,而是指按业务交易性质予以区别划分的不同类型与业务特征的钱庄组织。它不是面向所有的钱庄开放,而是只有那些具备条件、信用较好、业务性质接近、资本实力较强的钱庄相互之间形成的同业自律性自治团体。近代宁波钱庄根据其规模、信用、业务重点等不同被划分为不同的种类,大同行和小同行就是其中的两种类型。第一类,大同行钱庄。它们资本雄厚,业务量大,以提供授信为主要业务依托,为客户提供开户结算,并与其他大同行钱庄一起,形成一个同城范围内的结算体系,使得在同城中的任何一家大同行开户的客户之间的清算交易得以完成。进入大同行体系的钱庄,不仅要自己提出申请,同时也须经两家原为大同行的钱庄的介绍,更要经过其他大同行钱庄的资格考核和评议,包括资本、信用度、风险控制、业务量等。第二类,小同行钱庄。小同行之间也形成同业组织。但小同行钱庄是不能直接参加或进入大同行钱庄组织的。它也具备"布鲁日银行"的性质,也能为客户提供开户和转账结算,开具有效的票据,提供工商信贷和国内汇兑。但它是二级交换商,即必须通过大同行中的一家,并以该大同行钱庄的名义完成同城结算交换。小同行钱庄与大同行钱庄的不同之处,还在于小同行钱庄有时还兼营货币兑换业务。另外,它是钱业市场里货币兑换市场的主角,但没有资格直接成为规元市场的交易商,交易也是要委托大同行钱庄进行。参见陈铨亚:《中国本土商业银行的截面:宁波钱庄》,浙江大学出版社 2010 年版,第 54—55 页。

　　② 陈铨亚:《中国本土商业银行的截面:宁波钱庄》,浙江大学出版社 2010 年版,第 35—36 页。

兴建新会馆,即现在的钱业会馆,于1926年建成竣工。① 宁波钱业会馆是昔日宁波金融业聚会、交易的场所,自建成后就长期作为宁波钱庄业的活动中心。

1928年,宁波钱业会馆改组为宁波钱业公会,重新制定了钱业章程,并且制定了新的营业规则。在公会会员方面,钱业章程规定"凡同业汇划各庄皆得为会员"。由此可见,1928年的钱业章程将钱业公会的会员局限于汇划钱庄(大同行),小同行被排斥在公会之外。新设钱庄及小同行转为大同行申请入会的,需要两个会员介绍。在钱业公会的内部治理上,章程规定,设立委员十五人,常务委员三人,主任委员一人,任期四年。每两年改选一半,不得连任。会员大会每年举行两次,于二、八月定期召集。委员会每月三次,时间由常务委员会自定。在公会职责方面,章程主要列举了六项:(1)联合同业,研究业务及经济事项的进步;(2)促进同业的发展;(3)谋金融的流通,保市面的安全;(4)评议或调解同业间的争执;(5)同业因商事行为有必要的请求,得呈请政府或商会办理;(6)其他同业事项。

1931年,宁波钱业公会再次修改章程,不分大小同行均可参加同业公会成为会员,原小同行的永久会即行解散,因为宁波市撤销,名称也改为鄞县钱业同业公会。

1941年,宁波沦陷后,宁波钱业同业公会的活动一度也被迫停止。后为了拉拢商界人士,收买人心,日伪政权又派人组织宁波银钱业同业公会,开始共有24家成员钱庄,无1家银行,后来有50家钱庄参加。

抗日战争胜利后,宁波钱庄业工业公会被批准复业。1946年8月,批准复业的18家钱庄公开举行战后第一届会员大会,重新修订公会章程和营业

---

① 宁波钱业会馆现位于宁波市区东门口不远处的战船街10号。该馆始建于民国十四年,是一座占地1500余平方米,前后二进,由亭台楼阁、园林组成的中西式砖木结构建筑。其建筑风格别具特色:前进廊舍环绕;两旁石刻、碑记;中有戏台;后进议事厅,是旧时宁波金融业最高决策地。厅前亭园花草,清静幽雅,是全国唯一保存完整的钱庄业的历史文化建筑。会馆内环境幽雅,水陆交通方便。1994年9月在钱业会馆原址,建成了"宁波钱币博物馆",成为全国中等城市唯一的一家展品门类较为齐全的专业性的钱币博物馆,展出面积160平方米,在馆内陈列着从贝、布、刀、环到清朝银洋的各类历史钱币1999枚,其中有镴质抗币及金质"隆兴通宝"等珍品。展品内容包括货币的起源、铢两钱、通宝钱、港城通用的邻国货币、浙东抗币五大部分,基本按历史年代顺序排列,既有通史性质,又突出宁波港城的特色,上溯4000年前的商周、下涉民国抗战时期,这对于宣传宁波的历史、弘扬祖国的货币文化,具有重要的历史意义。2006年6月,宁波钱业会馆被国务院公布为第六批全国重点文物保护单位。

规则,并改名为鄞县钱商业同业公会,是宁波总商会的团体会员。1947 年,全国钱业联合会成立,宁波钱庄业作为团体会员,有 7 人当选为理事。[①]　参见表 3-3。

表 3-3　1931 年起钱业公会历任负责人及理监事名单[②]

第一届(1931 年 1 月)

主席	俞佐宸				
常务委员	周巽斋	毛秀生	张善述	陈光浴	
委员	胡景庭	周慷生	戴菊舲	余楣良	陈元晖
	赵时泉	孙性之	包友生	林梦飞	赵恩琯

第二届(1933 年 3 月)

主席	毛秀生				
常务委员	张善述	周巽斋	包友生	余楣良	
委员	朱永康	夏锦飔	孙性之	戴菊舲	阮雪岩
	方济川	丁进甫	周慷夫	周祥麟	赵时泉

第三届(1935 年 4 月)

主席	林梦非				
常务委员	徐子经	周祥麟	朱旭昌	应彭年	
委员	朱永康	夏锦飔	孙性之	戴菊舲	阮雪岩
	方济川	钱永万	陈明霞	丁进甫	陈之京

第四届(1940 年 1 月)

主任委员	徐子经				
常务委员	俞佐宸	周慷夫	孙性之	周祥麟	
委员	阮雪岩	郑传镛	洪鲁泉	王启堂	秦鱼介
	唐仙芝	陈友恒			

---

①　陈铨亚:《中国本土商业银行的截面:宁波钱庄》,浙江大学出版社 2010 年版,第 59—60 页。

②　陈铨亚:《中国本土商业银行的截面:宁波钱庄》,浙江大学出版社 2010 年版,第 60—62 页。

续表

沦陷时期（1941 年 8 月）				
理事长	徐文星			
常务理事	董开甫	蔡金乾		
理事	蔡和生	袁广铨	沈德甫	余哉卿	董庆甫
	茅普亭			
候补理事	曹良芳	张静滨	严厚坤	胡士祥	
监事	贺圭田	任大成	吴德甫		
候补监事	郑秀春			

沦陷时期（1944 年）				
理事长	余顺安			
常务理事	胡士祥	贺性忠	王敦卿	邱绍志	
理事	董庆甫	严厚坤	刘介眉	蔡同浩	周有范
	陈祥麟			
监事	茅普亭	邵敦靖	王焕章	吴纯卿	

战后第一届（1946 年 8 月）				
理事长	应彭年			
常务理事	周慷夫	贺性忠	吴纯卿	孙庆增	
理事	朱旭昌	张静远	严厚坤	王敦卿	周有范
	胡松元	吴永堂	郑传镛	王桂贞	张润之
监事	邵敦靖	邵禹卿	洪鲁泉	孙祥康	胡振德
	陈廷禹	包文性		
候补理事	王怀珍	范振珺	陈念慈	裘天麟	蔡怡芳
	龚儒卿			
候补监事	张静滨	王炳炜	范景澜		
顾问	徐子经	俞佐宸	胡景庭	孙性之	金臻庠
	张 超			

战后第二届（1949 年 3 月）				
理事长	应彭年			

续表

常务理事	周慷夫	贺性忠	孙庆增	徐文星	翁季章
	王有容				
理事	邱绍志	马立祥	胡松元	吴律声	吴永堂
	周有范	严厚坤	刘忠德	孙祥康	李秉甫
	茅普亭	冯梯云	洪鲁良	吴纯卿	
常务监事	陈谋琮	毛秀生	王炳炜		
监事	包文性	丁树东	徐丕式	胡振德	陈念慈
	邵敦靖	范景澜	范定册		
候补理事	张静远	沈家梁	宋信海	张振鹤	邵禹卿
	吴德甫	徐泉笙	俞安国	邵新裕	
候补监事	王敦卿	陈裕高	裘天麟	李国祥	毛信达

（三）关于民国时期宁波同业公会发展的总评

通过对民国时期宁波同业公会"面"和"点"的考察，我们可以清晰地看出民国时期宁波同业公会组织的发展脉络。同业公会作为近代中国工商业者的新型社团组织，它的产生也是中国行业组织从传统的行会向现代工商同业组织转变的一个重要标志。同业公会以"维持同业公共利益，矫正营业之弊害"为宗旨，发挥联合同业研究业务及经济事项之进步，促进同业发展，保障市面安全，评议和调解同业之间的争执，应同业因商事行为有必要之请求而呈请政府或商会办理等各种职能。同业公会明显不同于传统的行会，是资产阶级性质的新式行业自治与管理组织；同业公会具有开放性、自愿性、民主性，就经济职能而言，近代工商同业公会已摆脱行会的封闭性，它主要是利用资本主义的经济杠杆维护资产阶级的整体阶级利益，其经济职能表现出资本主义竞争机制的特征。但同时还应该注意的是，在近代中国新旧杂陈的转型过渡时期，许多新生的事物都或多或少地在某些方面保留着旧的残余，不仅旧中有新，而且新中亦有旧。同业公会也是如此，它虽属近代新型工商同业组织，但也保留着某些旧式行会的特色。①

---

① 朱英：《近代中国商会、行会及商团新论》，中国人民大学出版社 2008 年版，第284 页。

三、民国时期异地宁波商会组织的发展

民国时期宁波商人在异地并无设立直接含有"宁波商会"等字样的异地商会组织。但民国以前就已经在上海、汉口、北京等地存在的宁波会馆、公所等组织,乃至后来发展起来的宁波同乡会等组织,暂时承担了当时宁波在异地商会的部分角色与职能。与此同时,宁波商人也积极在异地组织和参与设立同业公会,以维护和促进旅居异地的宁波商人的利益及发展。宁波帮人士在异地成立的会馆、公所、同乡会等组织虽然不能直接将其等同于宁波异地商会,但其部分发挥了宁波异地商会的职能却也是不争的事实。其中宁波帮人士在外地设立的同业会馆、公所则更是与商业息息相关。如旅居苏州的宁波煤炭商人曾创立坤震公所,以制定行规,协调沟通同业行为。

关于宁波在各地设立的会馆、公所以及同乡会的性质,学界有着不同的认识。有学者认为不能将其看作专为商人或商业服务的性质。宁波四明公所等组织是以寄棺葬孤为最初志向的。"是举倡于嘉庆二年丁巳,首事钱君随,费君元圭,潘君凤古,王君忠烈等,合四明同乡之从宦、服贾于兹土者,以金钱三百六十文为一愿,量力相助,买地北郊,广袤三十余亩为义冢。"此后不断置地、建庙,扩大规模。从清末到民国,上海旅沪宁波人创办的四明公所快速扩展,这是越来越多的宁波人客居上海的表现,同样也是其中贫苦商民越来越多的表现。在光绪十二年的《四明公所长生会章程碑》中说,虽然公所 20 年来积有余资,并且购买了市内 13 处商铺房产,收取利息,资助贫苦的同乡入殓安葬,但是因为"近年赊领棺木者尤多,每岁不得不仍向同乡中募劝醵资,玉成其事"。到了民国以后,四明公所的规模扩展很快,不仅在上海,在宁波、慈溪等地都购置了义山、义冢,以安葬从上海运回的棺枢,但公所业务的种类没有扩展。1919 年《上海四明公所己未年修订章程》第一章宗旨里说:"本公所以建丙舍、置义冢、归旅榇、设医院等诸善举为宗旨。"直到 20 世纪 30 年代的《四明公所甬北支所碑记》中,四明公所对于自己的定位也仍然还是一个丧葬组织:"四明公所者,吾郡人客死丛殡之所。"[①]综上所述,上海的四明公所虽然是一个典型的同乡组织,它集合了在上海各行各业中的宁波人,但其主要职能是助葬,而非商业事务。也就是说,四明公所无疑是一个同乡组织,但却并非一个同乡商人的组织。在经过了晚清以来从

---

　① 《四明公所甬北支所碑记》,载金普森、孙善根:《宁波帮大辞典》,宁波出版社 2001 年版,第 417 页。

同乡会馆到同业会馆/公所的分化和转变以后,同业公所在清末民国重新聚合在一个更大规模的同乡组织之下。这似乎看起来是一个人类历史"螺旋式上升,波浪式前进"的个案,但事实上最后形成的仍然不是一个地域性的商人机构。直到民国后期,传统的以助葬为主要业务的同乡会馆,逐渐被职能更为广泛的同乡会取代。1945年修正的《宁波旅沪同乡会章程》所规定的"本会事业"已经有八项之多:"甲:关于同乡职业调查及统计事项。乙:关于同乡子女教育及社会教育事项。丙:关于同乡之救助事项。丁:关于改进同乡习俗事项。戊:关于提倡学术,增进知识事项。己:关于同乡之职业介绍事项。庚:关于促进本乡建设事项。辛:其他关于同乡之福利事项。"这个职能扩展的大型同乡机构,尤其体现出它为一个移民社会服务的性质,而非专为商人或商业服务的性质。①

虽然不能将四明公所、宁波同乡会等组织完全等同于宁波在异地设立的商会组织,但如若认为其完全和商业及商人无关却也是难于合乎历史事实的。全汉升就曾经指出会馆"一面是同乡的团体,一方面是同业的组合,可说是同乡的行会"。

首先从其会员来讲,宁波在外地设立的会馆、公所及同乡会组织虽不以商人为限,但外地经商的宁波籍商人在其中具有极其重要地位这是公认的事实。在四明公所、宁波旅沪同乡会等组织中担任领导职务的严筱舫、叶澄衷、虞洽卿等人均为上海商界赫赫有名的宁波帮人士,这些人在后来的上海总商会中也占据要职。在北京,民国时期宁波帮裁缝异军突起。20世纪二三十年代,在北京名气较大的西服庄无一不是宁波人开的。1935年鄞县同乡会会员314人中有115人从事西服业,占鄞县同乡人数的36.6%;奉化同乡会会员64人中有48人从事西服业,占奉化同乡人数75%。王府井"源泰兴"西服庄经理俞英勋曾任宁波同乡会会长,连北京西服业同业公会也曾经设在宁波会馆内。除商人作为单个会员加入其中外,甚至于以同业团体加入其中或者积极帮助会馆、公所发展的例子也并不少见。清道光十一年(1831)竖立的《浙绍公所捐置义地姓氏碑中》,除了有数百商人个人以及商号的名字外,还有"浙绍豆业""浙绍炭业""浙绍钱业"等地缘性的专业商业公会捐款。上海四明公所大约从清末开始不断吸收宁波籍的同业公所,最终成为庞大的同乡机构。例如,光绪三十一年(1905),宁波在沪肉业同人的诚仁堂并入四明公所;光绪三十四年(1908),竹业同新会、铜铁机器业永生

---

① 杜正贞:《浙商与晋商的比较研究》,中国社会科学出版社2008年版,第41—47页。

会将会款注入四明公所;宣统二年(1910),马车漆业的议胜会注款入四明公所;民国二年(1913),在上海的宁波木业同行创立的长兴会并入四明公所。①宁波旅沪同乡会也包括一大批行业性的分会,诸如:钱业公会(钱业)、诚仁堂(肉业)、同新会(竹业)、议胜会(马车漆业)、同善会(水产业)、崇德会(海味业)、济安会(酱酒业)、喻义堂(药材业)、永济社(洋货业)、五金公会(五金业)、永兴会(南货业)、同义会(银楼业)等。这些以同乡商人或商人组织为主的团体组织,参加会馆、公所、同乡会的目的自然不仅仅止于商业,但若说其完全不会利用会馆、公所、同乡会组织拓展商业、从事商业之活动则着实难以让人信服。从清初浙江商人在北京建立的正乙祠碑记看,以正乙祠为中心的浙绍会馆不仅经常举行同乡商人之间的宴会,而且还是商人们洽谈生意的场所。②《重修正乙祠碑记》写道:(修建正乙祠)以奉神明,立商约,联乡谊,助游燕也。③

其次,这些会馆、公所、同乡会组织在一定程度上发挥了协调商业、促进同乡商业发展以及解决商业纠纷之功效。宁绍商人于1909年在苏州创建的坤震公所既是一个同业组织,又是一个同乡组织。它是一个集地域性和行业性为一体的商人组织,志在解决同乡商人之间的恶性竞争。坤震公所的碑记中曾这样描述公所的职能。

> 窃经营商业,首重公平,故各业皆有社会,创立公所,由董事组织,评定甲乙,价目公道,贸易庶几有条不紊进行,发达之端,关乎商业兴旺之一大宗旨也。惟吾业煤炭,皆系籍隶宁、绍,在苏开张者多。因同业行规之举未成,致多失败。揆情实由同业参差,因无公定规则,售价不一,甚有巧计营生,或跌价放秤,兜揽生意;或次货混充,欺谎买客。种种技巧,奸伪百出。贪图目前之小利,不顾永远之大局,信实全失,致买客疑窦丛生。外负重利之虚名,内受亏蚀之实害。况来源货价日增,近时销路日减。似此互相倾轧,受耗无穷。以致亏本倒闭者,年有所见。睹此现象,大有江河日下之势。若不亟为整顿,受害伊为胡底。不得已爰集同人,从长计议。决定公平规则,同业皆愿遵守。立有范围,可绝奸巧,使买客知而见信,吾业方免负累。正当贸易,两有裨益。今集同人,公共一心,决定同行规则。并议各店售煤炭,每担提钱二文,集数建

---

① 杜正贞:《浙商与晋商的比较研究》,中国社会科学出版社2008年版,第43页。

② 杜正贞:《浙商与晋商的比较研究》,中国社会科学出版社2008年版,第28页。

③ 李华:《明清以来北京工商会馆碑刻选编》,文物出版社1980年版,第11—14页。

立公所,筹备同业公益善举之用。①

至于这些宁波会馆、公所、同乡会在宁波籍商人遇到商业上的困难时,出手相助,为其出头,帮助其渡过难关的例子,更是不胜枚举。如民国初期,宁绍轮船公司与太古轮船公司争夺上海至宁波航班,宁波同乡会还专门成立宁波维持会,酿资资助宁绍轮船公司,并使之在竞争中获胜。20世纪初,沪甬航线由英商太古、轮船招商局及法商东方公司所垄断经营,船资昂贵。1909年,虞洽卿邀集陈薰、严义彬、方舜年等宁绍同乡,在上海发起创办宁绍轮船公司以示抵制,虞洽卿任总经理。宁绍公司初创之时,在汉口、北京及天津等国内主要商埠进行招股。公司股票上印有"爱国爱乡"四字,宁绍同乡和各界人士无不踊跃认股(汉口招股的负责人为史晋升)。公司正式营业后,原来沪甬线上的几家航运公司采取跌价手段,企图扼杀新生的宁绍公司。面对如此危境,虞洽卿倡议组织宁绍航运维持会,又发动宁波同乡竭力支持公司的运营。在宁波商帮的通力协助下,宁绍公司成为"以华商名义,使用大型轮船,面对外国侵略者强大竞争压力,在一条航线上坚持下来,取得胜利的第一家民族轮船企业"②。

综上所述,笔者认为民国时期宁波帮人士在异地成立的会馆、公所、同乡会等组织,特别是行业会馆、公所,虽然不能直接将其等同于宁波异地商会,但其在一定程度上部分发挥了如今日宁波异地商会组织的部分职能。

四、民国时期宁波商会组织的治理结构

商会组织的治理结构是商会能否有效运作的重要保证,也是判断商会发展阶段的重要指标之一。在内部治理制度方面,近代中国工商同业公会的组织制度主要经历了司月制、会董制、执监委制等三种形态。③

第一,司月制。司月制是传统会馆、公所的基本组织制度,多为清末民初处于过渡中的一些同业公会所采用。由于生产规模较小和市场范围有限,会馆、公所的组织形式往往十分简单,通常仅推司年、司月和执事各一个以管理内部事务。内部机构的设置不但不健全,而且分工也不甚严密。对

---

① 苏州历史博物馆等:《明清苏州工商业碑刻集》,江苏人民出版社1981年版,第275—279页。

② 宁波市政协文史委员会:《汉口宁波帮》,中国文史出版社2009年版,第147—150页。

③ 郑成林:《近代中国工商同业公会的组织制度与治理结构》,《洪范评论》第3卷第1辑,第121—124页。

外方面仅推举代表居职。清末，《湖南长沙书业条规》规定，"择举总管值年，必须股实老成，方可充理，每岁更换，轮流交接"。大多会馆、公所对于组织机构的规定也限于此，可以说，会馆、公所还未形成专项性的办事机构，而只存在办事人。

第二，会董制。民国初期，以各大通商口岸为中心的一些地区的公馆、会所发生蜕变，新的同业公会产生。同业公会在入会资格方面较前者宽松，会员数量激增。同时，由于行业发展遭遇了各种困难，使得当时同业公会的团体意识逐渐增强，同业公会在组织设置方面也随之日益完备。从1918年《工商同业公会规则》及施行办法颁布到20年代初的工商同业公会多采取"会董制"，即由总董总揽其事，协董与董事分担其责，董事数量则视会员多少与事务多少而定。《工商同业公会规则》要求各业成立同业公会必须对名称、宗旨、职员、会议、经费等做明确的规定。1927年11月21日农工部公布的《工艺同业公会规则》也做出了类似的规定，规定工艺同业公会必须设立事务所，并置会长、副会长以及董事10～20人。与司月制相比，会董制分工更为明确，对权职与任期的规定也更为清晰，已然具备分科办事与科层化的雏形。大体上，会董制在司月制的基础上有了较大进步，基本形成了较为完善的组织机构，不过在具体的专项办事机构以及监督机构方面仍存在一定的缺陷，没有形成内部的权力制衡机制。

第三，执监委制。执监委制，也称理监事制。南京国民政府成立初期对商会、工商同业公会进行了整理和改组，同时注重加强同业公会的组织建构与职责规范。1929年8月17日颁布的《工商同业公会法》规定，"本法施行前工商各业同业团体不问其所用公所、行会、会馆或其他名称，其宗旨合于本法第二条所规定者，均视为依本法而设立之同业公会，并应于本法施行后1年内，依照本法改组"，同时规定"同业公会置委员7～15人，由委员互选常务委员3人或5人，就常务委员中选1人为主席"。依此规定，各地工商同业公会大体都改"会董制"为"执监委制"。1930年1月，国民政府又出台了《工商同业公会法施行细则》，对执委会、监事会以及各自权限做了详细规定，正式确立了执监委制度。执监委制较会董制有着跨越式的进步，一方面体现在分工方面，另一方面就是形成了制衡式的权力结构。在司月制以及会董制下，司年、司月或者会长的职责固然有着明文的规定，但是缺乏常设性的监督机构，而主要依赖于品性的自觉。在执监委制下，执委会与监委会各司执行及监督之责，形成权力制衡，这在制度上有利于避免同业公会为个人所把持而保持为同业公益服务的宗旨。可以说，执监委制是近代工商同业公会较为成熟的组织形态。

民国时期的宁波商会在治理结构的演变上也大致经历了由会董制向执监委制转变的同样历程。民国初期（1927年前）的宁波商会组织在治理结构上基本上为会董制，商会最高职位称总董或会长。如1916年宁波商务总会改为宁波总商会后的第一任会长费绍冠，之前就是宁波商务总会的总董。从费绍冠开始至1927年宁波总商会的领导均被称为会长。他们分别是第二任会长屠鸿规，系钜康钱庄经理，副会长为当业代表袁端甫；第三任会长孔馥初，系升大北号经理，副会长为当业代表林琴香；第四任会长俞佐廷，系天益钱庄总经理，副会长袁端甫；第五任会长袁端甫，副会长为仁和钱庄经理陆卓人；第六任会长陈南琴，系中国银行经理，副会长林琴香；第七任会长林琴香，副会长为元益钱庄经理俞佐宸。宁波总商会的第一任会长费绍冠曾任宁波商校校长、源丰银号经理职务，后任四明银行经理。让人惊讶的是从费绍冠开始至1927年，宁波总商会的会长及副会长几乎全部由来自于金融行业的人士担任，由此也可看出宁波当时的金融业较为发达，在整个商业领域中地位显赫。

1927年5月宁波总商会改名为宁波市商会后，依照章程改原来的会董制为委员会制，并改称会长为主席。商会设主席、常务委员、执行委员、监察委员等。商会执行委员及监察委员由会员大会就会员代表中选任。执行委员互选出常务委员，再从常务委员中由会员大会选任一人为主席。宁波市商会第一届委员会主席是天益钱庄总经理俞佐廷，由中国银行经理陈南琴、瑞丰钱庄经理孙性之、如生罐头厂经理陈如馨、棉业交易所常务理事毛稼生为常务委员，有执行委员15人，会员分为各同业公会团体会员与大型工厂或商店会员两类，委员名额的产生按资本额度的大小计算。

依据1932年《浙江省宁波商会章程》关于宁波商会之组织的规定，宁波商会"设执行委员十五人，监察委员七人，候补执行委员七人，候补监察委员三人，均由会员大会就会员代表中用无记名连选法选任之，以得票最多数者为当选，次多数者为候补"。"本会设常务委员五人由执行委员会就执行委员中用无记名连选法互选之，以得票最多数者为当选。""本会设主席一人主持本会一切事务，由执行委员会就当选之常务委员中用记名单选法选举之，以得票满投票人之半数方可当选。若一次不得选出，应就得票最多之二人决选之。""本会执行委员会得设总务、财务、指导三科。""各科按事务之繁简得酌设干事若干人，承主任之命办理各该科一切事务。""本会设秘书一人，办理本会一切决议案，拟定计划，担任文书并秉承主席及常务委员之命令指导本会一切工作之进行。""本会因事务上之必要得临时组织各项特种委员会,以专责成。"此外,章程还对主席、常务委员、执行委员、监察委员等任期、职权等都做出了具体规定。根据《章程》规定,宁波商会执行委员及监察委员任期为四年,每两年改选半数,不得连任。第一次改选时以抽签确定,但委员人数为奇数其留任者之人数得较改选者多一人。主席及常务委员任期均为两年,连选得连任,但两次为限。执行委员及监察委员缺额时由候补执行委员或候补监察委员依次递补,其任期以满足前任之任期为限。

1933 年 11 月,宁波商会召开第三次会员代表大会,依法选举执监委员,陈南琴、俞佐宸、袁端甫、陈如馨、毛稼生、卓葆亭、王信懋、李贤钊等人留任执行委员或候补执行委员,朱旭昌、金臻庠、王礼嘉、毛安卿、张先履等人留任监察委员或候补监察委员。金梦麟、余润泉等人当选为新监委,俞佐宸、袁端甫、陈南琴、陈如馨、毛稼生 5 人为常务委员,俞佐宸当选为主席(见表 3-4)。

表 3-4 浙江省宁波商会第一届后半期执监委员简介(1933 年 11 月)

职别	姓名	年龄	籍贯	略历	代表会员类别	通讯处	附注
主席委员	俞佐宸	四二	镇海	宁波总商会会董、执行委员;鄞县钱业公会主席;宁波商会常务委员;垦业银行经理;元益钱庄经理	钱业公会代表	宁波糖行街元益钱庄	留任
常务委员	陈南琴	五一	鄞县	宁波总商会会长;宁波市政筹备处处长;宁波商会主席;中国银行经理;三北轮埠公司经理	商店会员代表	宁波江北岸中国银行	留任
	袁端甫	四七	鄞县	宁波总商会会长;宁波商会常务委员;浙江全省商会联合会常务委员;鄞县当业公会主席;豫源当经理	当业公会代表	宁波江北三眼桥豫源当	留任
	陈如馨	四四	鄞县	宁波总商会会董;宁波市政府社会科科长;宁波商会常务委员;如生笋厂经理	商店会员代表	宁波西门外如生厂	留任
	毛稼生	五〇	鄞县	宁波总商会会董;宁波商会执行委员;宁波棉业交易所理事	商店会员代表	宁波南昌弄棉业交易所	留任

续表

职别	姓名	年龄	籍贯	略历	代表会员类别	通讯处	附注
执行委员	卓葆亭	四七	鄞县	宁波总商会常务委员；宁波商会执行委员；鄞县米业公会主席；泰和米厂经理	米业公会代表	宁波江东后塘街泰和厂	留任
	洪宸笙	四一	鄞县	宁波总商会委员；宁波商会执行委员；鄞县木业公会主席；大慎木行经理	木业公会代表	宁波江东三江口大慎行	留任
	张莼馥	四八	鄞县	宁波总商会会董、执行委员；宁波商会执行委员；四明银行经理；宁波招商局经理	商店会员代表	宁波江北岸四明银行	留任
	祁云贵	三六	鄞县	鄞县药行业公会主席委员；大昌药行经理	药业公会代表	宁波药行街大昌行	新选
	李贤钊	三六	鄞县	鄞县国货工厂联合会常务委员；鄞县绸布业公会常务委员；鄞县织造业公会执行委员；裕成布庄恒丰布厂协理	绸布业公会代表	宁波江东裕成布庄	新选
	毛秀生	四一	鄞县	鄞县钱业公会主席委员；五源钱庄经理	钱业公会代表	宁波江厦五源庄	新选
	冯仪九	二九	杭县	宁波交通银行经理	商店会员代表	宁波东门街交通银行	新选
	陆瑞康	三六	鄞县	鄞县麦阳镇监察委员；鄞县鲜咸货铺业公会主席委员；慎和鲜咸货铺经理	鲜咸货铺业公会代表	宁波江北岸慎和号	新选
	丁海鹤	三五	奉化	鄞县洋广货业公会主席委员；新源记广货号经理	洋广货业公会代表	宁波老江桥新源记号	新选
	徐子敬	四四	鄞县	鄞县烛箔业公会主席委员；老同泰烛箔号经理	烛箔业公会代表	宁波东后街老同泰号	新选

续表

职别	姓名	年龄	籍贯	略历	代表会员类别	通讯处	附注
候补执行委员	王信懋	五八	鄞县	宁波总商会会董、常务委员;鄞县闽广拆兑业公会主席;南北糖货业公会常务委员;荣大拆兑号和记糖行经理	闽广拆兑业南北糖货业两公会代表	宁波滨江路和记行	
	包友生	三四	鄞县	鄞县钱业公会常务委员;瑞馀钱庄经理	钱业工会代表	宁波江厦瑞馀庄	
	周宏生	五二	镇海	宁波总商会会董、执行委员;宁波商会监察委员;恒大钱庄经理	钱业公会代表	宁波宫后街恒大庄	
	包贞可	三六	鄞县	鄞县人力车业公会主席、委员;民利车行经理	人力车业公会代表	宁波江北岸马栏桥民利行	
	毛汉章	四〇	鄞县	宁波总商会会董;鄞县人力车业公会执行委员;聿迅车行经理	人力车业公会代表	宁波战船街聿迅车行	
	史祖安	四九	鄞县	宁波总商会会董;宁波商会监察委员;鄞县钱行业公会主席、委员;史协和钱行经理	钱业公会代表	宁波江东史协和钱行	
	余楣良	五三	慈溪	鄞县钱业公会常务委员;敦裕钱庄协理	钱业公会代表	宁波江厦街敦裕庄	
监察委员	朱旭昌	四九	镇海	宁波总商会会董、执行委员;宁波市政府建设委员会委员;宁波商会监察委员;锦华行经理	商店会员代表	宁波江北岸锦华行	留任
	金臻庠	三七	镇海	宁波总商会会董;宁波商会监察委员;时事公报社经理	商店会员代表	宁波江北岸时事公报社	留任
	王礼嘉	六〇	鄞县	鄞县商民协会执行委员;宁波商会监察委员;鄞县木器妆奁业公会、鄞县煤炭业公会主席委员;咸泰木器号永昌煤号经理	木器业公会代表	宁波开明街永昌号	留任

续表

职别	姓名	年龄	籍贯	略历	代表会员类别	通讯处	附注
监察委员	毛安卿	六〇	鄞县	宁波总商会会董、执行委员；宁波商会监察委员；内河汽船业公会常务委员；甬昌汽轮公司经理	内河汽轮业公会代表	宁波毛家弄二十二号	留任
	金梦麟	四九	鄞县	政治经济科学士理科学士；鄞县县长；宁波商报社经理	商店会员代表	宁波崔衙前宁波商报社	
	楼韵卿	三六	鄞县	鄞县酱园业公会主席委员；楼茂记酱园经理	酱园业公会代表	宁波江东楼茂记园	
	余润泉	六四	镇海	宁波总商会会董；宁波商会执行委员；宁波宁绍商轮公司、通商银行、永耀电力公司经理	商店会员代表	宁波江北岸宁绍公司	
候补监察委员	张先履	三五	鄞县	宁波市商人组织统一委员会常务委员；捷成轧石厂协理	商店会员代表	鄞县党部	
	洪兆燕	五五	慈溪	宁波总商会会董、候补执行委员；鄞县南北糖货业公会主席委员；正源糖行经理	南北糖货业公会代表	宁波财神庙下正源糖行	
	黄光普	四〇	鄞县	宁波总商会会董、执行委员；鄞县西药业公会主席、委员；欧亚药房经理	西药业公会代表	宁波东街欧亚药房	

资料来源：宁波市档案馆保存的民国商会档案。

1935 年 11 月，浙江省宁波商会召开第四次会员代表大会，大会除听取执行委员工作报告等事项外，还新选举了委员。俞佐宸、陈南琴、袁端甫、陈如馨、毛稼生、卓葆亭、洪宸笙、张莼馥等八人执行委员满任，朱旭昌、金臻庠、王礼嘉、毛安卿等四人监察委员满任。留任执行委员祁云贵、李贤钊、毛秀生、陆瑞康、丁海鹤、徐子敬、王信懋等七人，留任监察委员金梦麟、楼韵卿、余润泉等三人。经选举王文翰、阮葭仙、孙性之、周祥麟、周大烈、毛安卿、赵芝室、朱旭昌等八人当选执行委员；贺宝峰、王礼嘉、朱如松、金臻庠、蔡酉生、徐子经、袁公望等七人当选候补执行委员；毛稼生、袁端甫、洪宸笙、陈如馨等四人当选监察委员；张康年、张莼馥、周馥初等三人当选候补监察委员。

1935 年 11 月,俞佐宸辞去主席一职,各团体代表推举宁穿汽车公司总经理王文翰为商会新任主席。下设专职常委 4 人,即宁波中国银行行长阮葭仙、瑞丰钱庄经理孙性之、锦华洋行总经理朱旭昌、轮船业主委周大烈,行使副主席职权。其中阮、孙 2 人负责经济,朱负责内部总务,周负责对外联络,分工明确。1938 年冬,王文翰接任浙江省公路局局长职务,经推选由周大烈继任主席。

1946 年 2 月,宁波市商会召开抗战胜利后第一次商会会员代表大会,宁波商会改委员制为理事长制,周大烈任宁波商会理事长。次年 3 月起,朱维官、周大烈、俞佐宸先后担任理事长职务。1948 年 2 月 25 日,商会第一届第二次会员代表大会修正通过《宁波商会组织章程》共 7 章 42 条。根据该章程规定,宁波商会再设理事 21 人,监事 7 人,由会员大会就代表中用无记名选举法选举产生;设候补理事 7 人,候补监事 3 人,以前项选举理事监事票之得票次多数者为当选;设常务理事 7 人,由理事会就理事中用无记名选举法互选产生;设理事长 1 人,由理事会就当选之常务理事中用无记名单记法选举产生。理事、监事任期均为 4 年。

宁波市商会 1927 年的委员会制以及 1946 年的理事长制在理论上均可归于执监委制或理监事制。从宁波商会治理结构的演变看,宁波商会经过民国时期的发展,在治理结构上逐步完成了由传统的简单治理结构到会董制,再到执监委制的过渡。这也标志着宁波商会组织基本上走向成熟,成为真正具有"近代形式"的商会组织形态。

第二节　民国时期宁波商会组织的职能作用

民国时期,宁波商会组织努力扮演沟通政府与商界的中介与桥梁角色,积极参与各项政治经济社会事务,对推动政治进步、促进商事立法、维护商事发展、解决商事纠纷、推动对外贸易等均发挥了一定的积极作用。

从 1932 年,宁波商会订立的《浙江省宁波商会章程》的内容就可以看出宁波商会参与范围之广泛。根据该章程规定,"本会以图谋工商业及对外贸易之发展增进工商业公共之福利为宗旨"。宁波商会的职务包括:"(1)筹划工商业之改良及发展事项。(2)关于工商业之征询及通报事项。(3)关于国际贸易之介绍及指导事项。(4)关于工商业之统计及调查事项。(5)关于工商法规之研究及建设事项。(6)关于办理商业之调处及公断事项。(7)关于工商业之证明及鉴定事项。(8)关于办理商务之公告事项。(9)办理商品之征集及陈列事项。(10)受商人或政府之委托办理商业清算事项。(11)筹设商业学校商立图书馆或其他关于工商业之公共有益事项。(12)维持市面之平衡及经济恐慌事项。(13)办理合于第三条所揭示宗旨之其他事项。"1948年2月25日,宁波商会第一届第二次会员代表大会通过了修订后的《宁波商会组织章程》。修订后的宁波商会章程在宁波商会的职能上虽较1932年章程规定有所减少,但仍有九项之多,包括:"一、筹议工商业之改良及发展事项;二、关于工商业之征调通报事项;三、关于国际贸易之介绍及指导事项;四、关于工商业之调处及公断事项;五、关于工商业之证明事项;六、关于统计之调查编纂事项;七、得设办商品陈列所工商补习学校或其他关于工商业之公共事业,但须经该管官署之核准;八、遇有市面恐慌等事有维持及请求地方政府维持之责任;九、办理合于第三条所揭示宗旨之其他事业。"①

民国时期宁波商会组织的职能发挥归结起来主要体现在以下几个方面。

一、积极参与政治,关心时事和社会进步

商会虽然作为商事自治组织,但中国近代以来国家命运的多舛以及政治和时局的不稳,使得中国的商会组织比西方国家的商会在政治投入上需要花费更大的精力和时间。在中国人民寻求民族独立和解放的历史进程中也时常见到商会及商会领导人奋力抗争的身影。在商会参与的各种政治斗争中,宁波商会自然也不会缺席其中。

1911年10月,宁波商务总会通电各地商会,响应辛亥革命,组织保安商团,维持地方秩序,募集款项支持革命。1919年中国"巴黎和会"谈判失败之后,历史上著名的五四运动爆发。在这场反对帝国主义的侵略以及北洋政府丧权辱国的斗争中,宁波商会组织也积极行动起来,配合和支持学生的爱国行动。面对北洋政府逮捕爱国学生的无耻行为,宁波总商会邀请各界代表召开紧急会议,要求政府尽快释放爱国学生。1919年6月8日宁波各界罢市支持学生运动,宁波总商会也随即致电北京政府:午后2时,宁波全埠一律罢市,人心浮动,祸在眉睫。商会极力劝谕,无效。迫恳俯念地方治安,将被逮捕北京学生迅予释放,以维危局,不胜迫切待命之至。

_____

①　见宁波市档案馆之"宁波商会档案"。

1925年上海"五卅"惨案发生后,宁波商会再次积极行动起来,严厉声讨帝国主义的血腥罪行,并要求中央政府提出交涉,严惩凶手。6月3日,宁波总商会召开临时会议,通过如下决议:第一,电请执政外交、农商部,提出严重交涉;第二,电请旅沪同乡会就近设法援助;第三,通告各工厂、商店于5日一致休业,加入宁波学生会组织的示威游行。与此同时,宁波总商会积极组织和参与各种后援会、联合会等组织,配合和支持社会各界的政治斗争。6月6日,宁波总商会电呈政府,请求与英、日经济绝交,以抗议和报复英日两国酿成"五卅"惨案的罪行,呼吁严惩凶手。宁波总商会的行为有力地配合了全国的政治斗争。

1927年春,国民革命军进入宁波,商会采纳众议,力主拆毁道署衙门,协助筹款改建为中山公园。1929年,宁波所属各地晚稻受灾,粮价暴涨,宁波商会积极督促粮商购入国外大米应对危机,平抑粮价。

九一八事变爆发后,宁波商会又一次团结和联合全体商人,宣传抗日救国的道理,呼吁抵制日货、提倡国货。1932年6月11日,宁波商会连同鄞县党部、县政府等11个团体在公众运动场举行抗日阵亡将士追悼会,追悼抗日将士。同年12月25日,《宁波民国日报》刊登宁波商会劝募捐助马占山将军(东北抗日)饷款通告。1934年,由鄞县商界等各界人士捐款购买的飞机,命名为"鄞县"号。1937年抗日战争爆发后,宁波商会动员工商界捐款捐物,购买救国公债,支援前线,募款修筑镇海口炮台,协助处理城区遭日机轰炸和投放鼠疫病菌被害者的善后工作。抗战胜利后,协助金融部门收兑销毁伪中央储备银行钞票,1946年5月3日由华伦造纸厂化作纸浆。①

1949年4—5月间,中共鄞慈县工委书记、办事处主任钱铭岐在鄞西望春桥一带秘密约见宁波工商界代表,商量如何保护城市。宁波商会负责人中进步人士接受中国共产党四明山组织联络,由金臻庠、柳璋等主持商会,秘密派人与中共鄞西四明山地方政权和武装力量取得联系,并接受党布置的三项任务:严密监视国民党政府逃离前的动向和重要工厂企业的动向,并及时报告;迅速改组商会中的自卫救济委员会,掌握改组的所有财产;组织力量,及时做好迎接解放的各项准备工作。其后,金臻庠、沈曼卿等建立相应组织,动员义勇警察、救火人员维持地方秩序,保护企业,迎接解放。当时商会出面组织的义勇警察(其成员多数为商店职工和救火员)编成治安大队,分布在市区巡逻执勤。宁波商会为预防溃兵扰乱社会,准备应变资金,

---

① 宁波市地方志编纂委员会:《宁波市志》,中华书局1995年版,第1998页。

公布以"救济米"形式向市区各厂商募集。当时在钱庄中筹集黄金 110 两,在绸布店和百货店中筹集银元 3000 元,以备急需(后宁波和平解放,所得款项全部归还原主)。5 月 24 日,余姚县解放。宁波商会组织戴着"治安纠察队"臂章的义勇警察手持木棍,四处巡逻,使市区在解放过程中没有受到抢劫和破坏。[①]

解放后,商会协助人民政府推动私营工商业者恢复生产经营,抑平物价涨风,取缔银元、外币投机贩卖,筹措军粮 2700 石大米,其中太丰面粉厂出借面粉 6000 余包,以供军需。此外,商会还动员工商界劳军,捐献 3.4 万元。1949 年 9 月,老市区遭国民党飞机轰炸,商会负责人金臻庠赴沪,通过旅沪同乡会募得救济款 21 万元,可购大米 1 万石,其中发放救济款约米 4000 石,发放小本无息贷款约米 6000 石。[②] 这些活动直到 1949 年年底商会解散,方才停止。

二、推动商会立法,维护商会自治

商会作为以商人自治自律为主体功能的社会团体,在国民党政府时期其自治功能被削弱,几度面临挤压甚至取缔的不利局面。商会为维持其独立和发展进行了不屈的斗争。宁波商会组织紧密配合全国商会组织的抗争运动,为自身的存在和发展赢得了空间。

正如前面所述,宁波商务总会作为发起会员参与了中华全国商会联合会(简称商联会)的成立。商联会成立后积极扩大影响,争取合法地位,对推动商会发展壮大起到了十分重要的作用。1914 年 3 月,商联会召开第一次全国商会代表大会,代表们在讨论《商会法》草案中,要求增补有关商联会的条文,出席这次会议的农商部代表也当场表示赞同。然而因袁世凯对商联会的不满,导致 9 月 12 日公布的《商会法》中,只规定各省可成立商联会,没有全国商联会的条文,无形中取消了商联会。为争取商联会的合法地位,商联会上海总事务所于 1915 年 3 月 25 日至 29 日召集 21 个省区 53 个商会的 78 名代表(宁波商务总局作为商联会的发起单位之一自然在列——编者注),在上海举行了全国商会临时代表大会。这次大会是一次专门讨论《商会法》的会议,代表们一共提出议案 106 件,除了讨论商联会的存废问题之外,还对《商会法》的条文做了全面的检讨。在全国商会的联合争取之下,袁

---

① 宁波市工商联合会(总商会)志编纂委员会:《宁波市工商联合会(总商会)志》,内部发行,2005 年,第 134 页。

② 宁波市地方志编纂委员会:《宁波市志》,中华书局 1995 年版,第 1999 页。

世凯为缓和矛盾,也想拉拢工商界支持其正在进行的帝制复辟活动,被迫修改《商会法》,新法于 1915 年 12 月 14 日公布。新颁《商会法》规定:"总商会、商会得联合组织全国商会联合会,全国商会联合会得设立总事务所。"至此,经过全国商会的长期努力,终于使全国商联会成为一个合法的全国性工商界团体。①

　　再比如关于商会与商民协会之争。商会经过清末民初的发展,已基本形成相对独立自治的发展形态。随着执政地位的巩固,国民党政府对商会的态度也开始发生变化,国民党第二次代表大会通过的《商民运动决议》指出:"现在商会均为旧式商会,因其组织之不良,遂受少数人之操纵。"1924 年 11 月国民党中央执行委员会设立商民部,并于当年年底在广州成立了第一个商民协会,意图削弱商会的力量。1927 年国民党政府成立民众团体整理委员会,开始对包括商会在内的各类民众团体进行整顿和改组。宁波各类同业公会等商会组织都接受了政府派遣的指导员的指导整顿。1928 年国民党中央执行委员会通过了《商人组织原则》,要求各地商民协会与商会分立并存,并提出商会代表大商人利益,受国民政府监督、管理。商民协会代表中小商人利益受中国国民党中央执行委员会民众训练部指导。1928 年,严肃、苏鸿、俞康龄等发起组织"宁波商民协会"。同年 4 月 25 日,宁波市商民协会在市党部召开代表大会,宣告成立,会员以中小行户和摊贩为主。商民协会与商会并存的格局导致二者矛盾纠纷不断。商民协会和一些地方党部纷纷要求取消商会。面对国民党政府企图取消商会的形势,商会则给予猛烈的回击。1929 年 3 月国民党"三大"在南京召开,江苏、浙江、福建、安徽、上海、南京、天津四省三市的国民党党部又提出议案,要求取消商会,统一商民组织。上海总商会的冯少山等人则以全国商会联合会的名义,召集各地商会代表 30 余人赴南京请愿,坚决反对取消商会,要求"遵守总理宣言","全国商会之应予永存",并进而提出了撤销商民协会的要求。其他商会与同业公会也函电纷驰,予以呼应,明确阐明:"商会为我全体商民所组织之正式法定团体,于历史上有悠久之系统,于革命上有昭著之功绩,今闻三全大会代表竟有撤销之提案,商民协会竟有解散之请愿,群情骇愤,莫可名状。夫商会者为我全体商民所托命,今将横被摧残,所谓皮之不存,毛将安附?

---

① 虞和平:《商会史话》,社会科学文献出版社 2011 年版,第 80—83 页。

巢之欲倾,卵将安复? 我商人当此千钧一发生死关头,能不植发裂齿誓与周旋?"①在商会的不懈斗争下,1930 年 2 月,国民党政府发布通令取消商民协会,其结局大大出乎意料。根据国民政府的要求,国民党地方党部从中协调,宁波市商民协会也随即与宁波市商会合并,变更名称为"宁波市商人统一委员会"(简称宁波市商统会)。

三、维护商人利益,促进市场公平竞争

清光绪二十九年十一月(1903 年 12 月)由商部奏拟获清帝谕允的《商部奏定商会简明章程》第二十四款规定:"商会之设,责在保商。然非一视同仁,不足尽其义务。各商品类不齐,其循分营业者,固多;而罔利病商,自相践踏,亦复不少。又如柴米油豆,攸关民生,日用各物,无故高抬,藉端垄断等情,该总理及会董,务须随时留心稽察。如有上项情弊,宜传集该商,导以公理。或由会董会议按照市情,决议平价。倘敢阳奉阴违,不自悛改,准该总理等移送地方官援例惩治,以警其余。"规范商人行为,促进市场公平竞争历来是商会职能的重要部分之一。

民国时期,宁波商会组织始终坚持发挥商会作为行业自律组织的基本功能,积极协调同业行为,为维护商事自治和促进市场公平竞争发挥十分积极的作用。商会作为商事自治组织,通常是通过其内部规约,来规范行业行为,促进行业公平、有序竞争。因此,商会是否可以自主制定内部规章以及其内部规章的效力怎样,直接影响到自治组织的地位和自律功能的发挥。商会作为自治组织,应当有权自主制定商会内部规章制度以保证商会运行的规范化和有序化。对违反商会规章制度的成员,商会可以施以必要的惩戒。从某种意义上讲,赋予商会惩罚权是商会自主制定规章制度权利的必然延伸。正如科尔曼所言:"如果任何行动者不服从规范,必须对其施行惩罚,只有这样,规范方能行之有效。"②

1930 年围绕同业业规的法律地位问题,宁波商会和全国其他商会组织积极努力,最终推动了同业业规在法律上得到认可。南京国民政府成立之后,于 1929 年 8 月颁布了新的《商会法》和《工商同业公会法》,同时要求各地商会和同业公会在整理改组之后重新注册备案,由此确认其合法地位。

①　朱英:《近代中国商会、行会及商团新论》,中国人民大学出版社 2008 年版,第 176—177 页。

②　[美]詹姆斯·S.科尔曼:《社会理论的基础》,邓方译,社会科学文献出版社 1999 年版,第 314 页。

1930 年 6 月,在改组后的上海市商会召开的第一届各业会员大会上,上海各同业公会一致提出议案,要求呈请工商部咨请立法院在商会组织法中加入"凡成立同业公会之同业商人,虽未加入该同业公会,亦应遵守该公会之决议。如有违反者,该公会得依法起诉",并提出凡经官府核准之业规,均应视同政府颁布之条例,在法律上享有不容置疑的地位,未入会之同业也应严格遵守。上海市商会会员大会通过了该项提案后,并依法呈交工商部批准。但是,对于同业公会的这种要求,工商部最初却并不认可。1930 年 9 月批复称:"查同业行规并非法律,无强制之可言,而各业所定之行规,又往往含有垄断性质,或违反善良习惯之处。在主管官厅,对于各业情形,容有不明,虽经予以审核,仍难予以保护,何得迫令同业一律遵守。如若不问行规之内容,凡经官厅核准无论已未入会均须遵守,非特于会无济,反足惹起纠纷,来呈所称未入会同业均应一律遵守行规等情实有未合。"[①]面对官府对同业行规的态度,宁波商统会和汉口总商会、南京总商会等国内众多商会一起纷纷呈文工商部,对上海各同业公会的提案予以支持。在宁波商统会等各地商会和同业公会的一致呼吁下,工商部不得不重新考虑其之前对同业行规所持的态度。1930 年 12 月工商部呈文行政院,表示经再三考虑,"以少数服从多数之原理,复由官厅审核以防其流弊,似属可行",从而认可了同业公会关于同业行规的法律地位的要求。[②]

除了做好行业内部自律外,宁波商会组织很好地发挥了沟通政府与市场的桥梁作用,及时向政府反映商情,以取得政府的支持,维护商业活动的健康发展。例如 1948 年 7 月 9 日,鄞县石板业商业同业公会致函宁波商会,为驳运价格过高营业不能维持请转呈县政府召集有关团体各派代表集议决定驳运价格最合理之解付标准,以维营业而灭纠纷。函称:"吾石板同业,在十余年前,营业颇堪称盛。抗战军兴以至宁波沦陷。同业先后停歇无遗。胜利以还,次第复业……而营业比较往昔,实有天壤之别。今复业未达三年,又将倒闭瓦解。往时之停歇,系受战争影响,今后之倒闭,实为亏本过钜。察其最大原因,断为石板驳送上负担过重,致使顾客裹足……"云云。宁波商会接函及时转呈鄞县县政府请准召集会议协议。鄞县政府随即召集

---

① 《为请重核同业行规事呈社会局文》,《商业月报》,第 10 卷,第 11 号,1930 年 9 月。
② 参见中国第二历史档案馆藏档:六一三一 1229;《未入公会之同业应遵守行规一案应请上海市社会局所提议案之三项办法外取缔有高抬价格限制出产情事请核转施行》,1930 年 12 月 5 日。

县石板行商业公会与县民船船员工会代表开会协议，进行调处。经调处达成如下结果：（一）驳运价格仍照前议（依照去年十一月五日由民船船员工会与石板行所议码单）；（二）驳运石板块数每船不超过五十八块；（三）小船驳运石板数每船不超过三十块。双方均签字表示同意。再比如，抗战胜利后，为争取政府对商业的支持，促进商业的复苏与发展，宁波商会积极向县政府呈报各业损失，以争取政府的补偿与救济。

宁波商会还十分重视对全国工商业整体利益的维护。1946 年全国商联会定期会议召开前夕，宁波商会通过浙江省商联会一次汇转 5 个提案，分别是"请求政府扶植民营工业案""强化商业团体，发展商业案""请求政府令饬交通机关尽量减低运费以利货物交流案""建议中央改革军粮采购办法以苏民困案""建议中央迅行订定货物税简化征收办法案"，另外向省商联会提交"呈请省政府废止浙江省各县市营业牌照税收规则案"。这些提案为优化商业环境，促进整个商业的持续发展起到很好的推动作用，尤其是"请求政府扶植民营工业案"更加值得关注。宁波乃至浙江当今民营经济比较发达，然而很少有人想到，早在解放前，宁波商会就对发展民营经济有着深刻的认识。宁波商会提交的"请求政府扶植民营工业案"中有这样一段表述："战争胜利后，政府积极发展国营企业为建国要图，而民营工业尚未得到政府救济。考欧美各国重轻工业不论公营、民营一律待遇。所以为增加生产，争取国际市场，应对民营工业给予救济，以富国计而利民生……"①如此表述，在今天看来实在是让人惊叹。

四、调解和促进商事争端的解决，积极化解商事纠纷

商会作为商事自治组织不仅可以通过行业规范促进行业和商事自律，而且还应拥有自主对成员企业之间的某些争端予以解决的权力。这对商会的运行十分重要。争端解决权的实质是自决权，而自决权是自治权不可或缺的构成，没有争端解决权的商会（行业协会）自治只能是一种不完整的、残缺的自治，而商会（行业协会）一旦享有争端解决权，那么它便同其他权力一起构成了功能完善的系统，而商会（行业协会）只有具备了功能的完善，那么自治的地位及目的才是在真正意义上可以欲求的。②

民国时期宁波商会充分发挥自治组织的自治功能，积极调解和化解商

---

① 　见宁波市档案馆之"宁波商会档案"。

② 　鲁篱：《行业协会经济自治权研究》，法律出版社 2003 年版，第 209 页。

事领域的各种纠纷。1932 年《浙江宁波商会章程》和 1948 年《宁波商会组织章程》也都规定了商会有"办理商业之调处及公断事项"的职能。1927 年 5月,宁波总商会拟设立劳资仲裁会,以调解劳资问题。同年 5 月 26 日商会致函甬上各业,提出劳资仲裁委员的推选办法:"……定委员总额 9 人,国家代表机关 3 人,劳工方面得 3 人,资本方面得 3 人,并议定资本方面之委员 3人,各商号经理推选 1 人,各厂家经理推出 1 人,各殷商方面推出 1 人。"5 月28 日,各业商董及各厂经理开会,推选委员,其中殷商方面委员由商会会长任之。"劳资仲裁委"组建后,定期召开例会,商讨仲裁会规章,商议调解劳资纠纷。①

宁波商会曾主持或参与协商调解大量工商业发生的各种纠纷。如 1946年 7 月 24 日,鄞县柴炭商业同业公会致函宁波商会,称"会员同源、顺大、永昌等号所售木炭,多由温州客帮装运来甬,抵埠成交后,由本号栈司起运上栈。现在帆船业公会码头脚夫不许自行搬运,务须由其起卸,否则,动以用武示威,一若码头装卸事业为其专利,任何人不能顾问,且起卸工资,亦由其自定",如此云云。函请宁波商会转请总工会,迅予设法制止以通货源。宁波商会接函后立即联系帮助协调解决此事。再比如,1948 年 3 月 9 日鄞县码头业职业工会致函宁波商会,为装卸上落河等部分工资调整事宜,请求宁波商会召集有关各业代表劳资协议调整会议,同年的 5 月 12 日,鄞县脚夫职业工会、鄞县帆船货物装卸职工工会分别致函宁波商会,关于米价已超过500 万元请宁波商会召集劳资双方商议调整工资事宜。宁波商会接到上述请求后,积极回应,复函同意于 6 月 14 日下午 2 时召集有关各业代表开会商议相关事项。

为了更好地解决商事领域的各种争端,1912 年 11 月 1 日至 12 月 5 日在北京召开临时工商会议期间,宁波商会代表盛在响还提出了"请设立商事裁判所"的议案,提出三条理由:法官对商业习惯不甚明了不能为正当之判决、普通审判厅案件繁多致商事案件不能迅结、商事裁判不必拘泥于形式可口头即决之而普通裁判不能,主张仿照法国成例在商业繁盛之区设立商事裁判所专司商事诉讼。该提议得到大会代表的一致认可。工商会议结束后,工商部将工商会议关于另设商事裁判所的决议函商司法部,司法部复函称:

---

① 　宁波市工商联合会(总商会)志编纂委员会:《宁波市工商联合会(总商会)志》,内部发行,2005 年,第 143 页。

　　另设商事裁判所专司商事诉讼,自系为保护商业起见,用意甚为周
到,惟法院之设立废止通例皆以法律定之,增设法庭必有法文以为根
据,现在法院编制法只有民事刑事分庭,并无得设商事裁判所之规定,
径自设立,既有非法之嫌,追加条文又侵立法之权限。但据称商事最贵
敏捷,诉讼繁多,不免延搁之弊,此种情形实为事实所常有,既有充分之
理由,即不可不有补救之方法。本部现拟变通办理,皆就商埠及繁盛之
区地方审判厅内,酌加民事法庭,专理商事诉讼,庶几不居商事裁判之
名,而有商事裁判之实。

　　从司法部的回函看,虽然其不赞同设立商事裁判所的提议,但提案关于
如何适应商事活动的特点更好地解决商事纠纷,已经引起司法部的注意。
后来,在工商界的不断要求下,司法部不得不适应商事纠纷的特点积极筹备
成立商事公断处。1913 年 1 月 28 日司法部会同工商部公布了《商事公断处
章程》。《商事公断处章程》规定,"公断处对于商人间商事之争议,立于仲裁
地位,以息讼和解为宗旨"。由此可见,宁波商会盛在响关于设立商事裁判
所的建议虽然并没有最终得到实现,但其提议对于推动商事纠纷的解决依
然起到了十分重要的作用。

五、促进对外交流,拓展国际贸易

　　宁波自古以来就是著名的通商口岸。因此,宁波商人向来重视对外交
往与贸易。民国时期,宁波商会充分利用各种机会,促进宁波商人加强对外
交流,不断发展国际贸易。为了推动宁波走向世界,宁波商会利用各种机会
宣传和推荐宁波,积极组织各厂商参加国际性展览活动(见表 3-5)。更加值
得一提的是,1931 年,宁波商会还积极协助政府征集商品,成立国货陈列馆,
举办了宁波人自己的国货展览会。宁波商会 1932 年制定的《浙江省宁波商
会章程》以及 1948 年修正后的《宁波商会组织章程》均规定宁波商会的宗旨
为"以图谋工商业及对外贸易之发展、增进工商业公共之福利",而且这两部
《章程》均将"关于国际贸易之介绍及指导事项"作为宁波商会的重要职责之
一在第三项予以规定。由此可以看出,宁波商会将促进对外交流、拓展国际
贸易作为商会工作的重中之重而加以开展。

表 3-5　1920—1922 年间宁波总商会组织各厂商参加的展览活动情况（不完全统计）①

参展时间	展览会类型	举办地点	获奖情况
1920 年 3 月 9 日	法国里昂陈列会	法国里昂	未详
1920 年 8—9 月	中华国货维持会组织的国货展	北京	未详
1920 年 9 月	国际联合会国际博物赛会	北京	未详
1920 年 10 月	杭州商品陈列馆组织的国货展	杭州	商品特等奖 4 张；一等奖 11 张；二等奖 10 张
1920 年 10 月	西班牙展览会	巴西洛纳省	未详
1921 年	万国工商品标本陈列展览会	米朗巴图	未详
1922 年 2 月	日本东京博览会	日本东京	未详
1922 年 4 月	爪哇各国商品展	爪哇	未详
1922 年 6 月	万国丝绸展览会		未详
1922 年 9—11 月	巴西百年独立纪念赛会	巴西	未详

第三节　宁波在中国近代商会组织产生发展中的重要作用

　　宁波帮作为中国近代著名的商帮之一，在中国的近代经济史上创造了无数个经济神话，诞生了一大批具有巨大影响力的工商业巨人。无论是大上海的繁荣，还是香港的振兴，都留下了宁波商人卓越不凡的身影。从中国的第一家火柴厂、第一家毛织厂，再到中国的第一个商业社团、第一家金融机构等等，宁波帮所造就的辉煌业绩使他们成为引领中国近代经济发展的一支十分重要的力量，在中国近代金融、航运、贸易等各个领域均占有极其重要的地位。宁波面向大海、港通天下的地理特点，造就了宁波人四海为家、勇闯天下的精神品质。随着一批批宁波商人走向全国各地，并在不同领域崭露头角，他们对当地乃至全国的政治经济社会发展都起到十分积极的推动作用。据《鄞县通志》记载，宁波商人在我国国内的活动地域有上海、汉口、南京、杭州、北京、天津、吴县（苏州）、常熟、临海、兰溪、严州（建德）、温

　　①　宁波市工商联合会（总商会）志编纂委员会：《宁波市工商联合会（总商会）志》，内部发行，2005 年，第 143 页。

州、长兴、无锡、盛泽、扬州、怀宁、芜湖、南昌、江陵（沙市）、应城、长沙、巴县（重庆）、厦门、汕头、青岛、烟台、郑州、大连、沈阳等地。特别在北京、上海、汉口、天津、重庆、沙市、苏州、杭州、温州等通都大邑，"宁波帮"势力尤雄，不少"宁波帮"商人成为当地商业巨子。他们或是垄断行业，或是操纵商团，成为当时经济社会举足轻重的力量。他们以"会所""同乡会""商会"为组织形式，内接外联，活跃在近代社会的经济舞台上。《旧上海商业中的帮口》说"宁波帮"是"来沪经商而最有手腕和力量"的帮口；《中国会馆志》则称宁波人在上海的"势力最为雄厚"。①

就中国近代商会的发展来看，虽然人们谈到中国近代商会时很少提到宁波，但宁波在中国近代商会的产生发展史上的地位绝非如此无足轻重。在中国近代商会产生发展中占有十分重要地位的上海总商会以及汉口总商会，其产生和发展均和宁波商人有着不可切割的紧密联系。同样在商贾云集的京城北京，宁波商人也在当地商会的发展演变中占有十分重要的地位。除此之外，宁波商人在全国各地乃至海外，建立的大量商业性互助组织以及同乡会②等组织，都在中国近代商会组织的发展演变中留下了极其浓重的一笔。下面，以上海、汉口、北京、天津等地商会组织的产生发展为例，印证和探寻宁波在中国近代商会组织产生发展中的重要作用。

一、宁波与上海商会组织

上海是宁波商人走向天下的一个重要目标。近代以来，许许多多的宁波商人奔向上海经商立业。"宁波帮"逐渐在上海崛起并名扬天下，至辛亥革命后宁波帮在上海的发展达到鼎盛。根据史料记载，由于宁波临近上海，故宁波商人旅沪经商者不下数十万人，加之太平军进军宁波期间和辛亥革命前后，宁波的豪门望族和殷实商家纷纷避居上海外国租界，使旅沪甬商大增。到 20 世纪 30 年代，在上海的宁波人已增至 100 万，占全市人口的五分

---

① 吕洪霞：《"宁波帮"家族企业制度创新研究》，浙江大学出版社 2011 年版，第 21 页。

② 宁波人在各地建立的众多同乡会最初虽然主要以联络同乡、救济同乡人生活为主要，但因组织和参加者以在异地经商的商民居多，故定然有联络商情、商业互助之功效。从宁波众多同乡会的会长来看，大多由商业领域的领袖人物来担任，如虞洽卿就曾担任宁波旅沪同乡会会长。由此观之，笔者认为宁波同乡会虽然不能直接等同于商会组织，但绝不能认为其和商会组织毫无关联。这些众多的同乡组织对中国近代商会组织的发展演变起着不可低估的重要作用。因此，在研究中国商会组织发展过程中，诸如宁波同乡会之类的组织依然是一个值得关注的重要因素。

之一。① 孙中山先生曾对宁波帮如是评价："凡吾国各埠，莫不有甬人事业，即欧洲各国，亦多甬商足迹，其影响与能量之大，固可首屈一指也。"清宣统元年（1909），慈溪人洪宝斋始集宁波同乡数十人，在上海汉口路创建"四明旅沪同乡会"，成为上海最早的地域性同乡会组织，宣统二年（1910）改名为"宁波旅沪同乡会"。宁波旅沪同乡会既是联络旅沪宁波人的纽带，同时又是宁波同乡彼此交往、相互照应、休戚与共、谋取共同利益的自治社团组织。1920—1935 年间，还分别建立了镇海、定海、奉化、象山等地以县为单位的旅沪同乡会。宁波旅沪同乡会自成立以来，做了不少有益宁波同乡的事业，同时也为推动上海社会经济发展做出了重要贡献。宁波旅沪同乡会的许多会长、副会长都是上海商界的精英以及上海商会组织的领袖。

　　上海总商会及其前身上海商业会议公所和上海商务总会是由上海各行、帮领袖组成的法定的近代工商团体。由于它成立时间最早、社会影响最大，而素有中国"第一商会"之称，在推进中国经济近代化过程中起过重要作用。上海总商会作为控制上海金融贸易和影响全国商业发展的商人社团与宁波商人联系极其紧密。"宁波帮"能够较快发展并长期称雄全国商界，一个重要的原因便是上海自有商会组织以来，基本上由"宁波帮"掌控着上海商会组织的实权。上海总商会虽然是由时任商务大臣的盛宣怀倡议并督促而成立的，但实际负责创办的是浙帮巨商严信厚。严信厚是中国第一代资本家的代表。他出身于宁波钱庄学徒，"十余年间，积资以巨万计"。在 19 世纪 20 世纪之交，他已是上海官、商两界公认的绅商领袖。所以当 1899 年刘坤一奏请设立上海商务总局时，严信厚被举为总董。任事之后，他又设立商务公所，隶属于总局之下，但这一官办的"总局""公所"却得不到上海商界的支持。他为此深感苦恼，希望组织真正的商会。所以当 1902 年负责中英商约谈判的盛宣怀感到需尽早设立"总会"（商会），以备咨询，并迭发手谕要求上海道袁树勋会同严信厚设立该会时，严氏以为这是"切要之图"，故而"慨然身任其事"。严信厚衔命后，即与同乡知友周金箴（慈溪人）、钱业董事谢纶辉（余姚人）"征求各业董组织会议"，磋商有关事宜。他提出上海各帮向有作为休息聚会之所的总会，新商会组织沿袭"总会"之名不妥，拟改为"商务公所"，最后诸绅董议决名为"上海商业会议公所"。他提议由周金箴担任公所提调，驻所办事。他还筹垫经费、租赁会所、制备器具，并手订章程6 条。1902 年 2 月 22 日，上海各帮董事 70 余人在大马路（今南京路）五昌里

---

① 　吕洪霞：《"宁波帮"家族企业制度创新研究》，浙江大学出版社 2011 年版，第 21 页。

举行上海商业会议公所成立大会,公推严信厚为总理,周金箴为副总理兼坐办。可见严信厚是上海商业会议公所的实际创办人。[①]

宁波商人不但是上海总商会的创办者,而且从一开始就在这一组织中占有重要地位。据徐鼎新先生得自日本东亚同文书院所编《清国商业习惯及金融事情》收录的上海商业会议公所成员资料,宁波商人长期在上海总商会中占据要职,掌握着上海总商会的最高实权。从1902年上海商业会议公所成立到1929年总商会被改组的27年间,总商会共换届18次,其中宁波帮商人严信厚、李厚佑、周金箴、朱葆三、宋汉章、虞洽卿、傅晓庵先后14次当选总理(会长),总任职年限达23年,其中周金箴曾任5届总理,朱葆三也曾任3届总理。宁波帮人士当选总商会副职者也以绝对优势位居第一。如周金箴、朱葆三、李厚佑、严子均、秦润卿、方椒伯、袁履登等都曾担任协理或副会长之职(见表3-6)。

表 3-6　上海总商会历届主要负责人地缘结构[②]

时间	制度	总理(会长)		协理(副会长)		备注
		姓名	籍贯	姓名	籍贯	
1902 年 2 月	总理制	严信厚	浙江慈溪	周金箴	浙江慈溪	副理毛祖模(江苏太仓)未到任
1904 年 5 月	总理制	严信厚	浙江慈溪	徐　润	广东	
1905 年 12 月	总理制	曾少卿	福建	朱葆三	浙江定海	
1906 年 12 月	总理制	李厚佑	浙江镇海	孙多森	安徽寿州	
1907 年 12 月	总理制	周金箴	浙江慈溪	李厚佑	浙江镇海	
1909 年 3 月	总理制	周金箴	浙江慈溪	严子均	浙江慈溪	
1910 年 2 月	总理制	周金箴	浙江慈溪	邵琴涛	江苏长州	
1911 年 2 月	总理制	陈润夫	江西清江	贝润生	江苏元和	

[①]　陶水木:《浙江商人与上海总商会探析》,《宁波大学学报(人文科学版)》1999 年第4 期。

[②]　陶水木:《浙江商人与上海总商会探析》,《宁波大学学报(人文科学版)》1999 年第4 期。

续表

时间	制度	总理（会长）		协理（副会长）		备注
		姓名	籍贯	姓名	籍贯	
1912 年 6 月	总理制	周金箴	浙江慈溪	贝润生 王一亭	江苏元和 浙江吴兴	自该年始遵照新章，改一年一任为两年一任
1914 年 6 月	总理制	周金箴	浙江慈溪	贝润生 朱葆三	江苏元和 浙江定海	
1915 年 10 月	会长制	朱葆三	浙江定海	沈联芳	浙江吴兴	因周金箴任上海道尹而改选
1916 年 5 月	会长制	朱葆三	浙江定海	沈联芳	浙江吴兴	
1918 年 10 月	会长制	朱葆三	浙江定海	沈联芳	浙江吴兴	
1920 年 8 月	会长制	聂云台	湖南衡山	秦润卿	浙江慈溪	
1922 年 7 月	会长制	宋汉章	浙江余姚	方椒伯	浙江镇海	
1924 年 7 月	会长制	虞洽卿	浙江镇海	方椒伯	浙江镇海	
1926 年 7 月	委员制	傅晓庵	浙江镇海	袁履登	浙江鄞县	
1928 年 3 月	委员制	冯少山	广东	林康侯 赵晋卿	江苏上海 江苏上海	

除上海总商会外，宁波商人在上海各个同业公会当中也都有突出的表现。以银行金融业为例，据 1934 年浙江兴业银行调查报告中记载："全国商业资本以上海居首位，上海商业资本以银行居首位，银行资本以宁波人居首位。"据记载 1941 年间，上海有甬人钱庄 14 家（钱业公会会员庄），即：安康（经理应信森）、安裕（经理刘召棠）、同润（经理裴云卿）、承裕（经理邵兼三）、怡大（经理胡莼芗）、信裕（经理傅生贵）、振泰（经理金少筠）、福源（经理徐文卿）、赓裕（经理盛筱珊）、聚康（经理王怀廉）、滋丰（经理李济生）、鸿胜（经理郑秉权）、福利（经理朱旭昌）、金源（经理夏杏芳）。与甬人有关之银行 17 家，即：中国通商（经理人胡梅庵）、女子（经理人严叔和）、中汇（经理人徐懋棠）、大来（经理人竺梅先）、四明（经理人孙鹤皋）、中国垦业（经理人王伯元）、中国国货（经理人张竹屿）、中华劝工（经理人刘聘三）、浙江地方（经理人方济川）、江西裕民（经理人林联琛）、辛泰（经理人车植廷）、建华（经理人林楚雄）、统原（经理人陈润水）、煤业（经理人盛安孙）、惇叙（经理人蔡松甫）、惠中（经理人俞佐廷）、恒利（经理人王竹屏、乐嘉祥）。甬人经营之银号 5 家：汇丰（经理人章人伟）、上海（经理人胡文甫）、通惠（经理人黄振世）、华孚（经理人徐祉集）、恒丰（经理人周松涛）。此外，尚有甬人经营之证券业裕

兴、辛泰、永祥、瑞大、勤益、通利、大康成、立丰协记、贸信、厚丰、国祥、泰来、长丰盛、汇记；甬人有关之保险业华安水火、宁绍水火、宁绍人寿、肇泰、四明等。由此可见，宁波人在当时上海金融界的地位是多么显赫。正基于此，宁波籍商人在上海银行公会也长期居于领导地位。如宁波籍商人宋汉章、盛竹书、秦润卿等都先后担任上海银行公会会长一职。值得一提的是，出生于宁波镇海的盛竹书不仅在上海银行业公会中有突出表现，而且早在汉口商务总会任职期间就位居要职。盛竹书生于 1860 年，早年曾中秀才。光绪三十三年(1907)，盛竹书赴汉口出任宁波会馆董事，并发起成立宁波旅汉同乡会。1910 年开始涉足商界。1911 年 9 月，盛竹书出任兴业银行汉口分行经理。1912 年，盛竹书被推选为汉口商务总会协理，负责汉口商界债务纠纷，并代表汉口总商会制定了商业债务清理规定。1912 年 11 月，盛竹书和宁波人宋炜臣等作为代表出席全国第一次工商会议，在北京发起成立全国商会联合会。盛竹书后来回到上海，出任浙江兴业银行总行行长，之后又担任上海交通银行的行长。1918 年 10 月 19 日，上海市银行商业同业公会成立，盛竹书出任首届董事(首届会长宋汉章，副会长陈光甫，书记董事李馥荪，董事陶兰泉、盛竹书、倪元甫、孙景西)。1920 年 9 月，上海市银行商业同业公会进行首次上层改选，盛竹书被推举为第二届会长。

二、宁波与汉口商会组织

汉口是中国近代宁波商帮在上海之外活动最集中的城市，而汉口宁波帮对武汉近代工商业的肇始和发展所做出的重大贡献，也使其成为武汉近代经济发展史上最重要、影响力最大的外地商帮。翻开汉口商业发展的历史画卷，宁波商人不仅对汉口商业的发展功绩显赫，同时也直接参与和推动了汉口总商会的产生与发展。宁波商人在汉口经营的商业涉及水产业、银楼业、货运业、银行业、火柴业、洋油业、五金业等。尤其是水产业和银楼业更是一度被宁波商人所垄断。宁波商帮是最早在湖北建立会馆的外地商帮之一。早在乾隆四十五年(1780)，宁波商帮就以联络同乡、维持商业为宗旨，在汉口九如桥兴建浙宁公所；宣统元年(1909)改名为宁波会馆。在沙市，浙江商人最初的会馆内有戏台、神像，宁波商人因出资最多主张用宁波会馆之名，但其他浙商意见不一，遂定名"孤庞会馆"，取杭州孤山与宁波庞山各一字。宁波商人后又在沙市刘家场另建宁波会馆一处。以金融业为例，到 1925 年，汉口 17 家浙帮钱庄资本为 117.8 万两，超过本帮以外各帮钱庄资本之总和。宁波籍人士在上海、杭州等地开设的浙江兴业、浙江实业、四明银行长期在汉口设立分行。这些金融机构为汉口宁波帮的开拓和发展提供了雄厚的资金基础。金融支持为宁波帮在汉口的繁荣提供了后盾,同时宁波帮各业的繁荣也促进了宁波帮在汉口金融业的发展。江汉路上的汉口四明银行大楼其建筑规模甚至大于上海四明银行的大楼。在汉口不仅仅是浙帮三大银行,各大银行都有很多宁波籍的中上层管理人员,包括经理,比如交通银行汉口分行总经理卢洪昶,中国银行汉口分行经理盛丕华、李祖恩,中国国货银行汉口分行总经理李尔安等。保成路上有一个宁波里,就是四明银行员工的住宅。由于地处中心,周围银行集中,保成路一带有多个里弄是银行人员的居住区,也是宁波人的集中居住地。[①] 1931 年常住汉口的宁波人超过 3 万,而当时汉口人口 76 万。近代宁波帮的著名人物包玉刚小时就曾随父亲在汉口生活、求学和走上求业之路。在汉口,宁波同乡会办有小学,宁波实业家办有中学。汉口还有宁波人的厝屋之处四明公所,这是除上海之外的宁波人在外地办的另一处四明公所。[②]

　　和上海总商会一样,汉口总商会在中国近代商会史上同样具有十分重要的地位。根据 1903 年清政府制定《商会简明章程》,1907 年汉口商务总会成立,公举熟悉商情、众望素孚者为总理、协理,各行业帮会则推举代表担任会董和议董,由汉口商务局邀集各帮商董选出议董 29 人。随后,议董推举荫县人卢鸿沧(原名卢洪昶)任汉口商务总会总理。卢鸿沧曾担任汉口商务总会第二、四届议董,第七、八届特别会董。除卢鸿沧外,汪炳生、盛竹书、宋炜臣、蔡永基、史晋生、丁菊生、张理耘、宋仪章、沈宾笙、杨文卿、蔡瑞卿、陈伯思等宁波籍人士都曾在汉口商务总会担任要职(见表 3-7)。1917 年汉口商务总会改为汉口总商会,仍有很多宁波商人担任理事、常务理事,其中曾任汉口商务总会第二、三、四、五、六届议董,第七届会董的太和杂粮行经理宁波镇海人郑似松,1920 年担任第九届汉口总商会副会长至 1923 年。[③] 1918 年汉口总商会所列的各帮会员名册中,有宁波成衣帮、典当帮、老银楼帮、新银楼帮、杂粮帮、药材帮。另外,在汉口杂粮业中,有一个叫汉帮志成堂的组织,是专做汉口及长江上游米货生意的商人的一种行会组织,主持者多为宁波商人,如元芋号、永昌元号、恒兴仁号、成泰义号,还组织有杂粮茶会。[④]

---

①　宁波市政协文史委员会:《汉口宁波帮》,中国文史出版社 2009 年版,第 15—16 页。

②　宁波市政协文史委员会:《汉口宁波帮》,中国文史出版社 2009 年版,第 1 页。

③　宁波市政协文史委员会:《汉口宁波帮》,中国文史出版社 2009 年版,第 266 页。

④　吕洪霞:《"宁波帮"家族企业制度创新研究》,浙江大学出版社 2011 年版,第 27 页。

表 3-7　宁波籍商人在汉口商务总会任职情况

姓名	届别及职务	籍贯	行业
卢鸿沧	一、三届总理，二、四届议董，七、八届会董	鄞县	交通银行汉口分行经理
汪炳生	二届协理，三、四、五届议董	镇海	太记洋油行行东
盛竹书	五、六届协理	镇海	浙江兴业银行汉口分行经理
宋炜臣	一、四、五、六届议董，七届会董	镇海	汉口既济水电公司总经理
蔡永基	二届议董	鄞县	华昌洋行经理
史晋生	二、三、四、六届议董，七、八届会董	镇海	顺记洋油行经理
丁菊生	二、三、四、五、六届议董，七、八届会董	余姚	承丰钱庄经理
张理耘	二、三、四、五、六届议董，七、八届会董	余姚	衡源钱庄经理
郑似松	二、三、四、五、六届议董，七届会董	镇海	太和杂粮行经理
宋仪章	四届议董，七、八届会董	余姚	义源钱庄经理
沈宾笙	四届议董	镇海	顺记五金号经理
杨文卿	四届议董	余姚	源成钱庄经理
王柏年	六届议董，七、八届会董	镇海	美最时洋行经理

参见徐凯希：《宁波商帮推动湖北近代工商业的发展》，载周千军主编的《天下宁波帮丛书》之《百年辉煌》，宁波出版社 2005 年版，第 51—59 页。

三、宁波与北京商会组织

习惯了南方生活习性的宁波商人在京城北京同样留下了辉煌的成就。自明清时期，宁波商人就开始在北京崭露头角，尤其是在药材业和成衣业力量较为雄厚。大约在明清天启、崇祯年间，集聚于京师的宁波药材商在同乡、同业的基础上建立了宁波商人的第一所商人会馆，即鄞县会馆。据该会馆碑记记载："京师之西南隅多隙地，有旧名鄞县会馆者，相传为明吾郡同乡之操药者集资建造，以为停枢及春秋祭祀之所。"[1] 清朝初年，慈溪的成衣商又在北京创建了浙慈会馆。鄞县会馆与浙慈会馆均以"停枢""祭祀"等为主要事业，并通过这种活动联络乡谊，实现同乡互助。此为宁波商人初步形成地域性商帮之始。[2] 鸦片战争后，宁波商人在北京的力量得到进一步发展。

---

① 李华：《明清以来北京工商业会馆碑刻选编》，文物出版社 1980 年版，第 97 页。
② 宁波市政协文史委：《宁波帮在天津》，中国文史出版社 2006 年版，第 4 页。

民国时期,宁波商人在北京的传统行业是中医中药业、成衣业和银号业。不过宁波商人善于开拓创新,为了实业救国,纷纷向新式行业进军。有在北京开办煤矿的,有率先创办机器印刷业的。《北平市志稿》里列举的大印书局都是宁波人开的。从北新华街经南新华街到虎坊桥这南北数公里长的街道上遍布了宁波人开的大大小小印书局。现在的北新华街 10 号就是原拥有上百名职工的"京城印书局",老板是宁波同乡会的理事胡世华。北京新式建筑业更是宁波人的天下。《北平市志稿》中说:"自新式建筑起,别有宁波班承其事。"还有西服业,清同治十年(1871)宁波人汪天泰率先到北京从事西服业,到民国二十四年(1935)宁波红帮裁缝在北京就有 157 人,民国二十九年(1940)北京西服业同业公会 15 名董事中,宁波人占了 13 名,其中会长与 5 名常务董事则是清一色的宁波人,连同业公会会址都设在宁波会馆里,可见民国时期宁波红帮裁缝垄断了北京的西服业。北京的西药业也是以宁波人为主的行业,如中外药房、中美药房、华英药房、中德药房、万国药房、五洲药房等占了北平新药业商会 30 余家会员的三分之一,而且都是著名的大药房。①

四、宁波与天津商会组织

天津作为北方的重要经济中心,"地当九河要津,路通七省舟车",在开埠之前就已经是北方相当重要的地区之一,善于经商的宁波人自然不会遗漏这块土地,相继来到天津。宁波人最初在天津以转运漕粮、贩运货物、经营盐业为主,后随着天津开埠和贸易的扩展,从业范围不断扩展。1860 年天津开埠后,"宁波帮"在天津的势力迅速壮大。天津湾运局总办张友堂是宁波人,"宁波帮"商人经营的大帆船往返行驶于宁波、上海、天津各埠,他曾给同乡提供很多方便。"宁波帮"在天津联络同乡的重要场所是光绪年间成立的浙江会馆(原浙江乡贤祠)。这个会馆虽为浙江会馆,但领导权始终由"宁波帮"掌握,会馆的领导成员主要是"宁波帮"商人。民国时期,"宁波帮"的势力达至历史鼎盛阶段。随着财力的积聚、业务的扩大、人员的增加,"宁波帮"开始以上海为基地,逐渐将活动领地延伸向天津等大城市。民国时期,在天津的商业中心劝业场一带有不少宁波商人经营的名店。如创办于 1917 年的大纶绸缎庄是天津绸缎业名店,其经理宋子良,副理袁庸年、何镇升,以及大多数职工都是宁波人。1900 年,从事西服业的"宁波帮"商人组织成立

---

① 　徐祖光:《北京新老宁波商帮的比较》,《宁波职业技术学院学报》2008 年第 6 期。

天津县洋服商同业公会。鄞县人何庆丰1904年在天津创办何庆锠西服庄。1942年何庆锠西服庄加入西服业公会，何庆丰之子兼任天津市制售西服业商业同业公会常务理事。据《天津制售西服业同业公会会员名册》上提供的信息统计：20世纪40时代末，"红帮裁缝"的244家会员中宁波籍会员就有95家。[①] 其中资本在万元以上的有李同益、和昌行、寿德记、裕昌号、协康号、香港号、恒泰号、民兴号等8家，资本超千元的有34家。在天津西服业中，宁波人资本投入比重很大，规模也大，最兴盛时，职工就达250余人。[②] 在金融界，宁波人更是占有十分显赫的地位（见表3-8）。

表3-8　天津银行界宁波籍董事长、经理、副理、协理、监理任职情况

姓名	曾任职银行及职务	籍贯	任职时间
贺得霖	东陆银行总经理	镇海	1919—1925
童今吾	明华银行总经理协理、东陆银行协理	慈溪	1919—1928
孙衡甫	明华银行总经理	慈溪	1928—1930
张炯伯	明华银行总经理	鄞县	1930—1935
童梦熊	明华银行天津分行经理	慈溪	1920—1929
邵生华	明华银行天津分行经理	慈溪	1929—1934
童今辉	中国垦业银行董事长	慈溪	1926—1929
俞佐廷	中国垦业银行总经理、明华银行协理	镇海	1926—1929
林相如	中国垦业银行监理	慈溪	1926—1929
竺玉成	中国垦业银行天津分行经理	镇海	1926—1927
邵生华	中国垦业银行天津分行经理	慈溪	1927—1928
贺宪章	中国垦业银行天津分行副理、代经理	镇海	1928—1929
童深道	中国垦业银行天津分行副理	慈溪	1927—1929
童敬斋	中国垦业银行天津分行副理	鄞县	1928—1929
夏雨生	中国垦业银行天津分行副理	鄞县	1929—
张章翔	中国垦业银行天津分行副理、经理	鄞县	1934—1944
陈安仁	中国垦业银行天津分行副理	鄞县	1945—1952

①　刘文勇：《宁波"红帮裁缝"在天津》，天津市政协文史委编：《天津文史资料选辑》第105辑，天津人民出版社2005年版，第197—201页。

②　宁波市政协文史委：《宁波帮在天津》，中国文史出版社2006年版，第103页。

续表

姓名	曾任职银行及职务	籍贯	任职时间
林鸿赉	中国银行天津分行副理、经理，中孚银行天津分行经理	镇海	1940—1949
包培之	中孚银行天津分行经理、副总经理	鄞县	1930—1951
冯昌照	大中银行天津分行经理	慈溪	1949—
洪渭渔	天津中国实业银行副经理，大中银行天津分行经理、副理	慈溪	1934—1950
颜师鲁	盐业银行天津分行副理、经理	慈溪	1950—1952
葛逊斋	中国垦业银行天津分行经理	慈溪	1929—
杨天受	河北省银行经理、中国农工银行经理	余姚	1935—

参见宁波市政协文史委：《宁波帮在天津》，中国文史出版社，2006年，第68页。

　　"宁波帮"的一些重要人物如严信厚、董浩云等人，也都曾活跃在天津商界。宁波慈溪人严信厚是宁波帮在天津诸多事业的开山之人。他凭借在上海开设源丰润票号的经验，在天津设立分号，经营国内汇兑业务，取得较大成功。在金融界站稳脚跟的严信厚随后进军金店、银号、绸缎庄等多种行业，陆续开设了新泰银号、物华楼金店、上海老九章绸缎庄天津分号等。商业上的成功，不仅使严信厚所拥有的财富迅速增长，而且社会地位也随之提高。袁世凯早年在天津时为源丰润的座上宾，认严信厚为商界前辈，委其筹备天津商务总会，但严信厚托词未就。被称为"世界船王"的董浩云，1928年供职于天津航业公司，1934年他成为天津轮船业同业公会会员代表，并任第一届执行委员，此后曾先后任天津轮船业同业公会常务委员、副会长职务。1945年9月16日，董浩云作为天津轮船业同业公会常务委员，与盛昆山、王金堂等人一起提出自即日起恢复因抗日战争而停止的同业公会工作，"谨呈者，窃以天津轮船业同业公会在抗战期间，始终保持原有机构，期为同业谋复兴，为航业求发展，自战争胜利，和平实现后，即于三十四年九月十六日，召开全体会员公司代表会，当场议决：自即日起，恢复同业公会工作，今后誓在主管当局指导之下，尽瘁航业复兴，效力国家建设，以尽航商天职。区区微忱，当蒙钧座所洞察，理合具文呈报，伏乞鉴核备案，实为公德两便，谨呈交通部天津航政局局长俞"[1]。

---

　　① 天津市档案馆：《世界船王董浩云先生在天津活动档案选》，《天津档案史料》1997年第1期。

天津市保险业同业公会于 1933 年 7 月筹备成立,华安等 9 家保险公司为第一批会员;次年 3 月,以屠培成为经理、张章翔为副经理的中国天一保险公司天津分公司也加入公会。1934 年 10 月,天津市保险业同业公会召开成立大会,中国天一保险公司天津分公司副经理张章翔被选为常务理事,后又被选为会长。1942 年 8 月,日本企图对我国华北保险业务实行统治,组织一个五人代表团来天津要求华商保险公司以"中日亲善"为重,一律改为日商保险公司的代理店。以张章翔为会长的天津市保险业同业公会坚决抵制,使日方统制整个华北保险业的阴谋终未得逞。[①]

五、宁波与其他城市商业及商会组织的发展

重庆等西南地区城市也是近代宁波商人主要的活动地之一。特别是日军侵华战争发生之后,大批的宁波帮企业开始从上海等沿海地区内迁至重庆、昆明、贵阳等地。宁波帮创办的渝鑫钢铁厂、亚浦尔电器厂、华生电器厂等全国同行中数一数二的民营工厂也在其中。宁波帮在西南地区的发展,对于开发西南,支援战时经济,恢复战后生产贡献良多。

江南地区是"宁波帮"的本土,自然少不了宁波商人创业奋斗的足迹。早在清光绪年间,旅居杭州的宁波人就创立了杭州四明公所,1908 年又成立宁波旅杭同乡会。宁波商人在杭州主要经营丝、茶收购及洋货进口,并开设多家钱庄、银行和药店。20 世纪初,在杭州就有很多宁波商人。《浙江潮》说:"杭州、温州,凡上等商社会,皆宁人也。"1909 年镇海商人金润庠就在杭州开办华通杭州分公司。20 年代,陈万运、沈九成的"三九实业社"进军杭州。他们不仅在杭州设立"三友"分发行所,推销"三角牌"毛巾,而且扩资、扩产。为保证棉织品原料供应,陈万运、沈九成于 1929 年用 36.2 万元盘进杭州通益公纱厂(包括鼎新布厂),改名为"三友实业社股份有限公司杭州制造厂"。这个工厂有纱锭 20360 枚,织布机 285 台,厂房数百间。接着,又投资 160 万元用作基本建设和更新设备,使该厂成为集纺织、印染、漂整于一体的联合工厂,成为我国第一家从棉花进厂到毛巾出厂的全能型棉纺织厂,日产毛巾 3000 打、被单 700 条、布匹 500 匹,每天的产值达万余元。到 1931 年,资本达 200 万元,有职工 6000 多人,年盈利 32.1 万元,其"范围之广,声势之大,产品之多,营业之盛,贡献之巨,在当时实业界中是屈指可数的"。竺梅先、金润庠也创建华丰造纸厂。1931 年,周宗良以 50 万元的资金在杭

---

① 吕洪霞:《"宁波帮"家族企业制度创新研究》,浙江大学出版社 2011 年版,第 25 页。

州投资杭州电气股份有限公司;孙梅堂在杭州设惠林登钟表行。1934年,刘鸿生也在杭州创办光华火柴厂,生产火柴。1943年,宁波人吴常仁等在杭州开办东南化工总厂,吴常仁占总资本70%,并担任经理。一年后,吴常仁独立经营,并邀杭州烟业界张文汉、沈桂荪等人入股。1944年,又在弼教坊开设发行所和门市部,业务发展很快,生产各类肥皂,在杭州市场占有率达80%以上。项松茂的五洲企业集团在杭州设分号,并对杭州同春药房投资附股合作经营。孙蘅甫投资杭州绸缎庄。民国期间,宁波商人还在杭州开设南货店,经营南北货。镇海的方氏家族在杭州开设方裕和南北杂货号,该店专营门市,尤其以宁波土特产供应最为著名。这家南货店由于良好的质量与信誉,成为杭州南北货业的魁首。清末民初至抗战前夕,是方裕和的全盛时期,资金达30万银元,年营业额在40万银元以上。董耕莘、楼道魁、叶筱兰都在杭州经营实业。宁波帮实业家在杭州也参与金融业的创建。比如,杭州钱业公会就是由宁波商人发起创办的。仅同治、光绪年间,在杭州就开有慎裕、豫和、庚和、阜生、阜源、和庆、元大、惟康、介康、寅源、崇源、仑源、堃源、聚源、同源、益源等近20家钱庄。其中慈溪的董耿轩家族在杭州开设阜生、阜源等钱庄;方介堂家族钱庄的业务也在杭州扩展,其中老方在杭州开设钱庄2家,新方开设1家;叶氏家族在杭州独资开设和庆、元大钱庄2家。秦润卿、王伯元创办的中国天一保险公司在杭州也有分公司。四明银行在杭州设有支行。[①]　据《浙江省金融志》记述,"宁波帮"巨商方介堂,开设方振记,经营进出口贸易,在杭州设有慎裕钱庄一。镇海人张忍甫担任中央银行杭州分行经理达20年,任浙江地方银行(后称浙江省银行)董事长、监察人10余年。浙江地方银行董事长一职,长期由"宁波帮"商人担任。以严信厚、叶澄衷、朱葆三等宁波商人为总董的中国通商银行1936年在杭州开设有支行。除金融业外,宁波商人在杭州药店业、南北杂货业等都有突出表现。如杭州南北货业有"三昌一和"之说,其中的"一和"就是指镇海人方仰峰开设的方裕和南北货商店。

温州作为浙南重镇,清嘉庆年间,宁波商人在温州就创立四明公所,19世纪末创立温州宁波会馆。温州多家老字号名店,如裕大南北货行、五味和副食品商店、叶同仁中药店、秦三泰铜锡店、郑生记菜馆、广和酱园等,都是"宁波帮"商人开设的。此外,鄞县人翁来科1927年与汪惠卿、孔锡麟、陈挺夫合伙组建永丰钱庄,任经理,温州巨商汪仲笙、金三益绸缎局老板金仲友

---

　　①　乐承耀:《近代宁波帮实业家涉足长三角》,《宁波帮研究》2004年第2期。

等均为该庄股东。1932 年,翁氏得周守良和黄溯初等人的扶持,就任中国实业银行温州分行经理,成为温州商界炙手可热的人物,多家企业拉他担任总经理或董事长,如百好乳品厂、远东蛋粉厂、普华电灯公司、光明火柴公司、大明蜡纸厂、东瓯电话公司、富华布厂、协记烟厂、瓯海药栈、国货公司、永余蛋行、瓯海实业银行、温州商业银行、瓯海医院、普安施药局等 23 家,1941 年还担任温州钱业公会理事长。①

属长江三角洲北翼城市的南京、苏州等城市自古以来经济发达,是中国近代工业的发祥地。古都南京是民国政府首都,在 20 世纪上半期,经济繁华,是许多实业家经营的重点地区。宁波商人也在那里创办实业。比如,1917 年,祖籍宁波的李宗标,在南京开设李顺昌服装店,店铺有一定的规模,工人 40 人,店内的师傅大多是宁波的红帮裁缝,由于师傅的手艺高,服装质量好,软、牢、挺、美,誉满南京,当时不少官员都是这家服装店的老主顾。孙梅堂在南京经营钟表。五洲药房在南京有分店,制销百龄汁、艾罗补脑汁等补品。鲍国昌的信谊药厂在南京设立办事处,还经营橡胶、玻璃、印刷等业务。谢蘅窗的老永昌煤号、裕昌煤号在南京有分号。方家、李家、董家在南京也经营钱庄。宁波商人孙敏豪、张韵楼、裴梓乡、陆焕章等人经营银号。四明银行在南京设分行。1902 年,南京成立四明公所。1928 年,旅居南京的"宁波帮"商人张康年等人发起创立宁波旅京同乡会,到 1935 年,会员达2746 人。②

在苏州,宁波丝绸商人早就在此创立宁绍会馆。清雍正年间(1723—1735),"宁波帮"商人在苏州建立浙宁会馆,也称宁波会馆。1919 年,旅居苏州的"宁波帮"木业商人刘正康在浙宁会馆内创设宁波旅苏同乡会,会员达900 余人。"宁波帮"商人在苏州设店经商者甚多。1919 年,"宁波帮"商人葛恒钧在苏州独资开设同春堂药铺。1920 年,"宁波帮"巨商刘鸿生联合赵文焕等旅居苏州经营煤炭的商人合作创办苏州同和义号煤炭行。同年,刘鸿生、杜家坤等合资创办华商鸿生火柴公司,后改为华商鸿生火柴股份有限公司;1930 年合并组成大中华火柴公司,刘鸿生任总经理。1934 年,由旅沪"宁波帮"巨商项松茂、王才运、邬志豪等人联合宁波金融实业界人士在上海创办的宁波实业银行在苏州设立分行,吴泳岳、潘吟孙先后担任苏州分行经

---

①　吕洪霞:《"宁波帮"家族企业制度创新研究》,浙江大学出版社 2011 年版,第 29—33 页。

②　乐承耀:《近代宁波帮实业家涉足长三角》,《宁波帮研究》2004 年第 2 期。

理。1937年,"宁波帮"商人在上海创办的四明商业储蓄银行也在苏州设立支行,经理为程翰卿。在江苏的无锡、南通、常熟等地,也都有众多的宁波帮商人活动的身影。

除此之外,明清以来至民国时期,宁波商人在辽宁锦州、山东青岛、河南郑州、福建厦门等地也都有突出的商业表现,对当地商业的繁荣以及商会组织的产生和发展做出了重要贡献。

由民国时期,上海、汉口、北京等地商会组织的发展来看,宁波商人都在其中起到了巨大的推动作用。全国许多其他地方商会的发展也都可以找到宁波商人卓越的身影。因此,走向天下的宁波商人不仅推动了上海、香港等中国城市商业的繁荣,而且也对中国近代商会的产生和发展起到了不可忽视的重要作用。

本章小结

民国时期,是宁波近代商会组织发展的鼎盛时期。晚清以来产生的宁波近代商会组织,在民国时期获得了较大的发展。商会的治理结构和运行机制日益规范,商会的组织功能和活动范围更加广泛。商会作为工商团体自治组织,在国家政治、经济、社会、文化等方方面面都发挥着十分重要的作用。这一时期,商会组织在两个方面的发展和参与尤其值得关注。一是,商会作为商人自治组织的属性日益得到加强。尽管这一时期国民党政府试图控制商会,日伪政府成立伪商会而妄图加强对商业和中国社会的统治,但商人以及商会组织争取自身自治权利和合法地位的呼声与行动从来没有停止,而是一浪高过一浪。二是,商会对政治的参与度也是相当深入。商会虽然属于商人自治组织,其宗旨和职能主要着眼于经济领域,但中国近代以来的社会现实,使得商会一开始就很难脱离政治。民国时期,宁波近代商会组织在维护国家主权与民族独立、反抗国民党政府独裁干预、支持青年学生与进步人士爱国斗争、抵御日本侵略者抗日救亡运动以及共产党领导的无产阶级革命与解放战争中,都有着较为突出的表现。

第四章　新中国成立初期的宁波商会组织

正如本书前面所言,宁波近代商会组织产生于清朝末年,在民国时期得到较快的发展。1949 年中华人民共和国的成立,标志着中国的发展进入了一个新的历史时期。在这个新的历史时期里,中国政治、经济、文化等方面发生了翻天覆地的变化。这种变化深深地影响着中国社会的方方面面,并通过社会生活的各个不同侧面而得以体现。反映在商会组织的发展上就是,自近代以来产生的宁波商会组织停止运行,转而被新型的工商社团组织——宁波市工商业联合会所取代。与此同时,从旧时代发展而来的宁波各同业公会组织也按照社会主义制度的要求,接受改造和改组,以适应新的社会制度和形势发展的需要。

第一节　新中国成立初期的宁波市工商业联合会

一、新中国成立初期宁波市工商业联合会的成立与发展

新中国成立后,按照中央的统一部署和要求,开始组建工商业联合会取代旧商会而成为新型的工商业团体组织。在中华全国工商业联合会筹建过程中,各地也开始酝酿筹建地方的工商业联合会。

1949 年 5 月 25 日宁波解放后,于 6 月 5 日,成立浙江省第二区专员公署,同月划鄞县城区及近郊设省辖市宁波市,24 日宁波市人民政府正式成立。宁波市政府成立后,于当年的秋天就开始酝酿筹建工商业联合会工作。由当时的市人民政府刘德甫副市长与工商界代表人物金臻庠、俞佐宸、洪宸笙等就有

关筹建工商业联合会的事宜进行商谈。1950 年 1 月间，宁波军管会和人民政府先后召集了旧商会和旧同业公会理事及各业代表座谈，经过充分研究、酝酿，在协商的基础上，成立了宁波市工商业联合会筹备委员会。筹委会共 45 人组成，主任委员金臻庠，副主委由俞佐宸、洪宸笙 2 人担任。[①] 筹备委员会成立后，及时成立了旧商会接管委员会、各同业公会整组委员会、财务委员会、法规研究委员会、调解委员会和文教委员会，接管旧商会和旧的同业公会。

　　经过三年的筹备，宁波市工商业联合会于 1953 年 1 月正式成立。1953 年 1 月 22 日至 24 日，宁波市工商业联合会第一届委员会召开。出席会议代表 259 人。金臻庠做《宁波市工商业联合会筹备委员会关于 3 年来工作情况及今后任务》的报告，代表们听取了李频如市长的讲话，会议通过了向毛主席的致敬电和向中国人民志愿军致敬电，通过了工商联组织章程，正式成立了宁波市工商业联合会组织，成为爱国统一战线的人民团体。会议的主题是：明确工商联基本任务，动员全市工商业者遵守《共同纲领》，指导会员和同业公会，协调好劳资关系，为彻底实现报告中所提出的今后任务而奋斗。会议选举了由 37 人组成的市工商联第一届执行委员会常务委员以及候补执行委员和监察委员会正、副主任委员等人员。[②] 主任委员俞佐宸，副主任委员由金岚、冯梯云、崔汉章、刘昌华担任。

　　宁波市工商业联合会成立后，积极发挥统战功能，团结和引导广大工商界人士，全力配合国家的各项政策，努力完成对资本主义工商业的社会主义改造任务，为社会主义制度的最终确立和发展而积极努力。

　　1953 年 11 月，中共宁波市第五次代表会议通过《关于坚决贯彻党在过渡时期总路线总任务的决议》后，宁波市工商联积极行动起来，决定提前召开第二届会员代表会议，在广大私营工商业者中开展总路线宣传教育，推动私营工商业者认清形势，接受社会主义改造。同年 12 月，主委俞佐宸带头，和丰纱厂、永耀电力公司、宁波冷藏公司、宁穿长途汽车公司、通运长途汽车公司、万信纱厂（一厂、二厂）等 6 家企业首先实行公私合营。

　　1954 年 6 月 9 日至 12 日，宁波市工商联第二届会员代表会议召开。冯梯云做了《浙江省宁波市工商业联合会 1 年 4 个月工作总结和今后工作任务》的报告。会议紧紧围绕宣传过渡时期总路线，教育会员接受社会主义改

---

　　① 宁波市地方志编纂委员会：《宁波市志》，中华书局，1995 年，第 1999 页。

　　② 宁波市工商联合会（总商会）志编纂委员会：《宁波市工商联合会（总商会）志》，内部发行，2005 年，第 157 页。

造这一主题,一致同意并通过了工作报告,与会代表郑重表示拥护和接受报告中的各项指示,要将这次会议精神普遍深入地向全市工商业者传达下去,做到家喻户晓,带动全市工商业者,为彻底贯彻国家在过渡时期的总路线和总任务而奋斗。1955 年,宁波市工商联协助政府以加工、订货、统购、包销、收购、经销、代销等形式,将私营工业 120 家、商业 212 家纳入国家资本主义初级形式轨道。引导私私联营,小型织布厂 212 家、针织厂 18 家合并为联营厂 6 家,18 家酒坊合并为 1 家酒厂,59 家布厂、内衣厂、线厂、烟厂、糖果厂、袜厂合并为 12 家,17 家布店合并为 3 家。至 1955 年年底,较大工业企业 39 家、商业企业 247 家实行公私合营。[①]

　　1956 年 1 月 19 日,老市区资本主义工商业全行业实行公私合营。宁波市工商联积极协助政府定股、定息,并做好相关的人事安排。根据国家的统一规定,定息 5 厘,即年息 5%,期限 10 年。老市区在职私方人员 1449 人,其中安排国营公司副经理 14 人,公司正副科(股)长 28 人,较大厂店正副厂长、经理 97 人,基层商店正副经理和工厂车间主任 58 人,其他职务 729 人。[②] 1956 年 9 月 19 日至 21 日宁波市工商业联合会第三届会员代表大会召开。冯梯云又做了《关于 2 年来工作总结和今后工作任务》的报告。大会结合国家社会主义改造的实践,深入讨论了公私合营后的新形势、新问题,教育会员搞好公私合营,改善经营管理。会议还包括通过了向毛主席的致敬电,选举产生新的一届工商联领导机构成员等事项。

　　1958 年 6 月 16—17 日宁波市工商业联合会第四届会员代表大会召开。副主任委员周信涛做《向第四届会员代表大会的工作报告》,市委统战部刘昌华副部长做"当前形势和总路线"报告。本次会议的主题是:教育工商业者坚持走社会主义道路,加强自我改造,动员参加劳动。会议审议通过了市工商联第三届执行委员会工作报告,确定了今后工作任务,并选举产生了新一届市工商联领导机构人员。当年,宁波市工商联积极协助政府组织工商业者上山下乡,至梅山盐场 880 人;厂店外劳动近 3000 人次,下车间、柜台 566 人。[③]

　　1961 年 2 月 8 日至 9 日,宁波市工商业联合会第五届会员代表大会召开,副主任委员冯梯云做《宁波市工商业联合会第四届执行委员会工作报告》,中共宁波市委阎世印书记到会做重要讲话。大会的主题是:教育工商

———————————

　　① 宁波市地方志编纂委员会:《宁波市志》,中华书局,1995 年,第 2001 页。

　　② 宁波市地方志编纂委员会:《宁波市志》,中华书局,1995 年,第 2001 页。

　　③ 宁波市地方志编纂委员会:《宁波市志》,中华书局,1995 年,第 2001 页。

业者坚定信心,克服困难,坚定不移跟共产党走,在劳动中改造成为新人。审议通过了市工商联第四届执行委员会工作报告,确定了今后的工作任务;选举产生了由 129 人组成的市工商联第五届执行委员会,第一次执委会议选举正、副主任委员等人选。

1963 年 11 月 18 日至 20 日,宁波市工商业联合会第六届会员代表大会召开。副主任委员崔汉章做《宁波市工商业联合会第五届执行委员会工作报告》,市委统战部刘昌华副部长做了重要报告。大会的主题是:贯彻国民经济调整、巩固、充实、提高方针。会议审议通过了市工商业联合会第五届执行委员会工作报告,确定了今后的工作方针和任务;选举产生了新一届市工商联领导机构人员。[①]

宁波市工商业联合会在新中国成立初期的这种工作一直持续到"文化大革命"开始前夕。新中国成立初期宁波市工商联合会代表大会召开情况见表 4-1。

表 4-1　新中国成立初期宁波市工商联合会召开的代表大会

届别	第一届	第二届	第三届	第四届	第五届	第六届
召开时间	1953 年 1 月 22 日至 24 日	1954 年 6 月 9 日至 12 日	1956 年 9 月 19 日至 21 日	1958 年 6 月 16 日至 17 日	1961 年 2 月 8 日至 9 日	1963 年 11 月 18 日至 20 日
主要议题	讨论工商联基本任务;选举执行委员	学习过渡时期总路线,教育会员接受社会主义改造	讨论公私合营后新形势,教育会员公私共事、改善经营管理;选举执行委员	教育工商业者坚持走社会主义道路,加强自我改造;选举执行委员	教育工商业者坚定信心,克服困难,坚定不移跟党走;选举执行委员	贯彻国民经济调整、巩固、充实、提高方针;选举执行委员
出席人数	259	265	253	253	301	285
选举产生执行委员会 主任委员	俞佐宸		俞佐宸	俞佐宸	俞佐宸	俞佐宸
选举产生执行委员会 副主任委员	金　岚 冯梯云 崔汉章 刘昌华		王　琇 冯梯云 崔汉章 沈曼卿 周信涛	陈恩斯 周信涛 冯梯云 崔汉章 吴俊康	黎　明 周信涛 冯梯云 崔汉章 吴俊康 缪桂新 傅丰水 周竹君	陶健甫 周信涛 冯梯云 崔汉章 吴俊康 周竹君

---

① 宁波市工商联合会(总商会)志编纂委员会:《宁波市工商联合会(总商会)志》,内部发行,2005 年,第 159—167 页。

届别		第一届	第二届	第三届	第四届	第五届	第六届
选举产生执行委员会	常务委员	景家骝 张赓棠 沈曼卿 张善卿 倪维熊 陈修栋 周信涛 胡思明		丁锦甫 王直三 刘德城 孙蔓艺 李　彬 汪梅卿 吴俊康 陈修栋 陈春芳 应美铨 金臻庠 周竹君 张赓棠 张善卿 张廉海 胡思明 洪宸笙 倪维熊 倪寒中 周信涛 冯光宇 董菖林	丁淑恒 王直三 汪梅卿 周竹君 洪宸笙 胡思明 高　斌 倪寒中 陈春芳 陈修栋 屠月亭 孙蔓艺 孙庆章 傅振新 张善卿 张赓棠 张廉海 刘德城 郑行庄 应美铨 顾耐仙	王正直 王直三 刘敬禟 刘德城 孙蔓艺 孙庆章 应美铨 吴俊康 汪梅卿 周信涛 周兴国 周竹君 林安友 陈修栋 陈春芳 俞佐宸 洪玉仙 洪宸笙 胡思明 郑行庄 倪寒中 徐联甫 高　斌 张善卿 张赓棠 张廉海 崔汉章 冯梯云 冯　骅 傅丰水 屠月亭 费小毛 黄声远 顾耐仙 顾绍成 管沛芳 潘　静 黎　明 缪桂新	王直三 刘德城 孙蔓艺 孙庆章 应美铨 吴俊康 汪梅卿 周信涛 周竹君 郑行庄 俞佐宸 洪宸笙 胡思明 倪寒中 高　斌 陈一鸣 陈修栋 陈春芳 陈冠云 陶健甫 张善卿 张赓棠 张廉海 梁文贤 崔汉章 冯梯云 冯　骅 屠月亭 顾耐仙 顾绍成 管沛芳 潘　静

续表

届别		第一届	第二届	第三届	第四届	第五届	第六届
选举产生执行委员会	执行委员	徐大和 包起祚 顾耐仙 陈庆恒 范文蔚 徐定怀 吴俊康 虞理衢 倪寒中 金臻庠 柴鸿生 朱信豪 洪芙馥 张廉海 茅虎森 蔡同耀 屠一泉 张琴森 杨一民 秦振兴 刘德笙 洪宸寿 杨财宇 冯光宇		丁淑恒 丁锦甫 王直三 王云生 王尔昌 王荫亭 方福庆 包起祚 包正芳 刘德城 刘介眉 叶延康 孙蔓艺 孙章庆 朱寄梅 朱桂菊 阮瑞珍 汪梅卿 吴俊康 吴子乐 陈修栋 陈春芳 陈孝成 陈庆恒 余志刚 李明 李彬 李贤佐 沈永定 金臻庠 金悦深 周公定 周士杰 周竹君 周倩 应美铨 郑行庄 郑尔康 张赓棠 张善卿 张廉海 张琴森 张承玺 张启凤 郁炳炜 胡思明 洪宸笙 洪芙馥 茅虎森	丁淑恒 丁锦甫 王安邦 王直三 王云生 王尔昌 王庆堂 王宝源 方福庆 包正芳 朱寄梅 朱桂菊 阮瑞珍 汪梅卿 汪建业 余志刚 李贤佐 李思荣 沈永定 沈曼卿 金悦深 郁炳炜 周竹君 周士杰 周倩 周有范 茅普亭 茅虎森 洪宸笙 洪芙馥 胡思明 高斌 姚宝章 倪寒中 陈春芳 陈修栋 陈孝成 陈一鸣 陈炎烈 陈冠云 徐定怀 徐祥寿 范文蔚 柴鸿生 曹庆华 许定亭 屠月华 潘新华	丁锦甫 方福庆 王直三 王云生 王尔昌 王正良 王明康 王明德 包正芳 包永宽 包俊文 叶延康 刘德城 刘介眉 刘敬禣 孙蔓艺 孙庆章 朱开先 朱春华 朱寄梅 朱桂菊 朱兆庆 朱鸣鹤 华信甫 吴财根 吴俊康 严祖芳 应美铨 应汉章 李贤佐 李永甫 汪从新 汪梅卿 汪建业 汪成伟 沈永定 沈曼卿 阮瑞珍 周士杰 周信涛 周兴国 周竹君 周有范 周秀娥 周祥云 林安友 林祖惠 茅普亭	丁锦甫 方福庆 王直三 王云生 王云甫 王安邦 王珊纯 毛永和 包正芳 包永宽 包俊文 叶延康 刘德城 刘介眉 孙蔓艺 孙庆章 朱春华 朱寄梅 朱桂菊 庄汉章 阮瑞珍 吴俊康 余志刚 宋高云 严祖芳 应美铨 李贤佐 励永康 汪梅卿 汪建业 沈永定 沈曼卿 邵敏祥 邹云苏 周士杰 周信涛 周有范 周秀娥 茅普亭 茅虎森 金悦深 郑行庄 郁炳炜 俞佐宸 姚宝章 柴鸿生 洪宸笙

续表

届别	第一届	第二届	第三届	第四届	第五届	第六届
选举产生执行委员会	执行委员		柴鸿生 柴景春 柴永兴 柴炳茂 范文蔚 徐大和 徐定怀 徐祥寿 倪维熊 倪寒中 冯芝馥 冯光宇 冯其昌 曹庆生 屠月亭 屠一泉 顾耐仙 杨财寿 杨万钱 钟志良 董菖林 虞理衢 虞葵先 潘新华 蔡同耀 钱孝昌	孙蔓艺 孙庆章 傅振新 傅荣康 冯光宇 冯其昌 冯　骅 杨万钱 杨财寿 杨金生 张正义 张赓棠 张善卿 张廉海 张名禄 张士陟 张启凤 张琛贤 董菖林 虞葵先 刘德城 刘介眉 郑行庄 叶延康 蔡同耀 应美铨 钱孝昌 钟志良 钟鸿发 韩钲绥 严祖荣 顾耐仙 顾人杰 顾绍成	茅虎森 邵敏祥 陈一鸣 陈仁钧 陈孝成 陈炎烈 陈春芳 陈修栋 陈厚生 陈章炽 陈渭滨 陈德友 金悦深 俞佐宸 姚宝章 施藕英 柴鸿生 洪玉仙 洪宸笙 胡子瑜 胡思明 胡祥生 郑信贵 郑行汉 郑行庄 郁昌森 郁炳炜 倪金斋 倪祖华 倪寒中 徐定怀 徐和卿 徐祥寿 徐联甫 高　斌 张士陟 张吉祥 张名禄 张启凤 张琛贤 张赓棠 张善卿 张廉海 崔汉章 崔云康 曹庆生	胡思明 胡鼎成 倪寒中 徐定怀 徐和卿 徐祥寿 高　斌 陈一鸣 陈孝成 陈炎烈 陈春芳 陈修栋 陈冠云 陈渭滨 陶健甫 张士陟 张名禄 张启凤 张琛贤 张赓棠 张善卿 张廉海 梁文贤 崔汉章 曹庆生 许定华 黄厚富 屠月亭 冯光宇 冯其昌 冯梯云 冯　骅 傅荣康 钟志良 钟祖芳 钟鸿发 董菖林 葛根华 杨万钱 杨金生 虞葵先 顾人杰 顾耐仙 顾绍成 管沛芳 蔡同耀 裴春阳

续表

届别	第一届	第二届	第三届	第四届	第五届	第六届
选举产生执行委员会	执行委员				符翠玲 许定华 冯光宇 冯其昌 冯芝馥 冯梯云 冯　骅 傅丰水 傅荣康 傅静波 屠月亭 董菖林 葛尚英 钟祖芳 钟鸿发 费小毛 黄声远 黄厚富 杨万钱 杨金生 虞葵先 邹云苏 顾人杰 顾耐仙 顾绍成 顾锡涛 管沛芳 蔡同耀 裴春阳 樊敬庭 潘　静 黎　明 钱孝昌 缪桂新	潘　静 钱孝昌

二、新中国成立初期宁波所辖各县(市)工商业联合会的发展概况

宁波市工商业联合会成立后,宁波所辖各县(市)也纷纷筹备成立县级工商业联合会等基层组织。

1951年宁海县工商业联合会筹备委员会成立。1955年3月宁海县第一届工商联会员代表大会召开,宣告了宁海县工商业联合会正式成立,推举胡满金为第一届工商联执行委员会主任委员。

1953年3月,余姚县工商业联合会筹备委员会成立。1958年9月余姚县召开第一届工商界代表大会,余姚县工商业联合会正式成立,推举仇庆冠

为县工商联执委会主任委员。

1953 年 6 月，象山县工商业联合会筹备委员会成立。1957 年 6 月，象山县工商业联合会第一届会员代表大会召开，大会宣告了象山县工商业联合会正式成立，并且选举了工商联领导机构成员，徐文铎当选为主任委员。

1951 年 8 月，鄞县召开工商界代表会议，成立县工商联筹备委员会，1956 年 12 月，鄞县工商联召开第一届会员代表大会，鄞县工商业联合会正式成立，主任委员缪桂新。

1954 年 1 月，慈溪县成立工商联筹备会联合办事处。12 月改称县工商业联合会筹委会。1957 年 2 月正式成立县工商业联合会。主任委员由虞家芝担任。

1954 年 12 月，奉化县召开第一届工商业联合会会员代表大会，宣告奉化县工商业联合会正式成立，推举陈凯麟为主任委员。

1956 年 6 月，镇海县工商业联合会第一次会员代表大会召开，镇海县工商业联合会成立，主任委员为傅丰水。

总体上讲，新中国成立初期宁波所辖各县工商联的发展遵循了和宁波市工商业联合会同样的发展轨迹。

以慈溪县工商业联合会和鄞县工商业联合会为例，1949—1954 年，慈溪县境的周巷、观城、天元、胜山、三浦、庵东、浒山、坎墩、新浦、逍林、鸣鹤、师桥、长河、龙场、范市、相公殿、白沙、马家路、横河、彭桥、东安等镇先后成立工商联筹备会或工商小组。1954 年 1 月，成立慈溪县工商联筹备会联合办事处。12 月改称县工商业联合会筹委会。1957 年 2 月正式成立县工商业联合会。主任委员由虞家芝担任。（1958 年 7 月被免去主委职务，增选潘珠炎担任主任委员一职）。解放初期，各地工商联组织发动商界人士认购人民胜利折实公债，出资捐献飞机大炮，支援抗美援朝。1951 年，姚北各镇及观城镇工商联与各界人士共同出资兴办姚北中学。1956 年，由工商界骨干带动全县工商业者接受社会主义改造。1957 年 4 月，根据"量才录用，辅以适当照顾"的方针，推荐 110 名私方人员由政府安排在各级国营、供销社及公私合营企业中任职。1962 年，贯彻《私方人员工作守则》，鼓励广大工商业者改善公私共事关系，投入增产节约运动。从是年 10 月至 1964 年，向全县工商界进行爱国主义、国际主义、社会主义教育。[1] 1967 年 5 月，因"文化大革

---

① 慈溪市地方志编纂委员会：《慈溪县志》（网络版），浙江人民出版社 1992 年版，第 620 页；http://www.cnbsz.gov.cn/szbook/Default2.aspx? CategoryId＝1340，2012 年 6 月 25 日访问。

命"，慈溪县工商业联合会被迫停止活动。

鄞县解放后，1949 年 9 月 25 日，古林区各乡 28 家草席行业率先组织草席业同业小组。随之，各区、各乡先后成立区、乡工商业联合会（小组）。1950 年年底，全县共有区、乡（镇）工商联（组）39 个，会员初期为私营工商业者、小业主、小商小贩和手工业者。1951 年 8 月召开工商界代表会议，成立县工商联筹委会。筹委会的主要工作：一是发展会员，建立和整顿基层组织；二是组织工商界学习《共同纲领》、人民政府关于保护有利于国计民生的私营工商业政策，帮助工商业者提高认识，明确党和政府政策和自己的历史使命，积极做好生产经营，搞好劳资协调，稳定市场物价，参与恢复国民经济及其他事业；三是完成政府和各部门交代的任务；四是向政府反映工商户的意见和要求；五是组织会员学习"三反五反"运动指示，进行爱国守法和职业道德教育，开展批评和自我批评，检查"五毒"错误，消除取巧思想，纠正价格混乱，端正经营作风；六是动员工商界购买国家经济建设公债，支援国家社会主义建设；七是教育会员接受社会主义改造，走社会主义道路。①

经过多年的筹备，1956 年 12 月，鄞县工商业联合会第一次代表大会召开。参加代表大会的代表以原工商业者为主，还有国有工商企业、合作社等集体企业代表。会议选举产生第一届执行委员会。基层组织有 10 个区工商联、9 个乡（镇）工商联和 19 个工商小组。1957 年按照供销社社区建立社区工商联、办事处和工商小组。全县共有 12 个工商联、9 个办事处和 4 个工商小组。本届执委会由于私营企业全部实行社会主义改造，工作任务有所改变，主要工作包括：一是组织会员学习马列主义、毛泽东著作及社会发展史，提高工商界思想改造的自觉性，增强群众观念，树立为社会主义服务思想。1957 年成立学习委员会。1958 年 4 月，召开工商界自我改造跃进大会，向党交心，开展批评和自我批评，整风"反右"。教育会员发挥专业所长，搞好公私共事和企业生产经营。二是组织会员参加社会主义劳动竞赛和支援农业、水利建设，开展比学习、比思想改造、比劳动、比贡献、比团结互助、比艰苦朴素的比学赶帮运动。动员组织 2000 多会员及家属参加积肥、修水利、夏收夏种和除"四害"等运动，组织会员送货下村，方便群众。三是推销经济建设公债和地方工业建设储蓄，支援国家建设。1957 年、1958 年两年动员工商界购买经济建设公债 8 万元、1958 年支援地方大办工业储蓄 21.5 万元；县工商联将 3000 元节余经费上交县府支援农业生产。四是 1957 年

---

①　鄞县地方志编纂委员会：《鄞县志》，中华书局 1996 年版，第 1036 页。

创办县内新中国成立后第一所民立中学——福明初级中学。①

1958 年 9 月 22 日，鄞县工商联召开第二次代表大会，选举产生了新的县工商联领导机构。该届执委会主要活动是动员会员支援大办钢铁和水利建设。1962 年 11 月，鄞县工商联第三次代表大会召开。会议选举产生第三届执委会。该届执委会工作：一是协助政府做好"精简下放"和对工商业户的安排，恢复合作商店、代销店和个体小商贩，调整商业网点，便利群众生活。二是对小商贩进行调查，建立小商贩管理组织和整顿基层组织。1962 年年末有基层工商联 8 个，办事处 4 个，会员 3088 人，其中老会员 3039 人，新会员 49 人。三是继续组织会员学习，加强自我思想改造，成立专业推销委员会，开展专业活动，为社会主义建设服务。四是筹集资金，继续办好福明初中。五是做好互助金筹集和管理，帮助困难工商户解决燃眉之急。六是在 1963 年办理了第一批老工商业者的退休手续，并对 1967 年以前可退休的定为资产阶级的工商业者进行调查。②

新中国成立初期鄞县工商业联合会历届代表会议召开情况见表 4-2。

"文化大革命"期间，鄞县工商业联合会被迫停止工作。

表 4-2　新中国成立初期鄞县工商业联合会召开的历届代表会议③

届次	筹委会	第一届	第二届	第三届
召开日期	1951 年 8 月	1956 年 12 月 15 日	1958 年 9 月 22 日至 30 日	1962 年 11 月 24 日至 28 日
代表人数	200 余人	156 人（其中国营、供销合作 16 人，地区代表 140 人）	正式代表 113 人，特邀代表 79 人	会员代表 137 人（国合 8 人），家属代表 13 人，子女代表 4 人
主要议题	选举产生筹委会领导机构，讨论工商界在党和政府领导下参加国民经济恢复和建设工作	审议筹委会五年工作和财务工作，确定私营工商社会主义改造以后的工作任务，选举第一届工商联领导机构	以整风为纲，总结交流自我改进和为社会主义建设的贡献，选举第二届工商联领导机构，确定工作任务	听取形势报告，审议"工作任务报告"，加强工商界思想改造，坚持贯彻"三自五不方针"，自觉"顾一头""一边倒"，选举领导机构
执委人数	35	59	59	59
常委人数	11	27	27	27

---

① 鄞县地方志编纂委员会：《鄞县志》，中华书局 1996 年版，第 1037—1038 页。

② 鄞县地方志编纂委员会：《鄞县志》，中华书局 1996 年版，第 1038 页。

③ 鄞县地方志编纂委员会：《鄞县志》，中华书局 1996 年版，第 1039 页。

续表

届次	筹委会	第一届	第二届	第三届
主委	缪桂新	缪桂新	缪桂新	缪桂新
副主委	蔡继泽、刘茂谦、王正良、方光华、周兴国、徐联甫	刘茂谦、王正良、蔡继泽、方光华、周兴国、徐联甫	刘茂谦、黎　明、王正良、周兴国、徐联甫、凌祖芬（女）	黎　明、周兴国、徐联甫、王正良、凌祖芬（女）

第二节　新中国成立初期的宁波同业公会组织

新中国成立后，党和政府对同业公会采取了不同于近代商会的态度。对民国时期发展而来的同业公会并没有马上予以取缔，而是希望在保持基本稳定的前提下，把旧的同业公会纳入工商联体系之内，通过对同业公会进行改组和改造，为社会主义建设服务。

1950 年宁波市工商业联合会筹备委员会成立后，整理重组旧有的同业公会就成为其重要的任务之一。为了做好对旧的同业公会的整理和改组，在宁波市工商业联合会筹备委员会成立的同时，就成立了各同业公会整理委员会，指导同业公会的整顿和改组工作。同业公会整理委员会主任委员由柳璋担任，冯梯云、楼耀卿任副主任委员。同业公会整理委员会成立后，各个行业也都成立了筹委会，当时宁波市区成立商业同业公会筹委会 60 个，工业、手工业筹委会 45 个，计 105 个，共有会员 7000 余户（见表 4-3、表 4-4）。①

表 4-3　新中国成立初期宁波市商业同业公会筹委会

行业筹委会	负责人	行业筹委会	负责人
糖北南货食品业	包正芳	鲜咸货铺业	王玉振
土产杂货业	洪昌基	棺木商业	陈元芳
板木竹商业	徐在仁	酥饼商业	孙世才
百货业	董瑞震	糕团包子商业	何谒堂
新药商业	范文蔚	烧饼商业	卓梅棠

---

①　宁波市工商联合会（总商会）志编纂委员会:《宁波市工商联合会（总商会）志》，第154—156 页。

续表

行业筹委会	负责人	行业筹委会	负责人
纱布绸缎商业	顾绍成	梳篦纽扣杂货商业	孙孝庆
卷烟火柴皂烛商业	胡思明	牛奶商业	金雅珍
电料商业	丁秉泉	零星杂货商业	张惠卿
蛋商业	洪尔祚	旅馆商业	丁祥友
煤油商业	范逊禅	粮食业	王耿甫
彩结商业	张德章	酱园业	张善卿
茶馆商业	蔡福庆	植物油商业	楼康信
草席业	施文彬	纸商业	戴少东
运输商业	林赓葆	衣商业	胡立茂
皮革鞋料业	忻贤永	图书文具商业	王荫亭
旧花破布业	夏文炳	旧货商业	王大成
炒熟货业	吴荣宝	照相商业	李立德
水果地货业	张健壮	牲畜商业	张来甫
肉商业	夏贤德	中药铺商业	张宜生
金融商业	景家骦	菜馆饭店商业	吴子乐
盐商业	张月亭	瓷器商业	姜振龙
颜料商业	周廷灿	薪炭商业	汪水章
牛骨商业	仇道钦	蔬果商业	钟荣兴
花麻商业	洪竹卿	茶漆商业	吴镛笙
砖瓦石灰商业	张继善	人力车商业	王安宁
五金商业	朱尹耕	油酒酱杂货商业	凌忠保
宰牛商业	陈厚庆	面粉商业	周公定
典当商业	华明卿	浴室业	曹汉卿
钟表眼镜业	李慕镛	直属行商业	陈煜昌
国药行商业	陈蓉卿	参燕商业	冯祖麟

表 4-4　新中国成立初期宁波市工业手工业同业公会筹委会

行业筹委会	负责人	行业筹委会	负责人
印刷工业	严仁信	铜锡业	冯其昌
营造工业	邬汉兴	手工皮件业	李桂棠
机器工业	徐在铭	手工裱画业	许祥麟
手工棉织工业	吴俊康	麻袋绳索业	余品先
机器染织工业	王尔昌	机器服装工业	张祖德
木器业	张仁官	手工板刷业	张祯云
手工针织工业	邵堇庵	锯木工业	郑胜品
手工缚鞋工业	姚庆明	制鞋作坊业	郑厚菱
手工制秤业	赵佐明	手工修理业	洪瑞卿
手工棕棚业	应阿毛	鞋业	金悦深
手工衣箱业	应祖安	酿酒业	郁炳炜
手工制革业	杨昌荣	饴糖酱色业	胡鼎成
长面作坊业	邵纶耀	手工制伞业	杨祥甫
箍桶作坊业	吴谒鹤	手工纸盒信封业	章莲卿
手工打铁业	竺信甫	手工木作业	叶小六
手工白铁器作业	王阿毛	手工纹绣业	周茂利
山货竹器业	张庆华	手工轧花业	刘永年
手工豆腐水作业	俞志全	磨坊麸面业	戴少东
箔作业	胡叔年	烟厂工业	李永庆
手工油漆广告业	朱燕琴	土烛业	吴润德
手工丝线业	罗志新	玻璃料器业	宓崇芳
手工毛笔业	徐汉文	手工成衣业	郑纪庆
手工漂洗染业	杨金生		

　　这些同业公会筹委会的任务是：接管本业旧有同业公会，举办会员登记，开展本业各项调查统计工作；起草公会组织章程及业规草案；办理市工商联（筹）各项交办事项；向会员阐明并协助政府推行各项政策法令；反映各会员实际情况并提出建议；召集会员大会办理选举成立正式同业公会。筹委会设主任委员 1 人，副主任委员 2～3 人，内设组织、辅导、业务计划等若

干组,处理日常事务。①

在同业公会整理委员会和各同业公会筹委会的积极努力下,宁波市各行业同业公会广泛参与改组和接受整顿。根据记载,1953 年至 1956 年间,根据客观形势的变化,同业公会曾做了几次改组与整顿。全市原有同业公会 103 个,1953 年 5 月成立了纺织、漂洗染、粮食加工、锯木、烟厂等 5 个工业同业公会,棉布、百货、文具、纸张、糖食、炒货、五金、电料、国药、新药等 10 个商业同业公会,以及轮船、运输等 2 个同业公会,共 17 个同业公会,设立 9 个办事处外,其他 86 个一般商业和手工业公会,则合并在一起办公。1956 年后区工商联撤销,同业公会按归口原则加强组织,于 7 月改组成立了纺织、综合、粮食加工、纺织品、糖业糕点、水产、服务等 20 个归口商业同业公会(小组)。改组后的同业公会的任务,由过去的经济活动为主,转为政治活动为主。②

改组后的各同业公会,认真学习和贯彻国家在过渡时期的总路线和总任务,积极配合国家对手工业和资本主义工商业的社会主义改造,为国家的经济建设做出了积极的贡献。

本章小结

新中国成立后,宁波旧商会停止运作,转而被新型工商团体组织——宁波市各工商业联合会所取代。宁波市各工商业联合会成立后,在团结广大工商界人士,配合和支持国家的社会主义建设方面发挥了十分积极的作用。与此同时,民国时期发展起来的各同业公会组织,也被纳入工商联体系内进行改组和改造,以适应社会主义社会发展的需要。但必须指出的是,这一时期的工商业联合会虽然在组织上实现了对旧商会的接管,从形式上看似乎是旧商会发展的延续,但从实质意义上或组织职能上讲,很难将二者联系起来。因为,这一时期的工商业联合会组织更多的是发挥统战职能或政治职能,商会组织所应该具有的经济性和民间性特色并不突出。

---

① 宁波市工商联合会(总商会)志编纂委员会:《宁波市工商联合会(总商会)志》,内部发行,2005 年,第 157 页。

② 《宁波市工商业联合会五十年历程》,http://www.acfic.org.cn/publicfiles/business/htmlfiles/qggsl/gslgk/200909/8842.html,2012 年 6 月 30 日访问。

新中国成立初期的工商联组织之所以统战色彩比较突出,是和工商联组织产生和发展的社会历史条件密切相关的。从新中国成立初期工商业联合会组建的历史来看,首先,工商联组织是在中国共产党的领导和支持下成立的;其次,工商联组织是在对旧工商业者团结改造教育引导跟共产党走的需求之中孕育诞生的;最后,工商联组织自诞生那天起,就具有统战性的特征,工商联的根本基因是统战性。1952 年 8 月 1 日,中央人民政府政务院147 次会议审议批准的《工商业联合会组织通则》规定:工商业联合会是中国共产党领导的统一战线性质的人民团体,如同民主党派各自团结相关阶层一样,工商联主要是团结我国社会原工商业者,即民族资产阶级为建设社会主义国家而奋斗。因此,从严格意义上讲,新中国成立初期的工商业联合会就其组织性质看,还很难把其和近现代所称的商会组织等同起来。但尽管如此,这些新中国成立初期的工商业联合会组织在国家发展中的作用却是不容否定的。"文化大革命"期间,宁波各工商业联合会及同业公会组织遭受冲击,被迫停止运行。

第五章　改革开放以来的宁波商会组织

第一节　改革开放以后宁波商会组织的转型与发展

党的十一届三中全会以后,宁波市工商联以及各同业公会组织的恢复和发展固然是新时期宁波商会组织发展中极其重要的事件,但在宁波商会组织的发展变迁中,改革开放以来宁波市工商联及同业公会组织的转型与发展则具有更加重要的意义。

一、改革开放以后全国工商联及同业公会组织转型发展的历史背景

正如本书前面所述,新中国建立初期,我们对什么是社会主义,怎样建设社会主义还缺乏明确的认识,对清末民国时期逐渐发展起来的中国近代商会在政治上持完全否定的态度。因此,新中国成立后,中国近代商会作为资本主义的东西而全部被停止运行。但是出于对工商界进行统战的目的,转而又成立工商业联合会以取代旧商会的工作,同时对近代以来的各同业公会组织进行彻底的社会主义改造。这种做法固然有其特殊的时代和历史背景,但不可否认的是,新中国成立初期的工商联组织以及各同业公会组织已经和清末民国时期发展起来的近代商会组织不可同日而语。二者无论是在组织宗旨、职能作用、运行机制等方面均存在较大的差异。新中国成立初期的工商联及同业公会组织其更多的职能是政治职能或统战职能,而非经济职能。这和近代商会组织在经济发展中发挥着极其重要的作用迥然各

异。之所以如此,是和当时中国的政治形势和经济体制密不可分的。在中央高度集权和计划经济体制下,社会不存在不同的利益群体和诉求,各种社会力量被统一整合在公有制的大旗之下,整个社会资源也几乎全部掌握在国家或政府手中,民间力量没有存在和发展的社会空间。因此,在当时的情势下,不可能有一个带有民间性的商会组织存在。

然而时间发展到十一届三中全会以后,中国的各种情况发生了重大的变化。以邓小平为核心的中央领导集体开启了中国改革开放的伟大征程,高度集权的计划经济体制已经变得不合时宜,商品经济的发展使得社会存在不同的利益群体和要求成为现实,也给民间商会组织的存在与发展创造了条件。尤其是 20 世纪 90 年代以来,随着邓小平"社会主义也有市场"这一著名论断的提出,我国确立了建设社会主义市场经济体制的战略目标。社会主义市场经济体制的确立和发展,更加为社会利益和诉求的多元化创造了空间,也使得工商界组建独立于政府之外的社团,以维护商事利益、促进商业发展成为可能和必需。在这种情势下,新中国成立初期只注重政治职能而忽视经济职能的工商联及各同业公会组织显然难以适应现实社会发展的需要,转型发展和创新突破已经成为历史的必然。

中国工商业联合会转型比较直观的表现,就是其章程中对组织性质表述上的变化。1988 年以前的由历次全国性代表大会通过的中华全国工商业联合会章程,都把工商业联合会界定为一个具有高度统战性质的政治组织,而没有定位为民间商会的角色。1956 年 12 月 23 日通过的《中国工商业联合会章程》第 1 条规定:"工商业联合会是各类工商业者联合组成的人民团体。"1960 年 2 月 19 日通过的《中国工商业联合会章程》第 1 条规定:"工商业联合会是在中国共产党领导下,由各类工商业者联合组成的人民团体。"1979 年 10 月 22 日通过的《中国工商业联合会章程》第 1 条规定:"中国工商业联合会是在中国共产党领导下工商界组织的人民团体,主要由工商界的社会主义劳动者、拥护社会主义的爱国者和拥护祖国统一的爱国者所组成。"1983 年 11 月 12 日通过的《中国工商业联合会章程》第 1 条规定:"中国工商业联合会是中国工商界组织的人民团体,主要由过去经营工商业的人员组成。"1988 年以后,中国工商业联合会在其章程表述上开始出现较大变化。1988 年 11 月 30 日通过的《中国工商业联合会章程》开始规定:"中国工商业联合会是中国工商业界组织的人民团体,民间的对内对外商会。"1993 年 10 月 16 日通过的《中国工商业联合会章程》第 1 条规定:"中国工商业联合会是中国工商业界组织的人民团体和民间商会。"其第 6 条则进一步指出："中华全国工商业联合会同时也是中国的民间商会；省、自治区、直辖市、市、县、区工商业联合会同时也是省、自治区、直辖市、市、县、区民间商会。"1997年11月7日通过的《中国工商业联合会章程》第1条规定："中国工商业联合会是中国共产党领导的中国工商界组成的人民团体和民间商会，是党和政府联系非公有制经济人士的桥梁和纽带，是政府管理非公有制经济的助手。"同时1997年的《中国工商业联合会章程》更是明确了地方各级工商联可使用"商会"或者"总商会"的名称，章程指出："中华全国工商业联合会同时是中国民间商会；省、自治区、直辖市、自治州、市、县、旗及地区（盟）、区工商业联合会同时是民间商会，可称商会或总商会。"从1997年至今，《中国工商业联合会章程》中间又经历了多次修订，虽然在表述上有些细微差别，但将工商业联合会界定为中国共产党领导下的中国工商界组成的人民团体和民间商会的定位已经成为党、国家和整个社会的共识。如2011年3月11日修订的《中华全国工商业联合会章程》依然规定："中华全国工商业联合会是中国共产党领导的面向工商界、以非公有制企业和非公有制经济人士为主体的人民团体和商会组织，是党和政府联系非公有制经济人士的桥梁纽带，是政府管理和服务非公有制经济的助手。工商联工作是中国共产党统一战线工作和经济工作的重要内容。"

　　2001年9月，中华全国工商业联合会在民政部注册登记为"中国民间商会"，确认全国工商联和中国民间商会共用一个章程，即同一版本、两个名称，在报民政部备案时使用中国民间商会名称。至此，政治性、官方性的工商联至少在制度表达上开始了历史回归，向清末的"商务总会""总商会"回归。①

　　中国工商业联合会转型比较显性的表现开始于1988年，而其转型渊源和动力则可追溯至十一届三中全会以后。正是十一届三中全会以来以经济建设为中心和改革开放的根本国策，决定和推动了工商业联合会的转型。工商业联合会的转型，则又必然带来工商联会员单位之一的同业公会的转型发展。改革开放以来，各同业公会适应国家经济建设的需要，把工作的重点放在服务经济、服务会员等方面，为促进行业发展和国家的经济建设发挥了十分积极和重要的作用。

　　对于中国近代商会的成立、废止以及新中国工商联组织的建立和转型，谈萧学者曾有着精辟的论述。他认为，从制度变迁的角度看，近现代中国可

---

①　谈萧：《中国商会治理规则变迁研究》，中国政法大学出版社2011年版，第32页。

以被称为转型中国,先后经历两次大的制度转型。一次是自百余年前西法东渐之法律移植运动开始的礼治秩序向法治秩序的漫长转型;一次是自三十余年前改革开放之市场经济运动开始的统制秩序向自由秩序的艰难转型。这两次制度转型,前后相继,延续至今,具有显著的制度变迁特征。前一次转型,在后一次转型中依然持续和演进;后一次转型,在前一次转型中早有渊源和暗影。商会正是在中国这两次大的制度转型中,登上了历史的舞台,并扮演着举足轻重的角色。20 世纪初,源自 16 世纪的经济全球化在武力的推动下加速前进。上海、天津等埠的商人顺势而为,将民举的商务公所改造成商会。随后半个世纪里,商会在通商情保商利,维护商业秩序,调理商事纠纷,乃至政治参与和军事活动等方面都写下浓墨重彩的一笔。新中国成立后,计划既出,市场不存。商会旋即被官方收编为工商业联合会,成为一个半官方的统战组织。此后三十余年之中,工商联虽有商会之名,但实质意义之商会已香消玉殒。[①] 然而,历史总是惊人的相似。及至 20 世纪末,当中国又被卷入新一轮的经济全球化时,官方再次劝办商会,鼓励商会协同商人参与全球商战。温州等地具有世界眼光的商人们,再次顺势而为,民举商会。一时民间商会如雨后春笋,迅速生根发芽,与官方此前机构改革改出来的行业协会和作为统战组织的工商联一起,形成了错综复杂的、中国特色的商会制度。[②]

二、改革开放以后宁波市工商联及同业公会组织的转型发展

在全国工商业联合会及同业公会组织转型的大背景之下,宁波市工商业联合会、各同业公会等商会组织也自然不会例外。以宁波市工商业联合会为例,为适应国家形势发展的需要,十一届三中全会以后,宁波市工商业联合会逐渐由以往的单一突出政治和统战职能,向更加注重发挥服务于经济职能转变。

1980 年 9 月 18 日至 20 日,宁波市工商业联合会第七次会员代表大会召开,大会一改"文革"以前历届大会政治色彩鲜明的会议主题,明确提出"动员工商业者投入国家现代化建设,为实现新时期总任务而奋斗"的大会主题。这种会议主题的变化已经揭示了宁波市工商业联合会逐步进行转型

---

① 1952 年 8 月 1 日政务院通过的《工商业联合会组织通则》第二条规定,工商业联合会的基本任务之一是:"指导私营工商业者在国家总的经济计划下,发展生产,改善经营。"这一规定表明,工商联在经济方面的职能,只是协助执行国家计划而已。

② 谈萧:《中国商会治理规则变迁研究》,中国政法大学出版社 2011 年版,第 1、16 页。

的发展轨迹。为更好地服务和促进经济发展,1980 年至 1985 年期间,宁波市工商业联合会围绕经济问题做了大量的调研,针对百货、药业、食品等行业和人民日常生活密切相关的一些问题,先后撰写专业调研报告《改变职工"吃大锅饭"和"捧铁饭碗"状况的建议》《关于加强政治思想工作,搞好日用小商品供应的建议》《关于发展豆制品生产的调查报告》《解放前宁波私营工商业劳动计酬办法的调查报告》,受到省政协和市有关部门的重视。①

　　1985 年 1 月 23 日至 25 日,宁波市工商业联合会第八届会员代表大会召开,大会以"动员成员投身国家现代化建设,开展经济咨询、工商专业培训和海外联谊工作"为主题,更加突出为经济发展服务的组织特色。为了更好地服务于经济和行业发展,1987 年,宁波市工商业联合会又先后成立了 5 个委员会,分别为企业会员工作委员会(主任陈春芳)、烟糖副食品行业工作委员会(主任鲁德荣)、医药行业工作委员会(主任徐麟书)、纺织服装工业行业工作委员会(主任金人鳌)、百货棉布五金行业工作委员会(主任商洪明)。1985 年至 1989 年期间,宁波市工商业联合会继续围绕经济建设问题做了大量调研,并在此基础上撰写了大量调研报告,如《调整纺织品的产品结构》《退休工资实行社会统筹问题》《小型国营企业实行租赁经营问题》《蔬菜产供销问题》等。1985 年,宁波市工商联会员提出充分利用沿海和长江的黄金水域,开辟"海上列车"和"T"字形航线的建议,受到专家和舆论界高度重视。1988 年秋,市场一度食盐脱销,市政府根据工商联建议及时对食盐凭证限量供应,从而缓解了市场困境,帮助政府渡过了经济难关。②

　　1989 年 2 月 16 日至 20 日,宁波市工商业联合会第九届会员代表大会召开,大会的主题为:认真总结和确定为适应改革开放和经济建设形势需要的工作方向和任务。1989 年以后,宁波市工商业联合会继续围绕经济发展做工作,在深化改革、搞好治理整顿、规范经营等方面做了大量的调研,撰写的《关于加强商店出租柜台管理的几点意见》《兴办专业市场发展第三产业》《关于鼓励个体私营经济健康发展的几点意见》《充分发挥私营、个体经济的作用,促进我市第三产业发展》等调研报告,受到了市领导重视,被全国工商

---

　　①　宁波市工商联合会(总商会)志编纂委员会:《宁波市工商联合会(总商会)志》,内部发行,2005 年,第 265 页。

　　②　宁波市工商联合会(总商会)志编纂委员会:《宁波市工商联合会(总商会)志》,内部发行,2005 年,第 266 页。

业联合会及有关报刊转载并转报国务院有关部门参考。①

为进一步发挥工商联在扩大对外开放、加强对外经济交往和合作方面的作用,参照中华全国工商业联合会〔1990〕全联办字第 5 号文件精神和各兄弟省、市做法,并征得浙江省工商业联合会同意,经宁波市委、市政府研究,中共宁波市委于 1990 年 5 月 11 日发出《关于同意宁波市工商业联合会增挂"宁波市总商会"牌子的通知》(市委〔1990〕22 号)文件,同意市工商联增挂"市总商会"牌子,实行两块牌子,一套班子,原有领导成员和工作人员不变,也不增加人员编制和机构编制。1990 年 5 月 30 日,宁波市总商会举行成立大会,国务院宁波经济开发协调小组顾问卢绪章同志和市人大常委会主任宋瑞甫、副市长张启楣、市政协党组书记余成、省工商联副主委吴振中及市级机关有关部门负责同志参加了成立大会,并聘请卢绪章同志为名誉会长。②

1992 年 12 月 25 日至 28 日,宁波市工商业联合会第十届会员代表大会召开。会议选举陈春芳为主任委员,方维尧、傅胜年、杨培忠、朱湧、陈豹年、林利兴为副主任委员。大会主题为:进一步解放思想,转变观念,加快改革开放和经济建设的步伐,更好地为改革开放和经济建设服务。主任委员陈春芳做了《以经济建设为中心、服务为宗旨,在建设有中国特色社会主义事业中做出新贡献》的报告。

1997 年 4 月 10 日至 12 日,宁波市工商业联合会第十一届会员代表大会召开,大会以"进一步学习党的十四届六中全会精神,调动和发挥全体会员的积极性、创造性和聪明才智,为全市的经济发展、社会进步和祖国和平统一大业作出新的贡献"为主题,选举陈豹年为会长,孙嘉祥、傅胜年、杨培忠、朱湧、杨甘霖、林利兴、庄希平、孙汉农为副会长。会长陈豹年做了题为《团结奋进、开拓创新,为实现跨世纪宏伟目标作出新贡献》的报告。

2001 年 12 月 15 日到 17 日,宁波市工商业联合会在新贸城饭店隆重召开第十二次会员代表大会。大会的主题是:进一步发挥工商联的统一战线人民团体和民间商会的作用,动员和团结全体会员坚定信心、发奋图强,努力实现市第九次党代会确定的奋斗目标。会议经民主选举,产生了由 110

---

① 宁波市工商联合会(总商会)志编纂委员会:《宁波市工商联合会(总商会)志》,内部发行,2005 年,第 266 页。

② 宁波市工商联合会(总商会)志编纂委员会:《宁波市工商联合会(总商会)志》,内部发行,2005 年,第 175 页。

名委员组成的第十二届执委会。选举陈豹年为会长,林善明、徐建初、汪闻鹤、吴宗达、林利兴、庄希平、戎伟军、罗国明、毕金良、盛静生、胡道申、陈照、王久方、陈彤宇为副会长,屠德明为秘书长,选举丁海滨等33位为常务委员。市工商联会长陈豹年代表市工商联第十一届执委会做了题为《加强学习,勇于创新,开创新世纪工商联工作的新局面》的工作报告。

2006年11月22日至23日,宁波市工商业联合会第十三次会员代表大会在联谊宾馆隆重召开。300多位来自宁波市各级工商联组织和非公经济的代表肩负全市8400多名会员的重托,出席大会。大会经过民主选举,产生了由47名常委、85名执委组成的市工商联新一届执委会。崔秀玲当选为市工商联第十三届执委会会长,董伯云、徐建初、吴德水、罗龙利、朱德人、戎伟军、罗国明、盛静生、陈照、王久方、乐志明、郑坚江、魏承辉、张江平、宋济隆、楼国强、李罡、马建荣和李立新当选为副会长,鲍建设为秘书长,并对宁波市商会的领导班子做出调整。市人大常委会副主任、市工商联第十二届执委会会长陈豹年做了题为《开拓创新,奋发有为,为促进"两个健康"构建和谐社会而奋斗》的工作报告。

2011年10月31日,宁波市工商业联合会(商会)第十四次会员代表大会在南苑饭店开幕。会议选举产生了宁波市工商业联合会(商会)新一届领导班子,崔秀玲继续当选为宁波市总商会会长(市工商业联合会主席)。中共宁波市委副书记陈新代表中共宁波市委致贺词。陈新指出,五年来,宁波市工商联(商会)充分发挥自身特点和优势,牢牢抓住促进非公有制经济健康发展和非公有制经济人士健康成长这个根本目标,围绕服务中心工作、推动企业发展、促进社会和谐、提高履职水平,进一步增强参政履职能力,各项工作取得了新的成绩。希望宁波市各级工商联组织深入贯彻落实中央和省、市关于加强和改进新形势下工商联工作的意见精神,坚持同心同向,注重创新履职,致力服务企业,加强自身建设,团结广大会员和有关人士,积极投身改革开放和现代化建设的火热实践,为创造宁波更加美好的未来而共同奋斗。在本次会议上,崔秀玲会长做了题为《服务科学发展,助推转型升级,努力开创新形势下工商联工作新局面》的工作报告。

第二节　新时期宁波商会组织的发展现状与职能

一、新时期宁波商会组织的发展现状

十一届三中全会以来,宁波商会组织得到充分的发展。一方面,以宁波市工商业联合会为代表的一些官办组织适应时代发展的需要而不断转型,更多实现向民间商会组织的回归;另一方面,由各种商事主体自发组织起来的民间商会组织也得到较快发展,尤其是 1992 年邓小平同志南方谈话以后,民营企业及其社团组织更是获得了较快发展,从而形成目前这种体制内生成的商会(主要指工商联组织以及由政府经济主管部门转化而来的行业协会)和体制外生成的商会(企业自发组建的民间商会组织),或者说官办性质的商会和民间商会并行发展的格局。

目前,宁波市商会组织已发展成为由宁波市工商联(商会)组织、宁波市工业性行业协会组织、宁波市企业家协会组织等共同组成的社团群体。根据 1998 年 9 月 25 日国务院通过的《社会团体登记管理条例》关于"成立社会团体,应当经其业务主管单位审查同意,并依照本条例的规定进行登记","国务院民政部门和县级以上地方各级人民政府民政部门是本级人民政府的社会团体登记管理机关"等相关规定,宁波市各商会组织在成立时皆需明确主管部门,并需经民政部门登记。以业务主管部门的不同为标准,可以将当前的宁波商会组织归结为以下几类:第一,由中国共产党统战部门(市委统战部)作为主管部门的各工商业联合会(商会)组织,主要由非公有制企业会员组成;第二,由原市经贸委(现称市经济和信息化委员会)等政府部门作为主管部门,主要是由原经贸委系统等政府机关所属管理部门改制而成的一些工业性行业协会,以及宁波市企业家协会、宁波市企业联合会等;第三,由工商局作为主管部门而登记设立的私营企业协会、个体劳动者协会等;第四,由市对外贸易经济合作局作为主管部门而设立的宁波市对外经济贸易企业协会、宁波市外商投资企业协会、宁波市服务外包企业协会等商会组织。在宁波市商会组织中,上述第一类、第二类、第三类组织是其主要部分。第一类工商联组织虽然归统战部主管,但它同时又作为主管部门管理着一些商会、行业协会,而且它还带有总商会的性质,工商联系统所属商会包括各下属工商联(商会)、所属同业公会、部分行业协会、民营企业家协会等。

（一）宁波市工商联系统商会组织的发展概况

改革开放以来,宁波市工商联系统发展迅速。20世纪80年代起,宁波市工商联作为全国试点即开始同业公会的组建和发展工作。1998年始,宁波市工商联先后成立家具商会、黄金珠宝同业会、饮水业同业会、装饰材料商会、对外贸易商会、电动车同业公会,均为市工商联直属基层组织。与此同时,宁波市各县(区)工商联针对乡镇、街道非公有制经济的发展情况,积极开展乡、镇分会(商会)组建工作。宁波市同业公会、基层商会(分会)的建立,改变了工商联无基层组织的历史,使工商联系统形成了市、县(市)区、乡镇(街道)三级组织网络,从而扩大了工商联的活动领域,为促进商业的繁荣与发展发挥了十分积极的作用(见表5-1)。[①]

表 5-1　宁波市工商联基层组织建立情况（2004 年统计数据）

县（市）区		乡镇商会、街道分会		同业公会、行业商会等组织
		乡镇（街道）总数	已建商会（分会）数	
余姚市		22	20	11
慈溪市		21	22（还未撤并）	3
奉化市		11	6	
宁海县		17	5	
象山县		18	5	1
鄞州区		23	16	
宁波市	镇海区	6	6	3
	北仑区	8	7	
	海曙区	8	8	7
	江东区	7	7	
	江北区	8	4	
合计		149	106	25

截止到2007年年底,宁波市共有工商联会员10767个,其中企业会员10306个,团体会员84个。宁波市有商会基层组织155个,其中乡镇商会、

---

① 宁波市工商联合会(总商会)志编纂委员会:《宁波市工商联合会(总商会)志》,内部发行,2005年,第284—285页。

街道分会 123 个,同业公会、行业商会 26 个,有 9 个县(市)区的乡镇(街道)商会组建率达到 100％。①

为适应外地来甬创业人员不断增加的新形势,宁波市工商联还积极加强沟通与联络,把加快组建在甬异地商会作为组织建设工作的突破口。2001 年浙江省开始试点异地商会之后,在宁波的异地商会也得以逐渐发展起来。2004 年 11 月 17 日,宁波温州商会成立。宁波温州商会是新时期宁波第一个异地商会,也是全国第 101 家温州商会,拥有大中小企业会员 300 个左右。2005 年 5 月,宁波市泉州商会成立,宁波市泉州商会是新时期第一个在宁波成立的来自于省外的异地商会。进入 2010 年,宁波市在甬异地商会风生水起,呈现快速发展态势,新建湖南、湖北、安徽、山西以及衢州、舟山、绍兴、嘉兴、兰溪等 9 个异地商会,积极筹建台州、郑州、黑龙江、河北等一批新的异地商会。截至 2010 年年底,经注册登记的宁波市级直属异地商会总数达到 11 个,涉及 4 个省、7 个市县,拥有会员企业 1209 个。②

相关数据表明,2012 年宁波市共有工商联会员已达 21505 个,已建成基层商会 210 个,其中乡镇街道商会 151 个,占应建数的 100％,行业商会、同业公会、异地商会 59 个,建村级商会 68 个,商会的桥梁纽带作用日益凸显。③

在宁波当地商会组织飞速发展的同时,宁波市工商联根据宁波经济和宁波商人走出去战略的需要,逐渐引导组建了一大批异地宁波商会。异地宁波商会的组建,延伸了宁波市工商联的组织体系,扩大了宁波商业和商人的影响力,从而成为宁波商人开拓国内和国外市场、沟通市外与宁波本市联系的重要桥梁和纽带,也使广大在宁波市外的宁波籍企业有了自己的家。目前,在外地组建的宁波商会情况如下。

北京宁波商会

北京宁波商会成立于 2003 年 1 月 11 日,同时是北京浙江商会团体会员,宁波经济促进会北京联谊会成员单位,现有会员 120 多名,首任会长张

---

①　《宁波市工商业联合会 2007 年年鉴》,http://www.nbgsl.org.cn/News_View.aspx? ContentId=16&CategoryId=23.

②　《宁波市工商业联合会 2010 年年鉴》,http://www.nbgsl.org.cn/News_view.aspx? ContentId=19&CategoryId=23.

③　《眼光朝下:宁波工商联工作实现新突破——专访宁波市工商联副主席徐建初》,http://news.cnnb.com.cn/system/2012/03/13/007263295.shtml,2012 年 8 月 12 日访问。

云岗。北京宁波商会积极发扬"宁商"的优良传统,努力做好三件事,发挥三大作用:一是联络北京宁波籍企业家,互相交流、增进乡情、促进合作、成就事业、发挥联谊作用;二是为北京宁波籍企业家在北京生活、工作、创业、发展提供服务,即服务作用;三是加强京甬联系,促进北京企业家和宁波市企业家的交流,发动组织宁波帮,贡献宁波经济建设,发挥桥梁作用,为京甬两地的经济发展做贡献。

天津市宁波商会

天津市宁波商会最早成立于 2004 年 1 月 8 日,是由在天津的宁波籍人士、企业家和关心支持天津、宁波发展的各界人士自愿组成的联合型、非营利性社会团体,是天津市工商业联合会团体会员,接受天津市人民政府合作交流办公室和天津市社会团体管理局的业务指导、监督和管理。2011 年 12 月 23 日,天津市宁波商会与成立于 1990 年 11 月 8 日的天津市宁波经济建设促进会合并组建形成新的天津市宁波商会。天津市宁波商会现有单位会员 500 多家,个人会员 200 余人。天津市宁波商会秉承"三服务"宗旨,贯彻执行"服务会员,发展天津"要求,把"爱国、诚信、务实、创新"作为新一代宁波商帮品牌,通过整合资源为会员服务,帮助、引导会员爱国、爱乡,诚信、守法,务实、敬业,创新、开放,提高会员素质,提升甬商形象,争创和谐甬商、责任甬商、辉煌甬商,积极为天津、宁波两地经济建设服务。

成都宁波商会

成都宁波商会成立于 2004 年 12 月 18 日,和成都宁波经促会共用两块牌子,一套班子,主管单位为成都市工商业联合会,同时接受宁波经济建设促进协会的指导。成都宁波经促会、成都宁波商会现有会员 183 人,会长由四川多元德泰投资集团有限公司董事长张坚担任,其中企业会员 173 人,会员发展已突破成都范围,会员企业的业务遍及全川乃至省外国外。成都宁波经促会、成都宁波商会自成立以来,在宁波、成都两地政府的领导和关心下,积极发扬"诚信、务实、开放、创新"的宁波精神,力争在成都、在四川这片充满生机和活力的土地上,进一步把事业做大做强,为促进宁波、成都两地经济发展和文化交流做出突出贡献。

沈阳市宁波商会

沈阳市宁波商会成立于 2005 年 9 月,主管单位为沈阳市总商会(工商联),首任会长为沈阳黄氏电脑网络有限公司总经理黄建惠,现任会长为宁波方太厨具有限公司沈阳分公司总经理许航军。商会目前有会员企业近

200 家。沈阳市宁波商会以"服务、合作、维权、发展"作为商会的功能定位，以"服务会员、提升形象、凝聚乡情、创新发展"作为商会的工作理念，以"打造更具活力的创新型和谐商会，把商会办成在沈创业的宁波人之家"作为商会的办会目标，坚持"为会员服务、为沈阳服务、为宁波服务"的方针，继承和发扬"诚信、务实、开放、创新"的宁波精神，努力为促进沈甬两地经贸合作和友好往来，繁荣两地经济做出积极贡献。

上海市宁波商会

上海市工商联宁波商会成立于 2006 年 4 月 15 日。上海市工商联宁波商会是在宁波和上海两地政府、工商联的支持下，在原来的协会企业家分会的基础上组建而成。上海市宁波商会现有会员 350 多名，团体单位会员 2000 多人。常务理事 58 人，理事 120 人；会长庄晓天。商会会员分布在上海各行各业，主要有房产、建筑、家具、电子、投资、饮食服务、绿化工程以及建材木材加工、科技开发、服装、实业等。商会把创新、自主、诚信、团结作为新一代甬商品牌，通过整合资源，发挥合作优势，开展各项工作，努力为企业发展和沪甬经济交流发展构筑"金桥"。

青岛市宁波商会

青岛市工商联宁波商会于 2006 年 8 月 29 日经青岛市工商业联合会批复，成立于 2006 年 10 月 8 日。劳佰龙当选青岛市宁波商会会长。青岛市工商联宁波商会是由在青岛的宁波籍企业家、民营和个体经营者自愿组成的在青岛市工商联指导下的具有地方性、联合性、非营利性的社会团体组织。商会现有会员单位 100 余家，商会会员分布在青岛各行各业。商会的文化理念是：责任、奉献、诚信、务实。商会主要为在青岛从事经商、生产活动的宁波籍企业家搭建一个企业与政府、企业与企业沟通的平台，发挥桥梁和纽带作用，为宁波经济发展和青岛繁荣做贡献。

南京宁波商会

南京宁波商会成立于 2006 年 12 月，是由在南京从事生产经营的宁波籍工商界人士自愿组成的民间商会组织，首任会长为南京鑫久房地产开发有限公司董事长徐信久。南京宁波商会现有会员企业近 200 家，注册资金达数十亿元，年产值达几百亿元，涉及电子、机械、五金、服装、餐饮、建材、房地产等行业，其中有著名品牌"方太厨具""奥克斯空调"等。南京宁波商会是在宁"甬"商与政府沟通联络的桥梁，致力于汇聚"甬"商力量，整合各方资源，构建互惠合作的平台，谋求共同发展，做大做强。商会始终贯彻"为南京

服务,为宁波服务,为会员服务"的三服务宗旨,在不断加强自身建设、壮大
队伍的同时,努力促进企业蓬勃发展,积极参与区域合作,为南京和宁波的
共同发展做出积极贡献。

武汉市宁波商会

武汉市宁波商会成立于 2007 年 3 月 25 日,是由甬商来汉投资兴业的工
商企业家自愿组成,经湖北省民政厅批准,具有独立法人资格的民间社团组
织。其业务主管单位为武汉市工商业联合会,同时也接受宁波市经济建设
促进会的业务指导。武汉市宁波商会现任会长为湖北永泰机电设备有限公
司董事长郑奋勇,目前拥有会员单位 180 余家。随着商会规模的不断发展
和壮大,各项服务功能日趋完善。武汉市宁波商会坚持"连接政府、贴近会
员、服务企业、开拓创新"的办会方针;坚持"建设服务型和谐商会"的工作思
路;坚持"为会员服务、为武汉服务、为宁波服务"的商会宗旨,努力把商会建
设成"武汉甬商"的"娘家",努力成为连接甬汉两地经济、企业与政府之间的
桥梁和纽带。

云南省宁波商会

2009 年 8 月 26 日云南省宁波商会正式成立,其业务主管单位为云南省
招商合作局,云南甬商投资有限公司董事长罗云明当选为会长。云南省宁
波商会是为了积极响应甬滇两地政府的号召,维护甬商企业的合法权益,大
力推进滇、浙、甬全方位、多层次的经济合作,在云南省各州、市、县的几百家
甬商企业代表的一致要求下,由云南甬商投资有限公司、昆明慈永工贸有限
公司、云南燎兴灯具有限公司、昆明世纪华丰基础建设投资有限公司、云南
科海电子有限公司、云南强力地基基础工程有限公司等 6 家企业共同发起
筹建。云南省宁波商会的成立,是全国第一家省级宁波商会。商会积极响
应邓小平同志"把全世界的宁波帮都发动起来建设宁波"的伟大号召,团结
在滇的宁波企业坚持"服务宁波、服务云南、服务会员",充分发挥宁波企业
经营的特色和优势,共同为发展云南和宁波经济而努力,为两地经济和社会
发展做出贡献。

除以上异地宁波商会之外,还有众多的异地宁波商会先后在外地成立。
比如 2007 年 10 月 15 日在义乌成立的义乌宁波商会,2008 年 9 月 23 日在
合肥成立的合肥市工商联宁波商会,2009 年 9 月 23 日在贵州成立的贵州省
工商联宁波商会,2010 年 12 月 27 日在中山成立的中山市宁波商会,2011 年
3 月 20 日在杭州成立的杭州市宁波商会,2011 年 12 月 3 日在兰州成立的兰

州市宁波商会,2012 年 4 月 15 日在南通成立的南通市工商联宁波商会,等等。

（二）宁波市经济委员会等政府部门主管的宁波市工业行业协会等商会组织的发展概况

宁波市的行业协会最早产生于 20 世纪 80 年代初。在行业协会发展的初期,行业协会数量不多,涉及的行业仅为包装、食品、交通等领域。随着市场经济的深入发展,行业协会在促进宁波市经济社会发展中的作用日益突出。宁波市的行业协会在发展上也开始呈现逐步加快的趋势。尤其是在市场经济发展以及政府职能转变的双重压力下,原经贸委等一部分政府管理部门在机构合并、职能转化后,组建了一大批行业性协会,以实现市场经济条件下由以往较多地实施行政管理向更多地依靠行业管理转变。

为推动行业协会的发展,宁波市委、市政府将行业协会培育发展纳入重要议事日程,广泛组织开展促进行业协会发展的课题调研。自 2002 年起,宁波市政府每年都将培育发展行业协会列入全市经济社会发展重点调研课题,其中 2005 年的课题为"加快行业协会发展,促进产业竞争力研究";在此基础上,行业协会培育发展也被纳入全市经济和社会发展规划之中,市政府历年的工作报告也都对行业协会的培育发展工作进行了部署安排。与此同时,宁波所属各县（市）、区也都高度重视行业协会的发展工作,采取各种措施鼓励和促进行业协会的发展。

2005 年 4 月,宁波市专门颁布了《宁波市行业协会发展规定》,该规定根据宁波市行业协会发展的实际情况,主要从行业协会的组织制度、权利义务、与政府部门的关系、争议的处理等角度规范了行业协会的行为,明确赋予了行业协会更多的发展权利和空间,同时要求有关政府部门理顺与行业协会的关系,通过授权、委托、购买服务等形式由行业协会来承担部分公共管理事务。行业协会逐步转接原本由政府部门所执行的行业调研、评估论证、公文证明、技能资质考核、职称评定、行业准入、行业统计等职能。

2009 年 3 月,宁波市经济委员会和宁波市财政局又联合下发了《宁波市工业行业协会发展专项资金管理暂行办法》,鼓励和支持宁波市工业行业协会在指导和协调行业发展、规范企业市场行为、提供公共服务等方面发挥作用,积极引导建立行业协会与产业发展的良性互动机制,营造有利于行业协会健康发展的市场环境,促进宁波经济的跨越式发展。

通过一系列方针、政策的支持,宁波市行业协会近年来得到十分迅速的发展。根据宁波市民政局关于宁波市行业协会的调研报告,截至 2005 年年底,全市拥有各级各类行业协会 393 家,其中市本级 85 家,基本形成了以总体规划、重点培育、自愿组建、积极探索为原则,立足于构建功能齐全、重点突出、优势强健、定位科学、职能明确、机制灵活、运作有序的行业协会组织体系。截至 2005 年年底,宁波市行业协会占社团总数的 27.6%,比 1997 年的 5% 不到增加了近 6 倍。宁波市的行业协会已覆盖全市城乡,其触角几乎已遍及所有的大中小行业,基本形成了以专业行业协会为主、综合性协会为辅、层次合理、职能分明、覆盖广泛的布局结构。可以说,只要一个新行业兴起,其对应的行业协会也就会跟随着组建起来[1],见表 5-2、表 5-3、表 5-4。

表 5-2 宁波市行业协会发展历史

年份	1980—1989	1990—1999	2000—2005
全市(家)	11	60	237
市级(家)	9	23	53

表 5-3 2002—2005 年来行业协会数占宁波市社会团体总数的比例

年份	全市社团总数(Q)(家)	行业协会数(H)(家)	所占比例(H/Q)(%)	市级社团总数(Q1)(家)	市级行业协会数(H1)(家)	所占比例(H1/Q1)(%)
2002	1203	308	25.6	325	59	18.2
2003	1361	386	28.4	348	74	21.3
2004	1397	406	29.1	362	80	22.1
2005	1425	393	27.6	371	85	22.9

表 5-4 宁波市区经委主管的部分行业协会信息

行业协会名称	协会地址	成立时间	协会领导(现任)	会员情况
宁波市家电行业协会	宁波江东区会展路 181 号家电电子常展中心 3 楼 C-008 室	2009 年 6 月	理事长:范海波(原宁波市政府副秘书长、宁波市国际贸易投资发展有限公司副董事长)	会员单位 102 家

---

① 宁波市民政局:《加快行业协会培育发展,促进产业竞争力提高——宁波市培育发展行业协会调研报告》,《学会》2007 年第 4 期。

续表

行业协会名称	协会地址	成立时间	协会领导（现任）	会员情况
宁波紧固件工业协会	宁波市海曙区马园路 26 号马园大厦 10 楼 A3	2000 年 10 月	会长：樊玉龙（宁波甬港紧固件公司董事长）	会员单位 110 余家
宁波文具行业协会	宁波市海曙区马园路 165 弄 11 号 702	2003 年	会长：邱智铭（贝发集团股份有限公司董事长）	
宁波照明电器行业协会	宁波市海曙区马园路 262 号马园大厦 12 楼 A4-A6	2008 年 1 月 18 日	会长：黄彭新（宁波远东照明有限公司董事长）	会员单位 24 家
宁波市五金制品协会	宁波市长春路 70 号附二楼	2009 年 11 月 19 日	会长：岑国辉（宁波宁兴金海水暖器材有限公司董事长）	会员单位 106 家
宁波市医疗器械行业协会	宁波市江东区兴宁路 456 号东方商务中心 1 幢 1 号楼 616 室	2000 年 1 月	会长：余剑伟（海尔施生物医药股份有限公司总裁）	会员单位近 150 家
宁波市皮革行业协会	宁波市海曙区苍松路 43 号松厦经贸大楼 6 楼 718 室	2009 年 7 月 3 日	会长：刘中一（宁波市富罗迷鞋业有限公司董事长）	会员单位 70 余家
宁波市循环经济促进会	宁波市海曙区马园路 262 号马园大厦 10 楼 B5	2009 年 1 月	会长：孙荣根（浙江华鑫化纤有限公司总经理）	会员由宁波境内致力于发展循环经济的企业、从事循环经济科研教学的机构以及相关人士自愿组成
宁波市船舶工业行业协会	宁波高新区江南路 69 号	2005 年 11 月 18 日	会长：林波（浙江造船有限公司总经理）	会员单位 95 家
宁波电子行业协会	宁波市海曙区龙湾新村 27 号	2002 年 4 月 16 日	会长：李凌（宁波电子信息集团有限公司总经理）	会员单位 158 家
宁波市厨卫产业协会	宁波市江东区现代商城四楼北天桥办公区	2008 年 9 月 26 日	会长：张子益（浙江瑞时卫厨有限公司董事长）	会员单位 74 家

续表

行业协会名称	协会地址	成立时间	协会领导（现任）	会员情况
宁波市石油和化学工业协会	宁波市江东区	2004 年 10 月	会长：江正洪（中国石化镇海炼化分公司经理、党委书记）	会员单位 120 家
宁波市高级经济师协会	宁波市江东区桑田路 722 弄 16 号 202	2007 年 8 月 8 日	会长：田平岳（宁波市工贸资产经营有限公司总经理）	会员单位跨 10 多个行业，分设 5 个专业委员会：制造业专业委员会、金融贸易服务专业委员会、交通水电专业委员会、房地产建筑专业委员会、院校乡镇经济专业委员会；另外还有个人会员
宁波市职业经理人协会	宁波市海曙区解放南路 148 号金穗大厦 C 座 9 楼	2005 年 5 月 26 日	会长：闫国庆（浙江万里学院商学院院长）	会员由宁波企业界职业经理人、企业家、企业中高层管理人员、大专院校和研究机构相关专家教授组成
宁波市资源综合利用协会	宁波市江北区范江岸路 138 弄 26 号 107	2005 年 11 月 8 日	会长：俞枢根（宁波科环新型建筑材料股份有限公司总经理）	会员单位 73 家
中国贸促会宁波市化工行业支会（商会）	宁波市海曙区中山西路 53 号鼓楼大厦 9 楼	1996 年 6 月	会长：席伟达（宁波化工开发有限公司董事长）	会员单位 56 家
宁波市食品工业协会	宁波市海曙区灵桥路 699 号 504	1983 年 12 月 20 日	会长：童敏华（宁波市经信委）	宁波市食品工业协会属于非会员制社团组织
宁波市模具行业协会	宁波市江北区文教路 132 弄 3 号	2001 年 6 月	会长：鲍明飞（宁海县第一注塑模具有限公司总经理）	会员单位 200 余家

续表

行业协会名称	协会地址	成立时间	协会领导（现任）	会员情况
宁波市知识产权保护协会	宁波市江东区桑田路 722 弄 16 号 406	2006 年 11 月 28 日	会长：安聪慧（宁波吉利汽车有限公司总经理）	团体会员 300 余家，个人会员 20 余人
宁波市黄金珠宝协会	宁波市江东区王隘路 28 号	2005 年 8 月 8 日	会长：王洋定（宁波市产品质量监督检验研究院院长）	团体会员 70 余家
宁波市胶粘剂及制品行业协会	宁波市海曙区灵桥路 419 号新景江大厦 8E2	2004 年 10 月由原宁波市粘接技术协会更名而来	会长：张虎寅（宁波信山胶粘品制造有限公司总经理）	会员单位 55 家
宁波市涂料与涂装行业协会	宁波市江东区桑田路 722 弄 16 号 207	2000 年 6 月 3 日	会长：袁泉利（宁波志邦涂料有限公司总经理）	会员单位 146 家
宁波市玩具和婴童用品行业协会	宁波市江东区百丈路 892 号	2012 年 8 月 10 日	会长：叶伟德（宁波妈咪宝婴童用品制造有限公司董事长）	会员单位 150 多家

注：上述表 5-2、表 5-3 的数据均来源于宁波市民政局《加快行业协会培育发展，促进产业竞争力提高——宁波市培育发展行业协会调研报告》。表 5-4 为作者根据有关材料整理而成，该表为不完全统计。比如近年来由经委主管而筹建的宁波市新能源行业协会、宁波市日用杂品行业协会等均未在统计之列。

（三）宁波市工商局主管的宁波市民营企业协会、个体劳动者协会等商会组织的发展概况

宁波市工商局管理的商会组织主要是宁波市民营企业协会、宁波市个体劳动者协会及其分支。宁波市民营企业协会是由宁波市民营企业联合组成，依法成立的具有社团法人地位的非营利性社会团体。宁波市民营企业协会成立于 1992 年 3 月 26 日，下设余姚、慈溪、奉化、宁海、象山、鄞州、海曙、江东、江北、北仑、镇海、大榭、保税区、科技园区、东钱湖旅游度假区等 15 个县（市、区）级协会，下辖 63 个基层分会和 31 个行业分会。到 2004 年年底，宁波市已有的 6.9 万家民营企业中，加入宁波市民营企业协会的会员达到 6.2 万家，占全市民营企业数的 90.5％。宁波市个体劳动者协会，是由全市城乡个体工商业者自愿组成，依法成立的具有社团法人地位的非营利性

社会团体。宁波市个体劳动者协会成立于 1985 年 4 月 25 日,下设余姚、慈溪、奉化、宁海、象山、鄞州、海曙、江东、江北、北仑、镇海、大榭、科技园区、东钱湖旅游度假区、直属个协等 15 个县(市、区)级协会,下辖 72 个基层分会和 49 个行业分会。到 2004 年年底,宁波市 23.3 万户个体工商户中,加入宁波市个体劳动者协会的会员达到 22.5 万户,占全市个体工商户户数的 96.6%。①

近年来,宁波市民营个体经济继续保持着良好的发展态势,民营企业已成为推动宁波市经济发展的主要力量。2009 年年底,宁波市实有个体工商户总数首次突破 27 万户大关,达到了 27.46 万户,从业人员达 56.13 万人,分别比 2004 年增长了 15.15% 和 26.78%。2012 年 6 月底的数据表明,宁波市累计实有个体工商户 347474 户,从业人员 68.87 万人,资金数额达到 185.50 亿元,同比分别增长 9.47%、8.42%、19.41%。截至 2010 年 3 月,宁波个体工商户、私营企业已占宁波市经济实体总数的 96.4%;宁波市个体工商户、私营企业注册资本(金)达到 4000 多亿元,占宁波市总注册资本(金)的 60% 以上,民营经济当之无愧地成为宁波经济的重要柱石。纵观宁波现代经济的发展史,事实上就是一部民营经济的成长史。而这当中,作为宁波市最具影响力的社团组织之一,宁波市民营企业协会、个体劳动者协会功不可没。②

2010 年 8 月 12 日,宁波市民营企业协会第四次暨宁波市个体劳动者协会第六次代表大会召开,大会完成了两会领导机构新老交替,选举产生了新一届理事会成员,顾文俊当选市民营企业协会会长,朱德人当选市个体劳动者协会会长、市民营企业协会副会长。新一届理事会广泛团结和带领宁波市民营企业和个体工商户,以"强基础、重服务、聚合力、提素质"为着力点,充分发挥维权、自律、沟通、服务等功能,积极引导广大会员科学发展、和谐发展、持续发展,在宁波市经济社会发展中继续发挥着十分重要的作用。

---

① 楼百均等:《民营企业成长与治理机制创新——宁波的经验与实践》,浙江大学出版社 2009 年版,第 222 页。

② 《宁波市民营企业协会千帆竞发　继往开来》,http://news.cnnb.com.cn/system/2010/08/10/006633258.shtml,2012 年 8 月 12 日访问。

（四）宁波市对外贸易经济合作局主管的宁波市对外经济贸易企业协会、宁波市外商投资企业协会、宁波市服务外包企业协会等商会组织的发展概况

宁波市对外经济贸易企业协会，简称宁波市外经贸企协，成立于 2002 年，是在宁波市对外贸易经济合作局的领导下，经宁波市民政局核准注册登记，具有社团法人资格，全市性的社会团体，在宁波市对外贸易经济合作局和中国对外贸易经济合作企业协会指导下的宁波市各县市区外经贸企业及有进出口权的生产企业自愿参加的，从事外经贸企业发展研究和实践的行业性的社团组织。

宁波市外商投资企业协会成立于 1989 年 3 月，系在甬外商投资企业自愿组成的地方性、非营利性社会团体，具有社会团体法人资格。协会接受宁波市对外贸易经济合作局和宁波市民政局的业务指导和监督管理。

宁波市服务外包企业协会成立于 2009 年 9 月 22 日，会址设在宁波市灵桥路 190 号宁波市外经贸大厦 1403 室，是受宁波市服务外包工作领导小组办公室、宁波市外经贸局和宁波市民政局的业务指导和监督管理，经宁波市民政局注册登记，并依照《社会团体登记管理条例》组建，由在宁波大市范围内从事开展服务外包业务的企事业单位自愿参加，从事服务外包发展研究和实践的全市性、联合性、非营利性社会组织。第一批加入协会的 88 家企业业务涉及软件研发、动漫制作、工业设计、人才培训等，这些企业单位大多位于江东区、开发区、高新区等地域。

近年来，随着宁波对外交流的日益推进，市对外贸易经济合作局主管的宁波市对外经济贸易企业协会、宁波市外商投资企业协会、宁波市服务外包企业协会等商会组织充分发挥自身优势，积极加强沟通和协调，为推动宁波企业积极开拓海外市场以及引进海外企业到宁波兴业发展发挥着愈来愈突出的作用。

二、新时期宁波商会组织的职能作用

商会作为商主体依法自愿成立的商事自治组织，在经济社会发展中的地位日益突出。新时期宁波商会组织充分发挥自身优势，广泛团结各种力量，积极沟通政府与企业间信息，使商会在市场经济发展中的职能作用得到充分展现。宁波商会组织的职能作用可以归结为以下方面。

（一）服务职能

商会作为商主体自发设立的自治组织，当然应把服务会员作为其组织

之根本。新时期,宁波各商会组织都积极把服务会员作为组织的出发点和落脚点,围绕服务做工作,围绕服务聚人心,千方百计为会员提供各种各样的服务。比如,提供市场和技术信息咨询、员工培训、行业政策解读等服务,组织举办各种展会,扩大会员单位对外交流与合作,定期组织成员企业进行沟通交流,等等,以促进企业互助合作、共同进步,增强商会对企业的凝聚力和吸引力。

以宁波市工商业联合会为例,为更好地服务会员企业,早在1983年,市工商联就联合民建共同创办《宁波市场信息》,为企业及时提供各种市场信息。2010年,宁波市工商联积极推广基层商会互助资金会,破解中小企业融资难问题,牵头成立的宁波市民营企业贷款担保有限公司,全年提供担保和委贷业务245笔,为企业融资11.08亿元。宁波甬江财经学校全年开班157个,12512人次参加各类学习培训。联合开展"缓解企业用工难共同行动",组织11批350余家(次)企业参加外地招商推介活动,组织10批企业赴外地考察投资环境,发布经贸信息32条,主办第三届中国(宁波)精品家具展览会,承办全国工商联经济服务工作座谈会和民营企业海外兼并与品牌收购沙龙,以及建立民营企业发展服务中心,为民营企业提供良好公共服务,等等。①

(二)中介职能

商会作为由"市场—国家"二元社会结构向"市场—自治组织—国家"三元社会结构转变的重要产物,具有明显的联结国家与市场关系的特性。正如 Procassini 所指出的那样,"协会的基本角色便是在私部门(协会与公司)与公部门(政府机构)之间达成有效联系"②。基于商会的这种角色,理论界皆明确肯定商会的社会中间层组织定位,也即认可其具有中介性。

新时期的宁波商会组织较好地发挥了其中介职能,在沟通政府与企业、向政府反映企业的呼声和要求等方面发挥了十分积极的作用。对商会组织的中介职能,我们可以直接从许多宁波行业协会的章程中发现其踪影。如宁波市家电行业协会,其章程第三条在谈到协会宗旨时指出:"本协会的宗旨:遵循党的基本路线和各项方针政策,遵守国家宪法、法律、法规,遵守社会道德风尚。以经济建设为中心,为会员服务,为行业服务,维护行业和会

①　《宁波市工商业联合会2010年年鉴》,http://www.nbgsl.org.cn/News_view.aspx? ContentId=19&CategoryId=23.

②　Andrew A. Procassini. Competitors in Alliance,Quorum Books,1995,p297.

员的合法权益,协调同业关系,并在政府和企、事业单位之间发挥桥梁、纽带、沟通作用,增进会员间的合作交流,密切与国内同行的交往,促进我市家电行业的振兴和发展。"①再以宁波汽车零部件协会为例,该协会自成立以来,积极发挥联系政企的桥梁作用,努力做到政策导向宣传和反映行业诉求的双向畅通。协会积极配合宁波名牌的评选推荐工作,及时将评选推荐通知发至业内企业,并进行提高品牌意识的宣传,增强了企业品牌培育的积极性。协会努力配合做好宁波市市长质量奖工作,将市长质量奖推荐评比通知及时传递到各企业,同时做好宁波市导入卓越绩效管理模式培育企业的自荐推荐工作,并组织企业参加市长质量奖(卓越绩效)自评员培训班和2011年卓越绩效管理模式高层培训活动。2012年上半年,协会为宁波市外经贸局和经信委行业办编撰和提供了"2011年宁波汽车零部件产业发展情况与行业前景展望"、"近年来宁波汽车零部件行业发展若干大事记"、《宁波年鉴》汽车零部件行业数据信息;转发并呈报了浙江省商务厅产业损害调查局发放的"浙江省企业转型调查表"。同时,根据企业需求,协会及时将了解到的国家相关部门制定的《鼓励进口技术和产品目录(2011年版)》《进口贴息资金管理暂行办法》《关于做好2012年度进口贴息资金申报工作的通知》等相关政策法规传递给企业②,从而较好地发挥了商会的中介职能,在政府与企业之间架起了桥梁。

(三)自律和协调职能

商会作为商人自发成立的商事自治组织,在规范行业和商事行为,协调和约束商事活动,促进商事自律等方面有着十分积极的作用。商会的自律职能主要是通过制定带有约束性的制度、章程、标准等行规、行约来加以实现的。这些组织内部规约的实行,对规范会员企业之间的经营行为与经营手段,维护市场的公平有序竞争都有着一定的积极意义。商会作为商主体自我管理、自我服务的自治组织,更加有利于协调内部成员之间的利益关系,调解成员在交易活动中所发生的内部纠纷。它既避免了企业在发生利益冲突时,如果没有一个权威性组织的存在,冲突协调将显得异常艰难和效率低下,又可以防止随意让公权力介入企业的利益纠葛而造成的利益协调

---

① 《宁波市家电行业协会章程》,http://nbjdw.7190.cc/mine205-1.html,2012年8月13日访问。

② 《积极发挥桥梁纽带作用 努力当好政府助手企业益友》,http://nbhb.nbsme.gov.cn/InfoContentNews1022-196079.html,2012年8月13日访问。

复杂化现象。

　　新时期，宁波商会组织充分发挥自律职能，在规范市场行为，推动经济发展方面作用突出。如 2002 年，为响应宁波市委、市政府关于开展"信用宁波"活动的号召，全市工商联系统积极组织各种培训，引导会员诚信经营，规范运作。参加市第五期培训班的 74 位非公有制经济代表人士还向全市同仁发出《诚信倡议》；鄞州区工商联制定了《"信用企业"活动的实施意见》；余姚市工商联发出了《诚实守信，争做建设者楷模》的倡议；慈溪市工商联发出了《诚信立身，信誉兴业，打造信誉慈溪》的倡议。一些基层商会开展了诚信纳税等活动，在广大非公有制企业中引起强烈反响。① 这些做法，对于促进行业自律，协调和规范经营行为发挥了十分积极的作用。

　　（四）发展职能

　　发展职能是从其团体的整体利益出发，以追求团体所在行业或经济领域的可持续发展，带动和促进其成员的发展。商会组织的发展职能主要体现在以下几方面：一是培育专门市场；二是建构市场规则；三是拓展业务范围；四是引导市场方向。

　　为切实履行发展职能，2002 年宁波市工商联积极加强与海内外工商社团和工商界人士的联系与交往，参加市委、市政府接待和市工商联接待共 93 批 415 人，其中浙洽会团组 10 批 80 人。市、县两级工商联组织出国（境）团组 25 批，近 200 位企业会员分赴美国、欧洲、日本、澳大利亚、新西兰等地学习考察，为会员企业牵线搭桥，协助引进资金，寻求合作项目。宁海县工商联帮助宁波福音旅游用品有限公司与美国塞智科技公司签订了引资 100 万美元的协议。镇海兴怡紧固件制造公司同台湾福光企业股份有限公司达成总投资 1000 万元的合作意向。北仑区工商联加强与香港工商界人士的交往，落实捐资项目 3 个，合计人民币 100 多万元。象山县工商联为 4 家企业推介了 6 项对外招商引资项目。② 2009 年宁波市工商联积极帮助民营企业开拓市场，促进其发展转型，组织企业参加"走进欧盟——中国浙江商会论坛"和"南昌·宁波周""重庆·宁波周"等活动，广泛考察国内外投资环境；组织 16 批 345 家（次）企业参加外省市来甬举办的招商推介活动；利用工商

---

　　① 《宁波市工商业联合会 2002 年年鉴》，http://www. nbgsl. org. cn/News_view. aspx? ContentId＝11&CategoryId＝23.

　　② 《宁波市工商业联合会 2002 年年鉴》，http://www. nbgsl. org. cn/News_view. aspx? ContentId＝11&CategoryId＝23.

联（商会）网站发布招商和展会信息 32 条；主办第二届中国（宁波）精品家具展览会和 2009 中国宁波工艺礼品展览会。宁波市工商联还为民营企业提供加强融资、人才和科技服务；和汇丰银行宁波分行联合举办"新经济时代·中国民营企业新战略"宁波银企座谈会；牵头组建的宁波市民营企业贷款担保有限公司，提供委托贷款和担保业务 193 笔，为企业融资 8.14 亿元；联合举办"2009 民营企业招聘周"活动；推荐宁波东方集团科研项目荣获 2009 年度全国工商联科技进步一等奖，等等。①

（五）互助和制衡职能

商会的互助职能既体现在组织内部对弱小成员进行扶持方面，也体现在共同抵御普遍侵权方面，还体现在共同抵抗市场风险方面。实际上，从商会的发展历史就可以明显看出商会的互助职能。作为现代商会前身的中世纪商人行会，就是为了增强商人在与封建主斗争中的力量而成立。它的成立改变了单个商主体在面对政府强权时孤立无援的境地，从而使商主体团结起来，成为制衡政府滥用权力的重要力量。商会的制衡职能，主要体现在防止政府滥用权力随意侵入商事领域，并通过一定方式影响国家有关的立法或政策以维护商主体的整体利益。制衡功能主要通过以下方式实现：一是提供情报；二是表达意见；三是提出建议；四是采取补正措施。②

新时期，宁波商会组织在维护会员利益，制衡政府滥用权力等方面同样发挥着十分积极的作用，类似的案例并不少见。这也客观上为宁波民营经济的发展营造了良好的环境，而宁波民营经济近年来发展迅速的事实也证明，宁波商会组织是维护宁波经济良性、快速、持续发展的一支不可缺少的重要力量。

（六）参政议政功能

新时期，宁波市商会组织在参政议政方面日益发挥着十分重要的作用。广大商会会员不仅积极为商会自身的发展齐心协力，而且积极利用各种渠道和机会为国家各项事业的发展献言献策。在每年的政协、人大会议上，宁波商会组织都积极提交团体提案，各商会成员中的人大代表、政协委员分别

---

① 《宁波市工商业联合会 2009 年年鉴》，http://www.nbgsl.org.cn/News_view.aspx? ContentId＝18＆CategoryId＝23.

② 陈甦：《论社会经济团体在经济法实现机制中的地位》，载王保树：《商事法论集》（第 3 卷），法律出版社 1999 年版。

以代表议案和委员提案的方式,反映会员呼声,参与国家民主管理和监督。

根据 2004 年的统计,当年宁波市和各县(市)区工商联成员中,已有 636 人担任各级人大代表和政协委员,其中交叉安排 33 人,实际为 603 人,全国人大代表 2 人,省人大代表 4 名,省政协委员 3 名,市人大代表和市政协委员各 48 名,县(市)区人大代表、政协委员 526 名。① 在 2004 年召开的市政协十二届二次会议上,宁波市工商联做了《逐步推进菜市场向生鲜超市转型》和《整合地方电力资源,缓解电力供需矛盾》等 2 个大会发言,提交了 6 件团体提案。广大市工商联成员中的人大代表和政协委员也都积极建言献策,共提交议案 61 件、建议 6 件、提案 18 件。② 再以 2010 年为例,在 2010 年宁波市政协十三届四次会议上,宁波市工商联继续像以往一样做了 2 个大会发言,提交 6 件团体提案,工商联界别的广大委员提交个人提案达到 24 件。由宁波市工商联组织或者商会会员参与完成的一大批优秀调研成果,为党委政府的决策提供了重要参考,其中部分成果得到省、市领导的批示和重视,大大提升了市工商联系统的参政议政能力和水平。

本章小结

党的十一届三中全会的召开,是新中国发展历史上具有转折意义的重大事件。新时期宁波商会组织的发展也正开始于此。新时期宁波商会组织的发展可以划分为三个重要的阶段:恢复、转型和快速发展。“文化大革命”之后,宁波市工商业联合会等商会组织的恢复,使得宁波商会组织的发展重新回到正常的轨道上来;而后宁波市工商业联合会等商会组织的转型,则意味着宁波商会组织向着更加符合商会本质的方向转变。如果说之前的恢复只是意味着组织形式上的回归的话,那么其后的转型则预示着宁波商会组织在实质上真正实现了自我的回归。再到后来,宁波商会组织实现了自身的快速发展。这种快速发展,既是市场经济发展的客观需要,同时也是宁波经济社会飞速发展的真实写照。

---

① 宁波市工商联合会(总商会)志编纂委员会:《宁波市工商联合会(总商会)志》,内部发行,2005 年,第 264—265 页。

② 《宁波市工商业联合会 2004 年年鉴》,http://www.nbgsl.org.cn/News_view.aspx? ContentId=13&CategoryId=23.

　　新时期，宁波商会组织的发展已经呈现百花齐放、蓬勃发展之势。一方面，原来的以宁波市工商业联合会为代表的官办商会，正在朝着更加符合市场经济要求的方向转变，其组织的自治性、民间性、独立性、经济性皆大大增强；另一方面，大量的由市场主体自发自愿设立的民间商会如雨后春笋般不断涌现。无论是以前体制内生成的官办商会，或是嗣后体制外生成的民办商会，都在适应社会主义市场经济的发展要求而不断转变或转型。当前，所有宁波商会组织无一不把服务企业、服务经济作为其组织存在和发展之根本。这些众多的宁波商会组织，正在不断完善组织网络，积极拓展职能作用，努力维护商事的自治和发展。我们在认真审视今天的发展之时，发现：这些众多的宁波商会组织已经成为推动宁波经济社会持续、快速、健康发展的一支不可缺少的重要力量。

结语 关于宁波商会组织未来发展的展望与寄语

宁波地处中国大陆海岸线中段,长江三角洲南翼,浙江省东部的东海之滨,自古以来就是中国对外贸易的重要港口。作为我国东南沿海的一颗璀璨明珠,宁波自古以来就商业繁盛、魅力四射。改革开放以来,宁波经济和社会更是得到较快发展。当今的宁波,经济发展,政治稳定,社会和谐,呈现出良好的快速发展态势。尤其是宁波民营经济极为发达。2011 年年底,宁波市民营经济市场主体已达 47.2 万家,占全市经济实体总数的 94.7％,注册资本亿元以上企业达 360 户。全市生产总值的 70％左右来自民营经济,民间投资占全市固定资产投资比重达到 48.1％。

发达的民营经济不但使宁波的今天充满活力,而且更为未来宁波商会组织的飞速发展创造了良好的条件。商会发展的实践证明,民营经济越发展,商会组织就会越发展。因为,当民营经济发展到一定程度时,作为市场主体的商人必然会希望通过结社来维护自身的权益和市场的和谐与稳定。从历史上看,无论是近代上海商会的诞生,还是当代温州商会的兴起,都与商业尤其是民营经济的发展密切相关。尽管今天的宁波商会组织远没有温州商会那样在国内具有影响力,但是,我们有理由,也有信心对宁波未来商会组织的发展充满期待。我们相信,在中国近代商会发展史上曾经写下华丽篇章的宁波商人,一定会为中国当代商会的发展壮大做出更大的贡献。

为了更好地推动宁波未来商会组织的发展,笔者将自己关于构建我国完善的商会运行制度的一些思考在此加以阐述,并以此作为对宁波未来商会组织发展的寄语和本书的结尾。笔者认为,虽然这些论述更多的是从国家的层面来思考我国商会制度的构建,但在国家层面对构建商会运行制度还缺乏共识和具体规划的前提下，作为经济先发地区的宁波，完全可以先行一步，通过地方性立法等在探索构建良好的商会运行制度方面做出积极的努力，从而对当代中国商会组织的发展再次做出更大的贡献。笔者希望以下的论述对宁波构建良好的商会运行制度有所帮助。

笔者认为，要构建完善的商会运行制度，需要从以下几个方面积极努力。

一、必须充分保障商会内部治理上的自主和自治

商会在本质上是自治的。离开了自治，商会要实现其独特的价值和功能几乎毫无可能。而要实现商会的独立性和自治性，首先必须保证商会在内部治理上的自主和自治，否则必将导致商会的运行步入歧途。

（一）组织机构设立上的自主性

商会作为由全体会员自愿设立的自治组织，其一切权力均来源于其会员。通常来讲，商会为了自身能够良好运行，都会设立相应的决策机构、执行机构和监督机构，但具体到每个商会，其内部组织机构的设置是借鉴公司治理结构还是采用其他形式，应由商会根据其具体情况来决定，而不应由国家做出硬性要求。因为商会作为自治性社团组织，其性质与目标同完全建立在资本基础上的公司是不同的。如果要求所有商会必须建立类似于公司股东会、董事会、监事会那样的组织机构和运行机制，势必造成商会运行成本的巨大和效率的低下。到底是成立不同的机构来分别行使决策权、执行权和监督权，还是采取某种简化形式，应由商会根据自身的情况来决定。以决策机构为例，商会究竟应该设立何种机构承担决策机构的职能常常会受其地域、规模等多种因素的影响。从地域上讲，如果商会是一个在非常狭小范围内的地方性协会，相互之间联系紧密，那么，以会员大会作为决策机构为宜；反之，若商会是一个大区域甚至全国性的商会，则应以理事会或董事会为决策机构。从规模上讲，如果商会规模足够小，如奥尔森所谓的"小集团"，则应以会员大会为宜，因为其既可彰显民主性，同时又可实现效率性；而反过来，如果商会规模大，以理事会或董事会作为决策机构则是更佳的选择。①

（二）商会机构成员尤其是领导成员产生上的自主性

机构成员尤其是领导成员的产生直接关系到商会能否有效、自主地运

---

① 鲁篱：《行业协会经济自治权研究》，法律出版社 2003 年版，第 216—217 页。

行。商会(行业协会)的开创者对商会(行业协会)的解散具有重要影响,他们在商会(行业协会)发展初期可以减少商会(行业协会)解散行为的发生。历史表明,在我国清末上海商会的创建及有效运作中,首任会长严信厚居功至伟。他有效创建上海商会,并促使上海商会运作伊始便非常正规化和成熟。① 因此,保障商会在机构成员产生上的自主性,确保把那些真正威信高、能力强的人选到或推到相应的位置上来,对我国商会的健康发展至关重要。我国当前部分商会机构成员特别是领导成员(如会长或副会长等)常常由党政机构委派的公务员兼任,这在一定程度上影响到商会在用人上的自主性和自治性,并进而危害到商会的独立和自治。商会只有拥有用人上的自主性,才可以根据具体情况选用合适方式产生其机构成员,如对会长、副会长等决策人员可以采用选举或推举的方式从成员企业中产生,以保证企业参与商会的动力和积极性;而对于执行机构的人员是聘任一些专职人员或是从成员企业中选拔志愿性职员采取兼职形式,完全视商会的规模、经费等情况而定。倘若商会规模较大、经费较为充足,那么聘请一些专业人士专职商会的运作,不仅可以使商会工作正规化,而且有利于不断扩展商会的业务;倘若商会规模小、经费有限,那么就没必要采取聘请专业人士的方式,而可以采取兼职的形式,从而减少人力资本上的过多支出。从我国目前发展较好的温州商会的情况看,温州商会现任会长中来源于本行业企业的占绝大多数,有89.9%,来源于行政部门现职人员的仅有1家,表明了商会领导具有较强的行业性。现行秘书长最多来自于行政部门离退休人员,占44.8%;其次是来源于本行业企业,有25.9%;而来源于行政部门现职人员、事业单位的只有3.4%和6.9%。现任会长主要是通过行业会员推荐、行业选举产生,占76.3%,行业内竞争选举产生的为22%,主管部门任命的为1.7%;而秘书长主要是根据组织章程通过民主选举产生的,占53.4%。可见,商会的主要领导者和负责人的产生一般都依照组织本身的人事制度安排执行,受到政府干预的程度较少。②

（三）商会内部运行上的自主性

商会内部运行上的自主性主要体现在企业的入会、退会,商会内部规章

---

① 陶水木:《浙江商帮与上海经济近代化研究(1840—1936)》,上海三联书店2000年版,第232—235页。

② 王诗宗、何子英:《地方治理中的自主与镶嵌——从温州商会与政府的关系看》,《马克思主义与现实》2008年第1期。

制度的制定,对违反商会制度的成员予以惩戒以及对商会内部成员之间的纠纷加以解决等方面。商会应当有权自主决定是否接纳某一新的会员或将某一会员逐出商会,有权自主制定商会内部规章制度以保证商会运行的规范化和有序化。最后,商会可以自主对成员企业之间的某些争端予以解决,这点对商会的运行也十分重要。争端解决权的实质是自决权,而自决权是自治权不可或缺的构成,没有争端解决权的商会(行业协会)自治只能是一种不完整的、残缺的自治,而商会(行业协会)一旦享有争端解决权,那么它便同其他权力一起构成了功能完善的系统,而商会(行业协会)只有具备了功能的完善,那么自治的地位及目的才是在真正意义上可以欲求的。①

二、必须适当确立商会外部监管的相关规则

(一)确立商会外部监管制度的合理性和必要性

美国著名公司法学家罗伯特·克拉克指出:"在很大程度上,一个秩序井然的社会取决于自治与他治的结合,学者应当勇敢面对这个观点,然后,在决定最佳的组合所设计的原则方面,研究能够获得什么样的成果。"②自律是行为主体的自我约束,他律是外部力量对行为主体的监督和制约。自律的形成有赖于他律。③ 商会作为一种商主体设立的自治和自律性组织,其自律机制的形成及良好运转必然要求外部机制的约束与监督,即他律的存在和实施。希尔斯曼也曾指出:对于非政府组织,特别是成员众多的中间机构来说,要它们或它们的领导人对自己的行为负责,则是个难题。当然,这或许可以通过内部的管理程序和章程规则来约束其对自己行为负责,但是如果这些组织实行的是寡头统治原则,通过这种方式来对最高层进行限制,是很少奏效的;而且,即使这些程序和章程能起作用,也不能使该组织或其领导人员对成员以外的人负责,尽管他们的决定会影响到成员以外的这些人的利益。④

实践表明,商会并不是先天地具有对腐败、垄断的免疫能力。为了防止商会工作人员滥用权力,避免实力较小的利益集团受到不必要的压制和伤

---

① 鲁篱:《行业协会经济自治权研究》,法律出版社 2003 年版,第 209 页。

② 转引自[美]罗伯特·A.希尔曼:《合同法的丰富性:当代合同法理论的分析与批判》,郑云瑞译,北京大学出版社 2005 年版,第 268 页。

③ 周志忍、陈庆云主编:《自律与他律——第三部门监督机制个案研究》,浙江人民出版社 1999 年版,第 273 页。

④ [美]希尔斯曼:《美国是如何治理的》,曹大鹏译,商务印书馆 1986 年版,第 638 页。

害,必须形成对商会的有效制约和监督机制。这种监督和制约机制除通过建立起完善的内部治理制度来实现外,通常还需辅以必要的外部监管。尤其是我国当代商会内部治理制度严重缺失的情况下,适当确立对商会的外部监管制度就显得更加重要。否则,必将造成商会行为的失当和失范。而且就我国目前情况来讲,商会会长往往由行业的龙头企业负责人担任,管理以及决策都是"一家独大"的局面普遍存在,缺乏必要的监督制衡机制必将造成商会的"家天下",使得更多的"龚家龙事件"不断发生。① 怎样才能使这些组织对受其决定影响的人以及整个社会负责呢? 这时来自团体外部的制约的重要性就凸显出来了。② 因此,正如鲁篱博士所言,商会(行业协会)自治的实现不仅在其内部应建立有效的运行机制,而且还需要在与国家的关系层面设计一个巧妙的安排,从而使行业协会在实现自治的同时又不至于造成自治权的过分扩张以致侵害国家利益和社会利益。③

(二)商会外部监管制度的具体体现

对商会实施必要的外部监管并不是对商会的运作实施直接、全面的干预,而是在赋予商会充分自治的前提下,对其施以适当的外部制约。具体来讲,对商会的外部监管主要体现在以下三个方面:第一,立法监管。国家有关商会的法律规范,既是依法对商会运行加以监管的依据,同时又是商会得以独立发展的重要保障。我国目前商会发展比较混乱在很大程度上和调整商会的法律规范相对缺乏和层级较低有关。只有加强有关商会的统一立法,率先在制度层面完成对商会的立法调控,才能为商会的良性发展奠定坚实的制度基础。例如,日本关于商会的法律制度就比较健全。在日本调整某一经济团体的特别立法包括商工会议所法、振兴会法、商工会法等。这些法律对该类组织的性质、设立、组织机构、经费来源、事业活动等都进行详细规定。④ 第二,登记管理。综观世界各国虽然都对结社自由权给予充分肯定和保障,但是对于社团的成立一般要求履行登记手续。即使在法律规定可

---

① 《法人杂志》2007 年 Z1 期刊登吕斌《警惕商会"家天下"》一文报道了"龚家龙事件":2006 年 12 月 21 日,被誉为中国"民营石油第一人"的原全国工商联石油商会会长龚家龙因"涉嫌经济犯罪"被湖北省公安机关控制,其中涉及会费问题。这位曾经风光无限的"会长"突然被抓引起了人们对商会监督机制的思考。

② 黎军:《行业组织的行政法问题研究》,北京大学出版社 2002 年版,第 100 页。

③ 鲁篱:《行业协会经济自治权研究》,法律出版社 2003 年版,第 226 页。

④ 陈清泰:《商会发展与制度规范》,中国经济出版社 1995 年版,第 60—61 页。

以不经国家批准即可自行成立社团的国家，实际上，这些国家的许多社会团体在成立之时一般都主动申请政府认证。因为非经政府认证的团体很难得到社会的广泛认同并形成影响。① 因此，作为社团组织的一种，商会通常需要履行登记手续。我国《社会团体登记管理条例》对社团设立实行"双重审查许可制"，即先由国家授权的主管部门核准同意，然后再到民政部门申请审查登记。有学者指出这种"双重审查许可制"使得政府控制了一切带有"公共性"的社会活动。如果用柯亨和阿拉托的"制度化"标准来衡量，那么无论是经济领域的"公域"，还是社会领域的"公域"，都掌握在政府手中。经济领域之中的行业协会和商会，社会领域的社会团体，全都处于政府的直接控制之下。② 这种"双重审查许可制"严重影响了商会等自治组织的发展和独立性，因此必须做出适当的调整。第三，司法审查。司法作为社会公正和社会利益的最后一道保障机制，当然可以对商会运行实施一定的外部压力和影响。司法审查主要体现在对商会规章是否违法以及商会行为是否构成反竞争行为等方面的审查上。司法审查会使商会（行业协会）感到自己头上悬挂着达摩克利斯剑，从而在心理上会对商会（行业协会）运作产生正统化的效应，它使一种不在场的国家权力实际在场。在商会（行业协会）规章制定上，国家虽然并未直接参与协会规章的制定和运作，但它却通过司法审查制度巧妙地体现了自己的存在并促使商会（行业协会）规章偏向于正统化的轨道，一些显而易见的严重违法事项将因为司法审查而让商会及其成员有所畏惧而不敢行动或至少不敢行之成文。③

三、必须正确处理两权（商会自治权和国家监管权）之间的冲突与融合

在商会的运行中，商会与国家（政府）是两个相互独立而又彼此存在利益冲突的不同部分。国家希望强化其对商会（行业协会）的控制来最大限度地增进社会福利或政府机关（官员）自身的利益，而自治组织则企盼通过对更多管制权力的争夺来使自己处于更加自主的状态，并进而实现其组织利益的最大化。④ 由此，在国家与自治组织之间必然存在商会自治权与国家监

---

① 黎军：《行业组织的行政法问题研究》，北京大学出版社 2002 年版，第 111 页。

② 康晓光：《权利的转移——转型时期中国权力格局的变迁》，浙江人民出版社 1999 年版，第 61 页。

③ 鲁篱：《行业协会经济自治权研究》，法律出版社 2003 年版，第 189—190 页。

④ 鲁篱：《行业协会经济自治权研究》，法律出版社 2003 年版，第 132 页。

管权之间的冲突。片面强调商会自治的结果必然导致商会自治权的盲目扩张和国家监管权的退让，而反过来，片面强调国家干预则又必然意味着国家监管权的过度扩张和商会自治权的迅速萎缩。这两种结果的出现都不能保证商会能够得以良好运行。商会自治与国家监管是完善的商会运行制度不可缺少的有机组成部分。一方面，商会自治不是绝对的，离开了必要的外部监管必然会使商会自治的负功能不断显现；另一方面，国家监管也必须遵循适当和适度的原则，防止对商会自治造成过度的侵扰。只有实现了商会自治与国家监管的有机统一，才能确保商会组织更好更快地发展。

要实现商会自治权和国家监管权的统一，一个关键的问题就是国家监管权必须保持一个合理的限度。就我国目前情况来看，在对商会实施外部监管或治理方面应做好以下几点：第一，从更多的政府监管向立法和司法监管转变。过度的行政管理不仅增加了政府成本，而且极易造成行政权力的过度膨胀和商会独立性的丧失。从世界大多数国家的情况看，对商会的外部监管应主要在立法监管和司法审查方面。国家通过有关商会的立法首先对商会的治理和运行进行预先的指导和规范；其次，对商会运行中的一些违规行为施以相应的司法审查。这样既保证了对商会的外部监管，同时又在较大程度上维护了商会的自治。第二，从对商会过多的直接、具体管理向间接、宏观管理转变。从理论上讲，我国的行政机关对商会等自治组织的管理应当是提供法律依据及进行法制监督，而不是直接干预组织的内部运作。但目前我国行政机关特别是业务主管部门一般都是对商会等行业组织进行了具体而直接的干预。[①] 这种管理方式严重影响了商会等行业组织应有的民间性和独立自治性。[②] 因此，有必要调整行政主管部门的管理范围与方式，将其职权、职责限定于为社团制定规范、监督规范的执行和实施以及为商会等社团的发展创造良好的环境等方面。第三，从过多地关注对商会的

---

① 例如，根据我国有关官员的论述，行政机关对社团的管理可以说事无巨细、无所不包。其主要内容包括："负责对社团负责人和社团专职工作人员进行经常性的形势、任务和思想政治教育，使其熟悉并遵守国家的法律、政策；负责对社团负责人的选举和换届任免的审核、社团专职工作人员的党组织建设、工作调动、工资调整、职称评定等方面的管理；负责对社团的重大业务活动（包括召开研讨会）、财务活动、接受资助和外事活动进行审查和管理；负责对社团内部组织机构的调整、增减等进行审查并提出意见，并督促社团到原登记管理机关办理变更、注销登记手续。同时，协助社团清理债权债务并出具债务完结证明等善后工作。"参见吴忠泽、陈金罗：《社团管理工作》，中国社会出版社 1996 年版，第 31 页。

② 黎军：《行业组织的行政法问题研究》，北京大学出版社 2002 年版，第 114 页。

事前和事中管理向加强事后监督和制约转变。减少政府对商会的直接干预并非要求政府对商会等自治组织放任不管,而是要求政府从对商会行为实行事前或事中的严格控制,转变为强调对商会行为事后的审查和约束。在强调限制政府对商会的直接干预的同时,加强对商会的后期监督和制约是十分必要的,二者并不互相矛盾。

附　　录

浙江省宁波商会章程(民国二十一年)

(民国二十一年三月十八日奉鄞县政府建字第二四〇七号训令转奉省政府秘字第二七一八号训令准实业部商字第二七一八号咨准予备案)

第一章　总纲

第一条　本章程根据国民政府公布之商会法第七条之规定制定之

第二条　本会以鄞县之区域为区域定名为宁波商会

第三条　本会以图谋工商业及对外贸易之发展增进工商业公共之福利为宗旨

第四条　本会设事务所于宁波旧道署侧

第二章　职务

第五条　本会职务如左(原文为竖排,下同。编者注)

一、筹划工商业之改良及发展事项

二、关于工商业之征询及通报事项

三、关于国际贸易之介绍及指导事项

四、关于工商业之统计及调查事项

五、关于工商法规之研究及建设事项

六、关于办理商业之调处及公断事项

七、关于工商业之证明及鉴定事项

八、关于办理商务之公告事项

九、办理商品之征集及陈列事项

十、受商人或政府之委托办理商业清算事项

十一、筹设商业学校商立图书馆或其他关于工商业之公共有益事项

十二、维持市面之平衡及经济恐慌事项

十三、办理合于第三条所揭示宗旨之其他事项

第三章　会员

第六条　本会会员分为左列两种

一、同业公会会员

凡本县工商同业公会依法组织成立加入本会者属之

二、商店会员

凡本县商业的法人或商店别无同业或虽有同业而无同业公会之组织依法加入本会者属之

第七条　前条所列之会员得派代表出席本会称为商会会员代表

第八条　会员代表以在本区域内经营商业之中华民国人民年在二十五岁以上者为限

第九条　公会会员之代表每一公会举一人但其最近一年间所属之使用人数总合计算超过十五人者就其超过之人数每满十五人得增加代表一人惟其代表人数至多不得逾二十一人

第十条　商店会员之代表每店举出代表一人但其最近一年间之使用人数超过十五人者其超过之人数每满十五人得增加代表一人惟其代表人数至多不得逾三人

第十一条　会员代表不得代表两个以上之商业法人或商店

第十二条　有左列各款之一者不得为本会会员代表

一、褫夺公权者

二、有反革命行为者

三、受破产之宣告尚未复权者

四、为不正当之营业者

五、无行为能力者

第十三条　会员之权利如左

一、有请求本会向政府请愿维护补济之权

二、会员受人冤屈有请求本会代为申雪之权

三、会员与会员或与非会员发生争执时有请求本会调解之权

四、关于工商业务有请求本会访问及介绍之权

五、国货商业有请求本会提倡宣传之权

六、会员代表在大会中有建议权发言权表决权选举权被选举权

七、本会出版报章杂志得享受廉价订阅及廉价广告之权利

八、子弟入本会所办商业学校得享受免费或减费之权利

九、本会所办之合作商店或合作银行得享受廉价购货及低利借贷之权利

十、本会所办图书馆得享受免费阅书之权利

十一、委托本会第五条所列七八九十一各项事务均得享免费或减费之权利

第十四条　会员之义务如左

一、遵守本会章程及决议案

二、遵章缴纳会费

三、会员代表遇开会时应准时出席

第十五条　会员如不履行第十四条所列各项义务者轻则予以警告重则停止其应享之权利

第十六条　行使会员警告或停止权利处分须经过本会监察委员会之决议送请执行委员会通过执行之

第四章　入会及出会

第十七条　凡经依法立案之同业公会或依法注册之商店遵照本章程第六条之规定入会者应先具入会申请书向本会登记并缴纳入会费送由常务委员会审查合格给予证书

前项入会申请书之式样及入会费之数额与缴纳手续由本会执行委员会规定之

第十八条　会员愿出会者须声叙理由填具出会申请书送交本会常务委员会审查属实并经会员大会认可后方得出会但出会一年内不得再行请求入会

第十九条　在每年定期会员大会前一个月停止新会员入会

第二十条　会员有左列各款情事之一者经会员举发并经监察委员会查有确据者得提交会员大会通过除名

一、商店会员其所营业之商店厂号宣告破产或倒闭而不自动请求出会者

二、公会会员因故解散已失会员资格之存在而不自动请求出会者

三、会员代表经本会通告原举派之会员令其撤换而不于限定期间内遵行者

四、积欠会费至二年者

第二十一条　会员代表经会员举派后应用书面报告本会附具履历表送由

常务委员会审查认为合格后方得出席

前项会员代表如丧失国籍或发生本章程第十二条所列举情事之一者经委员举发并由监察委员会查有确据时应决定限期由本会通知原举派之会员于限期内撤换之

第二十二条　会员代表如有不正当行为致妨害本会之名誉信用者经会员举发并监察委员会查有确据时得提交会员大会议决除名

前项受除名处分之会员代表自除名日起三年内不得复充会员代表

第五章　组织

第二十三条　本会设执行委员十五人监察委员七人候补执行委员七人候补监察委员三人均由会员大会就会员代表中用无记名连选法选任之以得票最多数者为当选次多数者为候补

第二十四条　本会设常务委员五人由执行委员会就执行委员中用无记名连选法互选之以得票最多数者为当选

第二十五条　本会设主席一人主持本会一切事务由执行委员会就当选之常务委员中用记名单选法选举之以得票满投票人之半数方可当选若一次不得选出应就得票最多之二人决选之

第二十六条　本会执行委员会得设总务财务指导三科

一、总务科掌理之职务如下

1. 文书

2. 事务

3. 图书

4. 出版

5. 教育

6. 商业契约

7. 商品陈列所

8. 不属其他各科事项

二、财务科掌理之职务如下

1. 货币或有价证券之出纳保管

2. 财产之保管

3. 编制预算决算

4. 其他一切会计事项

三、指导科掌理之职务如下

1. 商业教育之计划及实施

2. 商业之调查

3. 商业之访问及介绍

4. 调解会员之纠纷

5. 工商业及会员团体之各种统计

6. 工商业之证明及鉴定

7. 商业行规之审核

8. 其他指导宣传事项

第二十七条　各科设主任一人由执行委员会就委员中推任之主持各该科一切事务

第二十八条　各科按事务之繁简得酌设干事若干人承主任之命办理各该科一切事务

第二十九条　本会设秘书一人办理本会一切决议案拟定计划担任文书并秉承主席及常务委员之命令指导本会一切工作之进行

第三十条　本会因事务上之必要得临时组织各项特种委员会以专责成

第三十一条　本会办事通则各项特种委员会办事细则及各科办事细则另订之

第六章　选任及解任

第三十二条　本会执行委员及监察委员均为名誉职

第三十三条　本会执行委员及监察委员之任期为四年每二年改选半数不得连任第一次改选时以抽签定之但委员人数为奇数其留任者之人数得较改选者多一人

第三十四条　主席及常务委员任期均为二年连选得连任但以二次为限

第三十五条　执行委员及监察委员缺额时由候补执行委员或候补监察委员依次递补其任期以满足前任之任期为限

第三十六条　特种委员会之委员人选由常务委员会就会员代表中及各科办事人员中拟具名单提交执行委员会决定之其任期依事实之需要由执行委员会决定之

第三十七条　本会委员有左列情事之一者应解除其职务

一、因不得已事故经会员大会议决准其退职者

二、旷废职务查有实据经会员大会议决令其退职者

三、于职务上违背法令营私舞弊或有其他重大之不正当行为查有实据经会员大会议决令其退职者

四、由实业部或地方最高行政官署令其退职者

五、发生第十二条各款情事之一者

第七章　职权

第三十八条　主席对外代表本会

第三十九条　常务委员会依本章程之规定及执行委员会之决议行使职权

第四十条　执行委员会之职权如左

一、执行上级机关之命令及本会决议案

二、执行会务及关于任免事项

三、支配本会经费

四、办理本会章程所载之一切事务

第四十一条　监察委员会之职权如左

一、监察执行委员会执行会员大会之决议

二、审查执行委员会处理之会务

三、稽核执行委员会财政之出入

四、议决执行委员会提交之处分会员案件

第四十二条　常务委员有延聘雇用及辞退办事人员之权但须得执行委员会之追认

第四十三条　各项特种委员会为本会各种事业之设计及促进而设其设计之结果应送交常务委员会决定之

第八章　会议

第四十四条　会议之种类如左

一、会员大会每年开会一次定于三月中由执行委员会定期召集之

二、执行委员会议每月至少开会二次由常务委员召集之

三、常务委员会议每星期至少开会一次

四、监察委员会议每月至少开会一次

第四十五条　前条会员大会于执行委员会认为必要或会员代表十分之一以上之请求监察委员会函请召集时均得临时召集之

第四十六条　会员大会之决议以会员代表过半数之出席出席代表之半数同意行之出席代表不满过半数者得行假决议将其结果通告各代表于一星期后二星期内重行召集会员大会以出席代表过半数之同意对假决议行其议决

第四十七条　左列各款情事之决议以会员代表三分之二以上出席出席代表三分之二以上同意行之出席代表已过半数而不满三分之二者得以出席代表三分之二以上之同意行其假决议将其结果通告代表于一星期后二星期内重行召集会员大会以出席代表三分之二以上之同意对假决议行其决议

一、变更章程

二、会员或会员代表之除名

三、职员之退职

四、清算人之选任及关于清算事项之决议

第四十八条 会员大会关于发行公债之决议准用前条之规定

第四十九条 会员大会开会时由常务委员组织主席团轮流主席

第五十条 执行委员会开会时须有委员过半数之出席出席委员过半数之同意方能决议如可否同数时则取决于主席

第五十一条 监察委员会开会时临时互推一人为主席须有委员过半数之出席以出席委员过半数之同意决议行之

第五十二条 召集会员大会须于十五日前通知之但有第四十六条第四十七条之情形或因紧急事项召集临时会议不在此限

第五十三条 候补执监委员未递补前不得列席会议

第五十四条 会员于入会时先行缴纳入会费一次嗣后每年会员定期大会前一个月缴纳其会费规定以各同业公会所属各商店之资本金额每千元缴纳一元为原则但于必要时得由执行委员会征得各会员之同意酌量增减之

第五十五条 会员出会时会费概不退还

第五十六条 本会事务费以会员会费交之

第五十七条 会计年度以三月一日始至翌年之二月底

第五十八条 常务委员会应依会计年度分别编制预算案及决算案提交执行委员会通过后送交监察委员会审查完竣附具意见将各该案提交会员大会议决或追认并呈报鄞县县政府转呈实业部备案

第五十九条 会员大会对于预算有增减之权

第六十条 预算得设预备费及活动费若干元

第六十一条 会计年度届满新预算尚未成立之前常务委员会得照上年度预算施行但因大会不足法定人数新预算不能决议时执行委员会得代行议决提交下次会员大会追认

第六十二条 本会遇有非常事项或举办重要事业预算不敷时经会员大会议决备具理由书呈准主管政府核转实业部后得发行公债

第六十三条 本会支款须常务委员二人以上之签字或盖章方为有效

第六十四条 会费收据经常务委员二人以上之签字或盖章方为有效

第六十五条 本章程如有未尽事宜得经会员大会决议修正之并由县政府转呈实业部核准备案始有效力

第六十六条 本章程经会员大会决议呈请县政府转呈实业部核准后施行

宁波商会组织章程(民国三十七年)

(民国三十七年二月二十五日第一届第二次会员代表大会修正通过)

第一章　总纲

第一条　本章程根据修正商会法及修正商会法施行细则制定之

第二条　本会定名为宁波商会

第三条　本会以图谋工商业及对外贸易之发展增进工商业公共之福利为宗旨

第四条　本会以鄞县行政区域为区域事务所设于苍水街一八九七号

第二章　任务

第五条　本会之职务如左(原文为竖排,下同。编者注)

一、筹议工商业之改良及发展事项

二、关于工商业之征调及通报事项

三、关于国际贸易之介绍及指导事项

四、关于工商业之调处及公断事项

五、关于工商业之证明事项

六、关于统计之调查编纂事项

七、得设办商品陈列所工商补习学校或其他关于工商业之公共事业但须经该管官署之核准

八、遇有市面恐慌等事有维持及请求地方政府维持之责任

九、办理合于第三条所揭示宗旨之其他事业

第六条　本会举办之事业应由理事会计划办理但其重要者须经会员大会决定之

第七条　本会得就有关工商业之事项建议于中央或地方行政官署

第八条　本会应答复政府及自治机关之咨询并接受其委托

第三章　会员

第九条　本会会员左列两种

一、同业公会会员

凡本区域内工商业及输出业各同业公会依法加入本会为会员者属之

二、非公会会员

凡本区域内无同业公会之工商业输出业公司行号或他区域之工厂所设售买场所经依法登记者单独加入本会为会员者属之

第十条　公会会员及非公会会员均得举派代表出席本会称为会员代表，会员代表以中华民国人民年在二十岁以上者为限

第十一条　会员应遵守本会章程服从本会议决案并按时缴纳各种会费

第十二条　会员非公会解散或公司行号迁移其他区域或废业或受永久停业之处分者不得退会

第十三条　公会会员代表由各该业同业公会就理监事中举派之至多不得逾五人非公会会员代表每公司行号一人以主体人或经理人为限

第十四条　有左列各款情事之一者不得充本会会员代表

一、褫夺公权者背叛国民政府经判决确定或在通缉中者

二、曾服务公务而有贪污行为经判决确定或在通缉中者

三、受破产之宣告尚未复权者

四、无行为能力者

五、吸食鸦片或其他代用品者

第十五条　会员代表经会员举派后应给委托书并附具履历送经本会审查合格后方得出席代表有表决权选举权及被选举权

第十六条　会员代表之表决权选举权比例于其缴纳会费单位额由所派之代表单独或共同行使之每一单位为一权

公会会员代表之表决权选举权以其所缴会费比照单位计算权数

会员代表因事不能出席会员大会时得以书面委托其他会员代表代理之

第十七条　会员代表得由原举派之公会会员或非公会会员随时撤换之并应书面通知本会但当选为本会职员者非由依法应解任之事由不能将其撤换

第十八条　会员代表丧失国籍或发生第十四条所列各款情事之一者原举派之代表应撤换之

第十九条　会员代表有不正当之行为致妨害本会之名誉信用者得以会员大会之议决通知原推派之会员撤换之

前项撤换之代表自除名日起三年以内不得充任会员代表

第四章　组织及职权

第二十条　本会设理事二十一人监事七人由会员大会就代表中用无记名连举法选任之以得票最多数者为当选

候补理事七人候补监事三人以前项选举理事监事票之得票次多数者为当选遇有缺额依次递补以补足前任任期为限未递补前不得列席会议

第二十一条　本会设常务理事七人由理事会就理事中用无记名连举法互选之以得票最多数者为当选

第二十二条　本会理事长一人由理事会就当选之常务理事中用无记名单记法选任之以得票满投票人半数者为当选若一次不能选出应就得票最多数之二人决选之

第二十三条　理事监事均为名誉职

第二十四条　理事及监事任期均为四年每二年改选半数不得连任前项第一次之改选以抽签定之但理事人数为奇数时留任者之人数得较改选者多一人

第二十五条　理事长及常务理事缺额时由理事会补选之其任期以补足前任任期为限

第二十六条　本会理监事有左列各款情事之一者即应解任

一、会员代表资格丧失者

二、因不得已事故经会员大会议决准其辞职者

三、旷废职务经会员大会议决令其辞职者

四、于职务上违背法令营私舞弊或有其他重大之不正当行为经会员大会议决令其退职或由经济部或由地方最高行政官署令其退职者

第二十七条　本会事务所设秘书一人科主任三人干事若干人得分科办事其办事规则另定之

第二十八条　理事会依本章程之规定及会员大会之议决行使职权

第二十九条　监事会之职权如左

一、监察理事会执行会员大会之议决

二、审查理事会处理之会务

三、稽核理事会之财政出入

第五章　会议

第三十条　会员大会分定期会议及临时会议两种均由理事会召集之定期会议每年开会一次临时会议于理事会认为必要或经会员代表十分之一以上之请求或监事会函请召集时召集之

第三十一条　会员大会之决议以会员代表表决权过半数之出席出席权数过半数之同意行之出席权数不满过半数者得行假决议在三日内将其结果通告各代表于一星期后二星期内重行召集会员大会以出席权数过半数之同意对假决议行其决议

第三十二条　左列各款事项之决议以会员代表表决权三分之二以上之出席出席权数三分之二以上之同意行之出席权数不满三分之二者得以出席权数

三分之二以上之同意行假决议在三日内将其结果通告各代表于一星期后二星期内重行召集会员大会以出席权数三分之二以上之同意对假决议行其决议

一、变更章程

二、会员代表之处分

三、理监事之解职

四、清算人之选任及关于清算事项之决议

第三十三条　理事会每月至少开会一次监事会每二月至少开会一次理事或监事开会时不得委托代表出席

第三十四条　理事会开会时须有理事过半数之出席出席理事过半数之同意方能决议可否同数时取决于主席

第三十五条　监事会开会时须有过半数之出席临时互推一人为出席以出席监事过半数之同意决议一切事项

第六章　经费及会计

第三十六条　本会经费分左列两种

一、事务费

甲，公会会员以其公会所收入会费总额十分之二充之

乙，非公会会员比例于其资本额缴纳之每单位壹万元

二、事业费由会员大会议决经地方主管官署核准筹集之

第三十七条　本会会计年度以每年一月一日始至同年十二月三十一日止

第三十八条　本会预算决算须经会员大会之议决

第三十九条　本会之预算决算及其事业之成绩每年须编辑报告刊布并呈由地方主管官署转呈省政府转报经济部备案

第七章　附则

第四十条　本章程未规定事项悉依修正商会法及修正商会法施行细则之规定办理之

第四十一条　本章程如有未尽事宜经会员大会之决议呈准鄞县县政府修改之并逐级转报中央社会部及经济部备案

第四十二条　本章程呈准鄞县县政府备案施行并逐级转报中央社会部及经济部备案

宁波市工商业联合会章程(1953 年)

(1953 年 1 月 24 日宁波市工商业联合会第一届第一次会员代表大会通过)

第一章　总则

第一条　本会遵照中央人民政府政务院公布之工商业联合会组织通则的规定组织之,定名为宁波市工商业联合会(以下简称本会)。

第二条　本会是在宁波市人民政府监督与指导下,并接受浙江省工商业联合会的领导,以团结并指导本市工商业者贯彻共同纲领,建设新民主主义经济为目的的人民团体。

第三条　本会会址设于宁波市苍水街。

第二章　任务

第四条　本会的任务如左(原文为竖排,下同。编者注)

(一)领导工商业者遵守共同纲领及人民政府的政策法令。

(二)指导私营工商业者在国家总的经济计划下发展生产,改善经营。

(三)代表私营工商业者的合法利益,向人民政府或有关机关反映意见,提出建议,并与工会协商有关劳资关系等问题。

(四)组织工商业者进行学习,改造思想和参加各种爱国运动。

(五)推动健全区工商业联合会与同业公会或同业委员会等组织,并指导其工作。

第三章　会员及会员代表

第五条　本会会员单位为

(一)本市的国营,私营,及公私合营之工商企业,合作社,或合作社联合社,为本会会员。

(二)本市的手工业者,行商,摊商,得个别或集体参加本会为会员。

(三)凡在本市居住对工商业有密切联系,或有贡献的人士,得邀请参加为本会会员。

第六条　会员的权利

(一)会员有发言权,表决权,选举权和被选举权。

(二)会员有享受会内各种辅助及福利事业之权。

第七条　会员的义务

（一）遵守会章。

（二）执行决议。

（三）缴纳会费。

第八条　会员代表均以中华人民共和国人民年满 18 岁者为限。

第九条　代表之任期为一年，经原产生单位之连选得连任。

第十条　有下列情事之一者，不得为会员代表。

（一）有违反共同纲领之行为经确认者。

（二）犯罪经判决确定或在通缉中者。

（三）褫夺公权尚未复权者。

（四）有不正当行为，妨害本会名誉信用，经调查属实者。

（五）丧失行为能力者。

会员有上项情事之一而丧失资格者，经本会发觉或由原产生单位报经本会同意后，撤销其代表资格，并由原产生单位另行补推之，补推代表之任期以补足前任任期为限。

第四章　组织

第十一条　本会之组织原则，为民主集中制。

第十二条　本会之最高权力机关，为会员代表会议，其职权如下：

（一）制定及修改本会章程。

（二）决定本会工作方针和计划。

（三）听取审查通过本会工作报告及预决算。

（四）选举或罢免主任委员、副主任委员和执监委员。

（五）议决其他有关重要事项。

第十三条　会员代表会议休会期内，设执行委员会，监察委员会。

第十四条　执行委员会设主任委员一人，副主任委员四人，委员三十二人。由会员代表会议选举组成之执行委员会为本会最高执行机关，对会员代表会议的决议负责执行，办理本会会务，并向会员代表会议报告工作。

第十五条　监察委员会。设主任委员一人，副主任委员一人，监察委员五人，由会员代表会议选举组成之。监察委员会为本会之监察机关，负责监察执行委员会执行会员代表会议之决议，审查一般会务之处理稽核收支账目，检查工作作风，并向会员代表会议提出报告。

第十六条　执行委员会。得设常务委员会，委员十三人，除正副主任委员为当然委员外，并由全体执行委员中，互选足额组成之，常务委员会对执行委员会负责，处理日常事务。

第十七条　主任委员对外代表本会,对内领导会务,副主任委员协助之。

第十八条　主任委员、副主任委员、执行委员,及监察委员,任期均为一年,连选得连任。

第十九条　会员代表会议,另选候补执行委员九人,候补监察委员二人,遇有缺额,依次递补,其任期以补足前任任期为限。

第二十条　本会为适应工作上之需要,得设立各种专门委员会,其组织规程,由常务委员会另订之。

第二十一条　执监委员会主任委员、副主任委员、执行委员、监察委员,及各种委员会委员,均为义务职,但经推定并经市人民政府批准经常驻会办公之委员,得支取供给。

第二十二条　本会设秘书长一人,副秘书长若干人,在主任委员及常务委员会领导下,指挥所属处理日常事务,其下设(处)(科)(股)等之编制,由常务委员会另订之。

第二十三条　秘书长、副秘书长由主任委员提经执行委员会通过任免之,其他职员由主任委员任免之。

第二十四条　各种会议如下:

(一)会员代表会议例会每年二次,由执行委员会主任委员召集之,必要时经执行委员或监察委员会之决议或三分之一会员代表之提议经主管机关批准,得召开临时会。

(二)执行委员会例会,每月举行一次,由主任委员或副主任委员召集之,但经主任委员或三分之一以上委员之提议,得提前或延期,必要时并得召开临时会议。

(三)常务委员会例会,每半月举行一次,由主任委员或副主任委员召集之,但经主任委员或三分之一以上委员之提议,得提前或延期,必要时并得召开临时会议。

(四)监察委员会例会,每二月举行一次,由主任委员或副主任委员召集之,但经主任委员或三分之一以上委员之提议,得提前或延期,必要时并得召开临时会议。

第二十五条　执行委员会开会时,监察委员得列席会议,常务委员会开会时,监察委员会正副主任委员得列席会议。

第二十六条　各种会议,均须有过半数之出席方得开会,有出席人数过半数之同意,方得决议。

第二十七条　委员因事不能出席会议时,得委托该会议之其他委员为代表,但每一委员以代表一人为限。

第五章　经费

第二十八条　本会经费在精简节约的原则下，统收统支，以全市工商业户缴纳之会费为主要来源，按照工商业户实际营业情况及负担能力为缴纳标准，其缴纳办法另行订立，经会员代表会议通过后施行之。

第二十九条　本会因特种需要，经执行委员会决议，监察委员会同意，得征收临时费。

第三十条　本会因举办事业，经执行委员会决议，监察委员会同意，提经会员代表会议通过，呈请主管机关核准后，得征募事业费。

第三十一条　本会经费收支账目，按月由监察委员会负责审核，召开会员代表会议时报告之，并将收支情况报请主管机关备查。

第三十二条　本会会计年度，依照政府统一规定，在会计年度届满，新预算未经会员代表会议通过前，常务委员会得照上年度预算执行。

第六章　附则

第三十三条　本章程经本会会员代表会议通过，呈请主管机关核准施行，并报请浙江省工商业联合会备案，修正时同。

宁波市商会章程(2006 年)

第一章　　总则

第一条　本会定名为"宁波市商会",英文译名是 NINGBO MUNICIPAL CHAMBER OF COMMERCE,英文缩写 NBCC。

第二条　本会是由全市民营企业和行业组织及有关人士自愿结合,依法成立的非营利性社会组织,具有社会团体法人资格。

第三条　本会宗旨:遵守国家法律、政策和有关规定,遵守社会公德,坚持改革开放和党的基本路线,团结和组织全体会员,积极参加经济建设,促进对外经济合作与交流。充分发挥桥梁、助手作用,坚持为政府、企业、社会服务,代表和维护会员合法权益,搞好行业自律,促进会员企业健康快速发展。

第四条　本会依法接受宁波市工商业联合会业务指导和宁波市民政局的监督管理。

第五条　本会会址设在宁波市江东区中兴路 775 号天润商座 3 幢 3 号 7—8 楼。

第二章　　业务范围

第六条　本会的业务范围是:

(一)宣传党和国家有关方针、政策及法律、法规,帮助会员和行业组织建立健全自我管理、自我服务、自我协调、自我完善、自我约束的工作机制。

(二)协助政府整合全市民营企业的群体优势,凝聚民营企业、行业组织发展力量。研究和探讨民营企业发展中的理论和政策问题,为政府制订有关政策、法规提供咨询和建议。向企业提供市场信息、产业政策、经营策略、科技交流等导向,引导企业按照市场需求,确定经营战略和经营目标。

(三)向政府和有关部门反映会员意见和建议,增进政府有关部门与企业间的相互了解,协调会员与有关方面的关系,维护会员的合法权益。

(四)组织举办和组织会员参加国内外各类展销会、博览会、经济论坛、管理经验交流、商务考察等方面的活动,促进会员企业与国内外企业界的交流、合作、联谊,协助企业引进国内外先进技术、经营管理方法和资金,帮助会员企业拓展国内外市场和组织相关会员企业应对国外贸易争端。

(五)组织教育培训,提升民营企业管理人员、技术人员管理水平、业务技术水平。

（六）建立商会网站，为民营企业提供各类经济信息咨询服务。

（七）开辟融资服务渠道，帮助会员获得银行信贷服务。

（八）帮助会员企业申报科技成果和名优、专利产品。

（九）帮助会员企业的专业技术人员申报专业技术职称。

（十）宣传和表彰在我市经济社会发展中取得显著成绩的会员，树立宁波市民营企业的良好社会形象。

（十一）办理会员企业和政府有关部门委托的事项。

第三章　　会员

第七条　本会的会员包括单位会员和个人会员。单位会员指依法注册，承认本会章程的民营企业和有关团体。个人会员系指从事民营企业相关业务，并自愿加入本会的社会人士。

第八条　申请加入本会的会员，必须具备下列条件：

（一）拥护本会的章程；

（二）有加入本会的意愿；

（三）在本团体的业务（行业、学科）领域内具有一定的影响。

第九条　会员入会的程序是：

（一）提交入会申请书；

（二）经理事会委托会长会议讨论通过；

（三）由理事会或理事会授权的机构发给会员证。

第十条　会员的权利：

（一）在会员代表大会上有发言权和表决权；

（二）有选举权和被选举权；

（三）享有本会提供的各项服务；

（四）参加本会组织的活动；

（五）要求本会为维护企业的合法权益给予帮助；

（六）对本会的工作提出咨询、批评和建议；

（七）申请退出本会。

第十一条　会员义务：

（一）遵守本会章程及有关规定；

（二）执行本会的决议，完成本会委托的工作；

（三）维护本会合法权益；

（四）按规定缴纳会费；

（五）关心本会工作，积极参加本会组织的各项活动，向本会反映情况，提供有关资料。

第十二条　申请参加或退出本会,需按下列规定办理:

(一)申请参加本会,需填具申请表,提交依法登记和注册的文件复印件;

(二)会员退出本会,需向本会提出申请,经批准后办理退会手续并交回会员证;

(三)会员退出本会,不得申请退还其缴纳的会费;

(四)会员如果一年不交纳会费或不参加本会活动的,视为自动退会;

(五)会员如有严重违反国家法律法规或本会章程的行为,经理事会批准予以除名,会员证同时作废;

(六)企业会员被工商部门吊销营业执照的,其会员资格自动取消。

第四章　组织机构

第十三条　本会最高权力机构是会员代表大会。

第十四条　会员代表大会的职权:

(一)制订和修改本会章程;

(二)选举和罢免理事,组成理事会;

(三)审议理事会的工作报告和年度财务决算报告;

(四)决定终止事宜;

(五)决定其他重大事宜。

第十五条　会员代表大会须有 2/3 以上的代表出席方能召开,其决议须经到会代表半数以上代表表决通过方能生效。

第十六条　会员代表大会每 5 年召开一次,必要时可提前或延期召开。

第十七条　理事会选举产生常务理事会。理事会及其常设机构是会员代表大会的执行机构,在会员代表大会闭会期间领导本会开展日常工作,对会员代表大会负责。

第十八条　理事会的职责:

(一)执行会员代表大会的决议;

(二)选举和罢免理事、常务理事;

(三)确定本会的工作方针、任务并制订本会年度工作计划;

(四)决定设立办事机构、分支机构、代表机构和实体机构;

(五)筹备召开会员代表大会,向会员代表大会报告工作和财务状况;

(六)决定会员的吸收和除名;

(七)决定本会其他重大事项。

第十九条　理事会须有 2/3 以上理事出席方能召开,其决议须到会理事

2/3以上表决通过方能生效。

第二十条　理事会每年至少召开一次会议,必要时可随时召开。

第二十一条　常务理事会是理事会的常设机构,由会长、副会长、秘书长、常务理事组成。在理事会闭会期间,常务理事会行使第十八条中(一)、(四)、(五)、(六)、(七)项的职权,对理事会负责。

第二十二条　常务理事会至少半年召开一次,必要时可随时召开。

第二十三条　本会设会长一名,副会长若干名,秘书长一名。由理事会推选产生。会长为本会的法定代表人,副会长协助会长工作。秘书长在会长、副会长领导下处理日常工作。理事会下设若干业务工作部、室作为本会的日常具体办事机构。

第二十四条　本会会长行使下列职权:

(一)召集和主持理事会、常务理事会;

(二)检查会员代表大会、理事会、常务理事会决议的落实情况;

(三)代表本会签署有关重要文件;

(四)其他有关事项。

第二十五条　本会秘书长行使下列职权:

(一)主持办事机构开展日常工作,组织实施年度工作计划;

(二)协调本会所属机构和实体机构开展工作;

(三)提名副秘书长和本会各办事机构及所属机构的重要负责人,交理事会或常务理事会决定;

(四)决定本会办事机构及所属机构和实体机构工作人员的聘用;

(五)处理其他日常事务。

第二十六条　本会开展重大活动,必须符合本会的宗旨和业务范围,经充分论证,由秘书长报请常务理事会审议核准后执行。

第五章　资产管理、使用原则

第二十七条　本会经费来源:

(一)商会基金;

(二)会员缴纳会费;

(三)会员企业和有关部门及国内外友好人士的资助和捐赠;

(四)本会有偿服务的收入。

第二十八条　本会经费的使用:

(一)本会的会务活动;

(二)组织会员企业参加的活动;

（三）本会工作机构的日常办公开支。

第二十九条　本会建立严格的财务管理制度，配备具有专业资格的会计人员，定期将审计结果向理事会和会员大会报告，并接受财税部门的监督。

第三十条　本会聘用专职工作人员的工资、保险、福利待遇，参照劳动保障有关规定执行。

第六章　章程的修改程序

第三十一条　对本会章程的修改，须经理事会讨论通过后报会员代表大会审议。

第三十二条　本会修改的章程须在会员代表大会通过后15日内，报社团登记管理机关核准后生效。

第七章　终止程序及终止后的财务处理

第三十三条　本会完成宗旨或自行解散或由于分立、合并等原因要注销的，由理事会或常务理事会提出终止动议。

第三十四条　本会终止动议须经会员代表大会表决通过。

第三十五条　本会终止前，须在有关机关指导下成立清算组织。清理债权债务，处理善后事宜。清算期间，不开展清算以外的活动。

第三十六条　本会经社团登记管理机关办理注销登记手续后即为终止。

第三十七条　本会终止后的剩余财产，在社团登记管理机关监督下，按照国家有关规定，用于发展与本会宗旨相关的事业。

第八章　附则

第三十八条　本章程经2006年6月28日会员代表大会表决通过。

第三十九条　本章程的解释权属本会理事会。

第四十条　本章程自社团登记管理机关核准之日起生效。

宁波市家电行业协会章程(2009 年)

第一章　总则

第一条　本团体名称为:宁波市家电行业协会(以下简称协会)

英 文 名 称 为：NINGBO HOUSEHOLD ELECTRICAL APPLIANCES TRADE ASSOCIATION(缩写 NBHAA)

第二条　本协会是由宁波家电企业以及相关联的企事业单位、科研院校、个人,自愿参加的地方性、行业性的非营利性的社会民间团体组织。

第三条　本协会的宗旨:遵循党的基本路线和各项方针政策,遵守国家宪法、法律、法规,遵守社会道德风尚。以经济建设为中心,为会员服务,为行业服务,维护行业和会员的合法权益,协调同业关系,并在政府和企、事业单位之间发挥桥梁、纽带、沟通作用,增进会员间的合作交流,密切与国内同行的交往,促进我市家电行业的振兴和发展。

第四条　本协会接受宁波市经济委员会的业务指导,并接受宁波市民政局的监督管理。

第五条　本协会办公地址设在:浙江省宁波市江东区会展路 181 号宁波国际家电电子常年展示交易中心三楼 C-008 室。

第二章　业务范围

第六条　本协会的业务范围:

(一)宣传贯彻党和国家相关方针政策、法律法规,协助政府对本行业进行行业管理、指导和服务,促进我市家电产业持续、稳定、健康发展。

(二)参与编制及实施行业发展规划、产业政策、行政法规。协助政府有关部门对产品质量进行检测监督,委托组织科技成果鉴定及高新技术的推广应用。

(三)开展本行业内及与国内外相关行业间的合作交流,为会员提供各类商情信息、技术和管理经验,帮助会员企业开拓国内外市场,扩大行业的影响力。

(四)加强行业自律,规范行业行为,维护行业信誉,鼓励公平竞争。

(五)协同有关部门宣传落实家电产品的开发和保护政策,参与对本行业内的职称评定考核及推荐工作,受委托进行有关资格审核和签发证照等工作。

(六)开展调查研究,提出行业发展建议。

(七)代表行业内企业或其他经济组织向政府有关部门提出反倾销调查、反补贴调查和采取保障措施的申请,协助政府有关部门完成相关调查,承担或参与企业反倾销的应诉活动。

(八)开展行业培训、行业评比和学习考察,推动家电行业产品技术研究、销售模式探索、学术交流研讨,提高企业综合素质。

(九)承担政府部门职能转变中转移或委托本协会的各项职能和有关工作任务。

第三章　会员

第七条　本协会由单位会员和个人会员组成。

第八条　申请加入本协会的会员,必须具备下列条件:

(一)拥护本协会的章程并履行会员权利和义务。

(二)会员应是本行业范围内(或相关联)的企事业单位和个人。

(三)自愿参加本协会,按时交纳会费,积极参加协会活动。

第九条　会员入会的程序是:

(一)提交入会申请书;

(二)经理事会讨论批准;

(三)由理事会或理事会授权的机构发给会员证书。

第十条　会员享有下列权利:

(一)本协会的选举权、被选举权和表决权;

(二)参加本协会组织的活动;

(三)获取本协会提供的服务;

(四)对本协会工作的建议批评和监督;

(五)推荐单位或个人入会;

(六)入会自愿,退会自由。

第十一条　会员履行下列义务:

(一)执行本协会的章程和决议,维护本协会合法权益;

(二)承担协会委托交办的工作任务;

(三)向协会提供有关资料和报表,反映有关情况;

(四)关心协会工作,对本行业的发展和协会工作提出合理化建议;

(五)按规定及时缴纳会费。

第十二条　会员退会应书面通知本协会,并交回相应证书。会员如果1年不交纳会费或不参加本协会活动的,视为自动退会。

第十三条　会员若有严重违反国家法律、法规或本协会章程的行为,经理事会或理事长办公会议表决通过,予以除名。

第四章　组织机构和负责人产生、罢免

第十四条　本协会的最高权力机构是会员大会。会员大会的职权是：

（一）制定和修改协会章程；

（二）选举和罢免理事；

（三）审议理事会的工作报告和财务报告；

（四）讨论和表决会员提出的议案；

（五）决定终止及其他重大事宜。

第十五条　会员大会须有三分之二以上的会员出席方能召开，其决议须经到会会员半数以上表决通过方能生效。

第十六条　会员大会每届四年。如特殊情况须提前或延期换届的，须由理事会表决通过，报业务主管部门审查并经社团登记管理机关批准同意。但延期换届最长不超过一年。

第十七条　理事会是会员大会的执行机构，在闭会期间领导本协会开展日常工作，对会员大会负责。

第十八条　理事会的职权是：

（一）执行会员大会的决议；

（二）选举和罢免理事长、常务副理事长、副理事长、秘书长；

（三）筹备召开会员大会；

（四）向会员大会报告工作和财务状况；

（五）决定会员的吸收或除名；

（六）决定办事机构、分支机构、代表机构、实体机构的设立；

（七）决定副秘书长和各机构主要负责人员的聘任；

（八）决定名誉理事长、高级顾问、顾问的聘请；

（九）制定内部管理制度，领导本协会各机构开展工作；

（十）决定其他重要事项。

第十九条　理事会须有三分之二以上理事出席方能召开，其决议经到会理事三分之二以上表决通过方能生效。

第二十条　理事会每年至少召开一次会议；情况特殊的，也可采用通讯形式召开。

第二十一条　本协会设立理事长办公会议。在理事会闭会期间行使本章程第十八条第（一）、（三）、（五）、（六）、（七）、（九）项的职权，对理事会负责。

第二十二条　理事长办公会议须有三分之二以上副理事长出席方能召开，其决议须经到会副理事长三分之二以上表决通过方能生效。

第二十三条　理事长办公会议至少半年召开一次;情况特殊的也可采用通讯形式召开。

第二十四条　理事长办公会议由理事长、常务副理事长、副理事长、秘书长、副秘书长组成。

第二十五条　本协会的理事长、常务副理事长、副理事长、秘书长必须具备以下条件:

(一)坚持党的路线、方针、政策,政治素质好;

(二)在本行业或相关领域内有较大影响;

(三)理事长、常务副理事长、副理事长、秘书长,最高任职年龄不超过70周岁,秘书长为专职。

(四)身体健康,能坚持正常工作;

(五)具有完全民事行为能力;

(六)未受过剥夺政治权利和刑事处罚的。

第二十六条　本协会理事长、常务副理事长、副理事长、秘书长如超过最高任职年龄的,须经理事会表决通过,报业务主管单位审查并经社团登记管理机关批准同意后方可任职。

第二十七条　本协会理事长、常务副理事长、副理事长、秘书长任期4年。因特殊情况需要延长任期的,须经会员大会三分之二以上会员表决通过,报业务主管单位审查并经社团登记管理机关批准同意后方可任职。理事长、常务副理事长、副理事长、秘书长任期最长不得超过两届。

第二十八条　本协会法定代表人由理事长担任或理事长提名副理事长或秘书长担任,应报业务主管单位审查并经社团登记管理机关批准同意。本协会法定代表人不兼任其他团体的法定代表人。

第二十九条　本协会理事长行使下列职权:

(一)召集和主持或委托常务副理事长召集和主持理事会或理事长办公会议。

(二)检查会员大会、理事会或理事长办公会议的决议的落实情况;

(三)代表本协会签署有关重要文件。

第三十条　本协会秘书长行使下列职权:

(一)主持办事机构开展日常工作,组织实施年度工作计划;

(二)协调各机构开展工作;

(三)提名副秘书长以及各办事机构、分支机构、代表机构、实体机构主要负责人,交理事会或理事长办公会议决定;

(四)决定并办理协会有关办事机构、分支机构、代表机构、实体机构工作人员的聘用；

（五）处理其他日常事务。

第五章　资产管理、使用原则

第三十一条　本协会经费来源：

（一）会员交纳的会费；

（二）会员单位及社会各界的捐赠；

（三）政府资助；

（四）在核准的业务范围内开展活动或服务的收入；

（五）利息所得；

（六）其他合法收入。

第三十二条　本协会按照国家有关规定收取会员会费。

第三十三条　本协会经费用于本章程规定的业务范围和事业的发展，不得在会员中分配。

第三十四条　本协会建立严格的财务管理制度，保证会计资料合法、真实、准确、完整。

第三十五条　本协会配备具有专业资格的会计人员。会计不得兼任出纳。会计人员必须进行会计核算，实行会计监督。会计人员调动工作或离职时，必须与接管人员办清交接手续。

第三十六条　本协会的资产管理执行国家规定的财务管理制度，接受会员大会和财政部门的监督。资产来源属于国家拨款或社会捐赠资助的，必须接受审计机关的监督，并将有关情况以适当方式向社会公布。

第三十七条　本协会换届或更换法定代表人之前必须接受社团登记管理机关和业务主管单位的财务审计。

第三十八条　本协会的资产，任何单位、个人不得侵占、私分和挪用。

第三十九条　本协会专职工作人员的工资和保险、福利待遇，参照国家对事业单位的有关规定执行。

第六章　章程的修改程序

第四十条　对本协会章程的修改，须经理事会表决通过后报会员大会审议。

第四十一条　本协会修改的章程，须在会员大会通过后 15 日内，经业务主管单位审查同意并报社团登记管理机关核准后生效。

第七章　终止程序和终止后的财产处理

第四十二条　本协会完成宗旨或自行解散或由于分立、合并等原因需要注销,由理事会或理事会长办公会议提出终止动议。

第四十三条 本协会终止动议须经会员大会表决通过,报业务主管单位审查同意。

第四十四条 本协会终止前,须在业务主管单位及有关部门的指导下成立清算组织,清理债权债务,处理善后事宜。清算期间,不开展清算以外的活动。

第四十五条 本协会经社团登记管理机关办理注销登记手续即为终止。

第四十六条 本协会终止后的剩余财产,在业务主管单位和社团登记管理机关的监督下,按照国家有关规定用于发展与本协会宗旨相关的事宜。

第八章　附则

第四十七条 本章程经 2009 年 6 月 9 日会员大会表决通过。

第四十八条 本章程的解释权属本协会理事会。

第四十九条 本章程自社团登记管理机关核准之日起生效。

中华全国工商业联合会章程（2011 年）

—— 中华全国工商业联合会第十次会员代表大会 2011 年 3 月 11 日修订

总则

中华全国工商业联合会是中国共产党领导的面向工商界、以非公有制企业和非公有制经济人士为主体的人民团体和商会组织，是党和政府联系非公有制经济人士的桥梁纽带，是政府管理和服务非公有制经济的助手。工商联工作是中国共产党统一战线工作和经济工作的重要内容。

本会以中华人民共和国宪法为根本准则，按照章程开展工作。

本会高举中国特色社会主义伟大旗帜，以邓小平理论和"三个代表"重要思想为指导，深入贯彻落实科学发展观；坚持中国共产党领导，坚持公有制为主体、多种所有制经济共同发展的基本经济制度；围绕经济建设中心，继续解放思想，坚持改革开放，推动科学发展，促进社会和谐；服务党和国家工作大局，服务会员，引导非公有制经济人士健康成长，促进非公有制经济健康发展。

本会具有统战性、经济性、民间性有机统一的基本特征。充分发挥在非公有制经济人士思想政治工作中的引导作用，在非公有制经济人士参与国家政治生活和社会事务中的重要作用，在政府管理和服务非公有制经济中的助手作用，在行业协会商会改革发展中的促进作用，在构建和谐劳动关系过程中的积极作用，是本会的主要职能。

本会确定把工商联建设成为政治坚定、特色鲜明、机制健全、服务高效、作风优良的人民团体和商会组织的目标，全面加强思想、组织、作风、制度建设，不断增强凝聚力、影响力、执行力。坚持团结、服务、引导、教育的方针，引导会员坚决拥护中国共产党的领导、坚定走中国特色社会主义道路，组织会员积极投身社会主义经济建设、政治建设、文化建设、社会建设和生态文明建设，为促进祖国统一，为把我国建设成为富强、民主、文明、和谐的社会主义现代化国家而奋斗。

第一章　职能与任务

第一条　加强和改进非公有制经济人士思想政治工作。

（一）引导会员践行社会主义核心价值体系，树立中国特色社会主义共同理想，树立义利兼顾、以义为先理念，学习、贯彻党和国家的方针政策，发扬自我教育的优良传统，自觉地把自身企业的发展与国家的发展结合起来，把个人富裕与全体人民的共同富裕结合起来,把遵循市场法则与发扬社会主义道德结合起来,爱国、敬业、诚信、守法、贡献,当好中国特色社会主义事业建设者,表彰宣传他们中的先进典型。

(二)引导会员弘扬中华民族传统美德,致富思源、富而思进,积极承担社会责任,热心公益事业,投身光彩事业。加强企业文化建设,支持企业党建工作,并为党组织开展活动、发挥作用提供必要条件。

第二条 参与政治协商,发挥民主监督作用,积极参政议政。

(一)密切同非公有制经济人士的联系,深入了解他们的意愿和要求,向党和政府提出相关意见和建议。

(二)参与国家有关方针政策、法律法规的制定和贯彻执行,促进非公有制经济市场环境、政策环境、法治环境、社会环境的改善。

(三)帮助非公有制经济代表人士提高参政议政能力和水平,积极反映社情民意,有序参与政治生活和社会事务。

(四)做好非公有制经济代表人士政治安排的推荐工作。

第三条 协助政府管理和服务非公有制经济。

(一)积极探索建立适应社会主义市场经济要求的服务载体和机制,为非公有制企业提供信息、法律、融资、技术、人才等方面服务,引导非公有制企业按照科学发展观要求,加快经济发展方式转变和产业优化升级,推进结构调整和自主创新,不断增强市场竞争能力、抵御风险能力和可持续发展能力。

(二)增强与香港、澳门特别行政区和台湾地区工商界人士的联系,促进经贸合作。积极开展民间外交,加强同国外工商界的交流合作,为非公有制企业开展国际合作提供服务。

(三)承办政府和有关部门委托事项。

第四条 促进行业协会商会改革发展。

(一)履行社会团体业务主管单位职责,指导和推动商会组织完善法人治理结构、规范内部管理、依照法律和章程开展活动,发挥宣传政策、提供服务、反映诉求、维护权益、加强自律的作用。

(二)参与行业协会商会政策法律的制定。

第五条 参与协调劳动关系,促进社会和谐稳定。

(一)参与协调劳动关系三方会议,同人力资源社会保障部门、工会组织和其他有关企业方代表一道,共同推动劳动关系立法和劳动关系协调机制建设,共同研究解决劳动关系中的重大问题和调处劳动争议。

(二)引导非公有制企业依法与工会就职工工资、生活福利、社会保险等涉及职工切身利益问题进行平等协商,签订集体合同。

（三）协调处理投资者利益和劳动者权益的关系，引导非公有制企业建立和谐劳动关系，积极创造就业岗位，严格遵守国家相关法律法规和政策措施，尊重和维护员工合法权益，依法建立工会组织，开展工会活动。

第六条　代表并维护会员的合法权益，反映会员的意见、要求和建议，参与经济纠纷的调解、仲裁。

第七条　依法加强会产管理。

第二章　会员

第八条　凡承认本会章程，履行会员义务的企业、团体和个人，可以申请加入本会。

（一）各类企业入会申请经批准后，为本会企业会员。

企业会员的主体是非公有制企业，主要包括私营企业、非公有制经济成分控股的有限责任公司和股份有限公司、港澳投资企业等。

（二）具有法人资格的私营企业协会、个体劳动者协会、外商投资企业协会、乡镇企业协会、行业协会、行业商会、异地商会等工商社团和其他有关社会组织，入会申请经批准后，为本会团体会员。

（三）私营企业出资人和经营者、个体工商户等，入会申请经批准后，为本会个人会员；

与本会工作有联系的有关人士、在内地投资的港澳工商界人士，可以申请或被邀请成为本会个人会员；

与本会建立工作联系的单位，可以通过协商，选派代表作为个人会员参加本会；

原工商业者均为本会个人会员。

第九条　实行会员入会自愿和退会自由的原则。

各级工商业联合会可根据本章程规定与实际情况，制定具体的会员入会条件及办理入、退会手续的办法，并报上一级工商业联合会备案。

第十条　会员如违反本会章程或触犯刑律，本会组织可决定停止或取消其会籍。

第十一条　地方各级工商业联合会的会员，同时也是上级工商业联合会的会员。

第十二条　本会会员有下列权利：

（一）在本会有表决权、选举权和被选举权；

（二）向本会反映意见、要求和建议，对本会的工作提出批评；

（三）参加本会的活动；

（四）享受本会提供的服务；

（五）请求本会维护其合法权益。

第十三条　本会会员有下列义务：

（一）遵守本会章程；

（二）执行本会决议；

（三）按规定交纳会费；

（四）关心支持本会工作；

（五）接受本会监督；

（六）办理本会委托的事项。

第三章　组织

第十四条　本会按国家行政区划设置组织：中华全国工商业联合会为全国组织；省、自治区、直辖市及新疆生产建设兵团工商业联合会，地级市（地区、自治州、盟、直辖市的区）工商业联合会为地方组织；县级（县、市、旗、省辖市的区）工商业联合会和各类商会组织为基层组织。

第十五条　工商业联合会可按行业设立同业公会或行业商会等行业组织，同级工商业联合会是其业务主管单位。

第十六条　本会的组织原则是民主集中制。上级工商业联合会对下级工商业联合会具有指导关系。

第十七条　各级工商业联合会的最高权力机关是各级会员代表大会或会员大会。它的职权是：

（一）讨论决定本会的重大事项；

（二）听取和审议执行委员会的报告；

（三）选举执行委员会；

（四）决定其他有关重要事项。

中华全国工商业联合会会员代表大会还负有修改章程的职责。

第十八条　各级工商业联合会的会员代表大会或会员大会，每五年召开一次。必要时可以提前或延期召开。

各级会员代表大会或会员大会由执行委员会召集。大会期间由选举产生的主席团主持会议。

第十九条　各级工商业联合会会员代表大会的代表，按照协商推选方式产生，根据需要也可以特邀部分代表。

会员代表大会代表的名额和分配办法，由执行委员会或授权常务委员会决定。

第二十条　各级工商业联合会的执行委员会,在会员代表大会或会员大会闭会期间,是各级工商业联合会的最高领导机关,其职权是:

(一)贯彻执行会员代表大会或会员大会的决议;

(二)听取和审议常务委员会的报告;

(三)讨论和决定本会的工作方针任务;

(四)选举主席、副主席、常务委员。

执行委员会每届任期五年,全体会议每年召开一次。

下一届执行委员会委员名额分配、产生办法由上一届执行委员会或授权常务委员会决定。

第二十一条　各级执行委员会的委员要承担委员的责任,履行委员的义务:

(一)坚持正确的政治方向,认真执行党的路线、方针、政策;

(二)发挥参政议政作用,就经济社会发展中的重要问题建言献策;

(三)热爱工商业联合会的工作,出席执行委员会会议,参加组织的重要活动;

(四)执行工商业联合会的各项决议;

(五)广泛联系会员,反映会员的意见和要求;

(六)对本会的工作提出意见和建议。

第二十二条　常务委员会由主席、副主席、常务委员组成,每届任期与执行委员会相同,在执行委员会闭会期间行使执行委员会职权:

(一)贯彻实施执行委员会的决议;

(二)讨论研究本会方针任务;

(三)对执行委员会负责并报告工作。

常务委员会会议每年召开二次。

下一届常务委员会委员名额分配、产生办法由上一届执行委员会或授权常务委员会决定。

县级市(县、旗、省辖市的区)工商业联合会视情况决定是否设置常务委员会。

第二十三条　主席主持会务,副主席协助主席工作。主席、副主席组成主席会议,研究决定重要事项。

副主席分为专职副主席和兼职副主席。专职副主席连续任职原则上不超过两届。中华全国工商业联合会兼职副主席原则上不连续任职,地方工商业联合会兼职副主席连续任职原则上不超过两届。

中华全国工商业联合会和省、自治区、直辖市工商业联合会可设第一副主席和常务副主席。省、自治区、直辖市工商业联合会常务副主席由主席提名,常务委员会通过。常务副主席协助主席主持会务。

每届执行委员会产生的领导机构和领导人,在下届会员代表大会或会员大会开会期间,继续主持经常工作,直到下届执行委员会产生新的领导机构和领导人为止。

第二十四条　地方各级工商业联合会秘书长由本级执行委员会选举产生,是本级常务委员会、主席会议的组成人员。

第二十五条　各级工商业联合会的执行委员会、常务委员会组成人员,可在届中进行调整。调整的人员由常务委员会通过,提交执行委员会确认。

地方各级工商业联合会换届时应向上一级工商业联合会报告筹备情况,选举结果报上一级工商业联合会备案。

第二十六条　各级工商业联合会根据工作需要设立工作部门和专门委员会。

第二十七条　地方新设工商业联合会时,应报请同级党委批准,并报上级工商业联合会备案。

第二十八条　中华全国工商业联合会又称中国民间商会,地方工商业联合会也是当地民间商会组织。

会长由工商业联合会主席兼任,副会长原则上由工商业联合会专职副主席、上一届工商业联合会部分兼职副主席和符合条件的非公有制经济代表人士兼(担)任,会长、副会长由工商业联合会执行委员会选举产生。

中国民间商会副会长中的非公有制经济代表人士原则上不连续任职,地方民间商会组织的副会长连续任职原则上不超过两届。

第四章　工作人员

第二十九条　各级工商业联合会应遵照中华人民共和国公务员法的规定,加强对机关工作人员的管理和监督,建设一支政治强、业务精、作风正的公务员队伍。

第三十条　各级工商业联合会工作人员应当做到:

(一)高举中国特色社会主义伟大旗帜,认真学习马克思列宁主义、毛泽东思想、邓小平理论和"三个代表"重要思想,学习科学发展观,学习党的理论和路线方针政策以及现代市场经济、现代科技、现代管理、法律等方面知识,具有履行职责所需要的理论、政策、业务水平;

(二)树立中国特色社会主义理想信念,具有较强的事业心和责任感,热爱工商业联合会事业,解放思想,勇于创新,忠于职守,勤奋工作,增强工作能力;

（三）坚持求真务实、调查研究，树立良好作风，密切联系会员，善于团结共事；

（四）严于律己、勤政廉洁、顾全大局、遵守纪律，自觉接受组织和会员的监督。

第五章　会徽

第三十一条　中华全国工商业联合会的会徽为桥梁纽带造型组成的图案。

第三十二条　中华全国工商业联合会的会徽，可作为会章佩戴；可在工商业联合会组织的办公地点、活动场所、会议会场悬挂；可作为纪念品、办公用品上的标志；未经授权，不得作商业用途。

第六章　附则

第三十三条　本章程为各级工商业联合会（民间商会）的统一章程，经中华全国工商业联合会会员代表大会通过。

第三十四条　本章程的解释权属于中华全国工商业联合会。

参考文献

碑刻、档案、文献史料、著作类

[1] 陈训正,等.民国鄞县通志[C].上海:上海书店,1993.

[2] 鄞县地方志编纂委员会.鄞县志[C].北京:中华书局,1996.

[3] 宁波市地方志编纂委员会.宁波市志[C].北京:中华书局,1995.

[4] 宁波市工商联合会(总商会)志编纂委员会.宁波市工商联合会(总商会)志[C].内部发行,2005。

[5] 彭泽益.中国工商行会史料集[C].北京:中华书局,1995.

[6] 全汉升.中国行会制度史[M].北京:百花文艺出版社,2007.

[7] 李华.明清以来北京工商业会馆碑刻选编[C].北京:文物出版社,1980.

[8] 苏州历史博物馆,江苏师范学院历史系,南京大学明清史研究室.明清苏州工商业碑刻集[C].南京:江苏人民出版社,1981.

[9] 中共中央文献研究室.建国以来重要文献选编(第四册)[C].北京:中央文献出版社,1993.

[10] 胡绳.中国共产党的七十年[M].北京:中共党史出版社,1991.

[11] 中央财经领导小组办公室.中国经济发展五十年大事记(1949.10—1999.10)[C].人民出版社,中共中央党校出版社,1999.

[12] 邓小平.邓小平文选(第2卷)[M].北京:人民出版社,1994.

[13] 曲彦斌.行会史[M].上海:上海文艺出版社,1999.

[14] 何炳棣.中国会馆史论[M].台北:学生书局,1966.

[15] 徐鼎新,钱小明.上海总商会史(1902—1929)[M].上海:上海社会科学

院出版社,1991.

[16] 金志霖.英国行会史[M].上海:上海社会科学院出版社,1996.

[17] 王日根.中国会馆史[M].上海:东方出版中心,2007.

[18] 马敏,朱英.中国经济通史(第八卷)下册[M].长沙:湖南人民出版社,2002.

[19] [日]加藤繁.中国经济史考证(第一卷)[M].吴杰译.北京:商务印书馆,1962.

[20] 朱英.转型时期的社会与国家——以近代中国商会为主体的历史透视[M].武昌:华中师范大学出版社,1997.

[21] 朱英,郑成林.商会与近代中国[M].武昌:华中师范大学出版社,2005.

[22] 朱英.近代中国商会、行会及商团新论[M].北京:中国人民大学出版社,2008.

[23] 陈宝良.中国的社与会[M].杭州:浙江人民出版社,1996.

[24] 黄鉴晖.明清山西商人研究[M].太原:山西经济出版社,2002.

[25] 林树建,林旻.宁波商帮[M].合肥:黄山书社,2007.

[26] 孙立平.现代化与社会转型[M].北京:北京大学出版社,2005.

[27] 马敏,朱英.传统与近代的二重变奏——晚清苏州商会个案研究[M].成都:巴蜀书社,1993.

[28] 童书业.中国手工业商业发展史[M].北京:中华书局,2005.

[29] 齐涛.中国古代经济史[M].济南:山东大学出版社,1999.

[30] 虞和平.商会史话[M].北京:社会科学文献出版社,2011.

[31] 虞和平.商会与中国早期现代化[M].上海:上海人民出版社,1993.

[32] 唐力行.商人与中国近世社会[M].杭州:浙江人民出版社,1993.

[33] 宁波政协文史资料研究委员会.宁波文史资料(第15辑)[C],1994.

[34] 林正贞.浙商与晋商的比较研究[M].北京:中国社会科学出版社,2008.

[35] 薛理勇.上海滩地名掌故[M].上海:同济大学出版社,1994.

[36] 金普森,孙善根.宁波帮大辞典[M].宁波:宁波出版社,2001.

[37] 宁波市政协文史委.宁波帮在天津[M].北京:中国文史出版社,2006.

[38] 宁波市政协文史委员会.汉口宁波帮[M].北京:中国文史出版社,2009.

[39] 林士民.三江变迁——宁波城市发展史话[M].宁波:宁波出版社,2002.

［40］陈清泰.商会发展与制度规范［M］.北京:中国经济出版社,1995.

［41］王红梅.商会与中国法制近代化［M］.南京:南京师范大学出版
社,2011.

［42］沈云龙.近代中国史料丛刊(第6辑)［C］.台北:文海出版社,1966.

［43］陈剩勇,汪锦军,马斌.组织化、自主治理与民主——浙江温州民间商会
研究［M］.北京:中国社会科学出版社,2004.

［44］郁建兴,等.民间商会与地方政府——基于浙江省温州市的研究［M］.
北京:经济科学出版社,2006.

［45］范金民.明清江南商业的发展［M］.南京:南京大学出版社,1998.

［46］林正贞.浙商与晋商的比较研究［M］.北京:中国社会科学出版
社,2008.

［47］天津市档案馆,等.天津商会档案汇编(1903—1911年)(上)［C］.天津:
天津人民出版社,1989.

［48］王奎.清末商部研究［M］.北京:人民出版社,2008.

［49］彭南生.行会制度的近代命运［M］.北京:人民出版社,2003.

［50］段光清.镜湖自撰年谱［M］.北京:人民出版社,1960.

［51］朱英.中国近代同业公会与当代行业协会［M］.北京:中国人民大学出
版社,2004.

［52］李瓛.上海的宁波人［M］.上海:上海人民出版社,2000.

［53］宋美云.近代天津商会［M］.天津:天津社会科学院出版社,2002.

［54］汪敬虞.中国近代工业史资料(上册)［C］.北京:科学出版社,1957.

［55］鲁篱.行业协会经济自治权研究［M］.北京:法律出版社,2003.

［56］陶水木.浙江商帮与上海经济近代化研究(1840—1936)［M］.上海:上
海三联书店,2000.

［57］谈萧.中国商会治理规则变迁研究［M］.北京:中国政法大学出版
社,2011.

［58］李学兰.中国商人团体习惯法研究［M］.北京:中国社会科学出版
社,2010.

［59］陈铨亚.中国本土商业银行的截面:宁波钱庄［M］.杭州:浙江大学出版
社,2010.

［60］吕洪霞.“宁波帮”家族企业制度创新研究［M］.杭州:浙江大学出版
社,2011.

［61］楼百均,等.民营企业成长与治理机制创新——宁波的经验与实践

[M].杭州:浙江大学出版社,2009.

[62] [日]加藤繁.中国经济史考证(卷上)[M].北京:商务印书馆,1959.

[63] [日]根岸佶.中国行会研究[M].东京:斯文书院,1932.

[64] [美]詹姆斯·S.科尔曼.社会理论的基础[M].邓方译.北京:社会科学
文献出版社,1999.

[65] [日]长野朗.中国社会组织[M].朱家清译.上海:光明书局,1930.

[66] [美]费正清,赖肖尔.中国:传统与变革[M].陈仲丹,等译.南京:江苏
人民出版社,1992.

学术论文类

[1] 朱英.中国行会史研究的回顾与展望[J].历史研究,2003(2).

[2] 徐鼎新.中国商会研究综述[J].历史研究,1986(6).

[3] 徐鼎新.旧中国商会溯源[J].中国社会经济史研究,1983(1).

[4] 常润华.试述浙江在北京的会馆[J].浙江学刊,2000(2).

[5] 彭南生.近代中国行会到同业公会的制度变迁历程及其方式[J].华中师
范大学学报(人文社会科学版),2004(3).

[6] 马敏.商事裁判与商会——论晚清苏州商事纠纷的调处[J].历史研究,
1996(1).

[7] 虞和平.清末民初商会的商事仲裁制度建设[J].学术月刊,2004(4).

[8] 刘文智.津城的"宁波帮"及浙江会馆[J].浙江档案,2005(8).

[9] 乐承耀.近代宁波帮实业家涉足长三角[J].宁波帮研究,2004(2).

[10] 郑成林.近代中国工商同业公会的组织制度与治理结构[J].洪范评论,
第 3 卷第 1 辑.

[11] 金志霖.试比较中英行会的组织形式——兼论中国行会的特点[J].华
东师范大学学报(哲学社会科学版),2006(3).

[12] 李瑊.转化与传承:四明公所与宁波旅沪同乡会的比较考察[J].东岳论
丛,2009(11).

[13] 吴慧.会馆、公所、行会:清代商人组织演变述要[J].中国经济史研究,
1999(3).

[14] 刘永成.试论清代苏州手工业行会[J].历史研究,1959(11).

[15] 刘永成,赫治清.论我国行会制度的形成与发展[J].南京大学历史系明
清史研究室编.中国资本主义萌芽问题论文集[C].南京:江苏人民出
版社,1983.

［16］魏天安.宋代行会的特点论析［J］.中国经济史研究,1993(1).

［17］傅筑夫.中国工商业的"行"及其特点［J］;载见氏著.中国经济史论丛(下册)［M］.北京:生活・读书・新知三联书店,1980.

［18］汪士信.我国手工业行会的产生、性质及其作用［J］.中国社会科学院经济研究所集刊,第2辑.

［19］白斌.清代浙江海洋渔业行帮组织研究［J］.宁波大学学报(人文科学版),2011(6).

［20］宋钻友.从会馆、公所到同业公会的制度变迁——兼论政府与同业组织现代化的关系［J］.档案与史学,2001(3).

［21］魏文享.近代工商同业公会的社会功能分析(1918—1937).近代史学刊［J］,第1辑。

［22］谈萧.近代以来中国商会治理变迁及其法制意义［J］.法学论坛,2011(3).

［23］马敏,朱英.浅谈晚清苏州商会与行会的区别及其联系［J］.中国经济史研究,1988(3).

［24］苏州市档案馆.中华全国商会联合会第一次代表大会(上)［J］.历史档案,1984(4).

［25］陶水木.浙江商人与上海总商会探析［J］.宁波大学学报(人文科学版),1999(4).

［26］徐祖光.北京新老宁波商帮的比较［J］.宁波职业技术学院学报,2008(6).

［27］天津档案馆.世界船王董浩云先生在天津活动档案选［J］.天津档案史料,1997(1).

［28］刘莉萍.社会变迁中的天津会馆［J］.聊城大学学报(社会科学版),2008(4).

［29］张宇丞.古代商业行会的现代借鉴意义［J］.山西煤炭管理干部学院学报,2008(3).

［30］赵卿.行业协会与商会的比较分析［J］.安徽商贸职业技术学院学报,2005(2).

［31］张冉.行业协会的组织辨识及属性研究［J］.兰州学刊,2007(9).

［32］柯昌基.试论中国之行会［J］.南充师院学报(哲学社会科学版),1986(1).

［33］宁波市民政局.加快行业协会培育发展,促进产业竞争力提高——宁波

市培育发展行业协会调研报告[J].学会,2007(4).

网上资料类

[1] 宁波商团兴办的会馆. http://www. nbwb. net/qahg/Info. asp? ID＝605＆NodeCode＝00030002.

[2]《大宅门》与鄞县会馆. http://www. cnnb. com. cn/gb/node2/channel/node13890/node14006/node14008/userobject7ai647907. html.

[3] 上海四明公所暨宁波会馆. http://www. huiguan. org. cn/modules. php? name＝News＆file＝article＆sid＝891.

[4] 我当宁波市市长旧事((1927.7—1930.1). http://www. nbzx. gov. cn/art/2006/11/27/art_9747_429397. html.

[5] 慈溪市地方志编纂委员会:《慈溪县志》(网络版),http://www. cnbsz. gov. cn/szbook/Default2. aspx? CategoryId＝1340.

[6]宁波市工商业联合会五十年历程. http://www. acfic. org. cn/Web/c_0000000100010004/d_0735. htm.

[7] 宁波市工商业联合会 2002 年年鉴. http://www. nbgsl. org. cn/News_view. aspx? ContentId＝11＆CategoryId＝23.

[8] 宁波市工商业联合会 2007 年年鉴. http://www. nbgsl. org. cn/News_view. aspx? ContentId＝16＆CategoryId＝23.

[9] 宁波市工商业联合会 2009 年年鉴. http://www. nbgsl. org. cn/News_view. aspx? ContentId＝18＆CategoryId＝23.

[10] 宁波市工商业联合会 2010 年年鉴. http://www. nbgsl. org. cn/News_view. aspx? ContentId＝19＆CategoryId＝23.

[11] 眼光朝下:宁波工商联工作实现新突破——专访宁波市工商联副主席徐建初. http://news. cnnb. com. cn/system/2012/03/13/007263295. shtml.

[12] 宁波市民营企业协会千帆竞发　继往开来. http://news. cnnb. com. cn/system/2010/08/10/006633258. shtml.

[13] 宁波市家电行业协会章程. http://nbjdw. 7190. cc/mine205-1. html.

索　引

后　记

当书稿得以完成之时，著者通常会在最后写上一篇后记，这似乎已成为当下中国学界的一个不成文的惯例。虽然千篇一律，但也自在情理之中。因为但凡书稿的写作大多总是艰辛的。当文字在不断堆积的同时，心中的情绪也在不断积累。通过后记发泄一下写作中的苦闷，或是透露一下写作中的心路历程，抑或是表达一下书稿最终得以完成的喜悦，凡此种种。尽管形式都是一样的，但著者所要表达出来的内容和情感却又总是千差万别的。这也是之所以著者总是对后记乐此不疲，而读者对后记又总是情有独钟的缘故吧！

当本书最终得以完成之时，对我来说所要表达的东西则是更加的复杂和多样。本书是我2011年从中原大地转战江南水乡之后完成的第一部学术著作，虽然难以说上完美，但对我来说却显得弥足珍贵和特别。自己到宁波工作与生活的愿望之所以能够得以实现，离不开很多领导、师长、朋友的关心与支持。虽然我也知道，文字在表达情感的时候有时总是显得苍白和无力，但我还是要在此借助文字，表达一下内心简单而真挚的谢意。

感谢宁波城市职业技术学院的领导以及学校人事部、基础部、思政部的领导和同事们，正是你们的关心、厚爱和支持，才使得我最终能够顺利来到宁波城市职业技术学院工作。没有你们的帮助，我不可能来到宁波城市职业技术学院，当然也就不会有本书的出版。

感谢我的恩师——宁波大学的郑曙光教授以及师母岑淑儿老师，正是由于有了你们的关爱、鼓励和帮助，才使得我到宁波工作这一步走得如此从容和坚定；也使得我和家人虽然初到宁波，却丝毫没有刚到他乡的孤独感和不适。谢谢你们!

当然,在此也要感谢我的家人对我来宁波工作的理解和支持。你们的支持是我得以完成此书以及未来不断奋进的动力。

感谢陈铨亚教授对本书提出的中肯修改意见和精心指导,感谢宁波市档案馆的潘丽芬女士在我查询宁波商会档案期间所提供的热情帮助和周到服务,感谢浙江大学出版社的编辑和老师们为本书出版所付出的艰辛劳动,感谢所有为本书的出版提供过支持和帮助的朋友们。谢谢!

最后,还要感谢宁波市社会科学院宁波市文化研究工程对本研究及本书出版的资助。

胡新建

2016 年 7 月于宁波

图书在版编目(CIP)数据

宁波商会组织发展变迁史研究 / 胡新建著. —杭州：
浙江大学出版社，2016.11
ISBN 978-7-308-15086-6

Ⅰ.①宁… Ⅱ.①胡… Ⅲ.①商会－商业史－研究－
宁波市 Ⅳ.①F729

中国版本图书馆 CIP 数据核字(2015)第 205597 号

宁波商会组织发展变迁史研究

胡新建　著

责任编辑	吴伟伟 weiweiwu@zju.edu.cn	
责任校对	杨利军　夏湘娣	
封面设计	木　夕	
出版发行	浙江大学出版社	
	（杭州市天目山路 148 号　邮政编码 310007）	
	（网址：http://www.zjupress.com）	
排　　版	浙江时代出版服务有限公司	
印　　刷	杭州日报报业集团盛元印务有限公司	
开　　本	710mm×1000mm　1/16	
印　　张	13.25	
字　　数	231 千	
版印次	2016 年 11 月第 1 版　2016 年 11 月第 1 次印刷	
书　　号	ISBN 978-7-308-15086-6	
定　　价	42.00 元	